霍金新传

轮椅困住身体,却困不住人生

霍金是一种信仰，是一个传奇的化身，
是一种激励，是一个身残志坚的表率。

霍金新传

轮椅困住身体,却困不住人生

李世化 ◎ 著

中国商业出版社

图书在版编目（CIP）数据

霍金新传 / 李世化著. — 北京：中国商业出版社，2018.6

ISBN 978-7-5208-0415-8

Ⅰ.①霍… Ⅱ.①李… Ⅲ.①霍金 (Hawking, Stephen 1942-2018) – 传记 Ⅳ.① K835.616.14

中国版本图书馆 CIP 数据核字 (2018) 第 128827 号

责任编辑：唐伟荣

中国商业出版社出版发行
010-63180647　　www.c-cbook.com
(100053　北京广安门内报国寺 1 号)
新华书店经销
北京晨旭印刷厂印刷

*

710×1000 毫米　1/16　17 印张　220 千字
2018 年 7 月第 1 版　2018 年 7 月第 1 次印刷
定价：48.00 元

*　*　*

（如有印装质量问题可更换）

序 言

在今天科学技术快速发展的时代里，我们关注的不仅仅是盖茨、巴菲特、乔布斯、贺鲁、米塔尔、李嘉诚这样的财富传奇大亨，还有一位在英国剑桥大学任卢卡斯数学教授长达30年之久的科学界大亨——斯蒂芬·威廉·霍金。时至今日，他的人和他的成就，早已成为20世纪的传奇标志。

霍金出生于1942年1月8日，这一天正是伽利略的300年忌日，这似乎暗示着这个孩子的命运。年幼的霍金在父母精心的呵护下度过了无忧无虑、却又与众不同的童年。他拥有一段并不愉快的小学经历：天才少年却又笨手笨脚，还有些口吃，使得他被同龄人嫌弃、欺负。可是霍金又非常幸运，他拥有一个幸福的家庭和开明智慧的父母，他们懂得顺其自然才是最好的家庭教育。在他们的引导下，霍金开始接触他所喜欢的自然，从而接近自然中的宇宙。

霍金的手脚虽然有些迟缓，可是他的大脑却异常地聪明。他的睿智令老师和同学们惊叹不已，小小年纪就被人称之为"爱因斯坦"。他改编过的游戏，玩起来都很费力，但大家却非常喜欢玩。他和伙伴们创造出了世界上第一台"逻辑单选择计算机"，在当时引起了巨大的轰动。后来他出人意料地考入了牛津大学。在大学里，他很懒散，经常旷课，偏偏成绩却非常优异。他做了很多荒唐的事情，甚至差一点被送去警察局。临近毕业，他发明了一种独特的复习方式，在很短的时间里，就掌握住了大学时期的全部知识，最终以优异的成绩被剑桥大学录取。

在剑桥大学里，霍金正式结缘天体物理学，并且收获了美丽的爱情。就在这时，他被检查出患了绝症，一种肌肉慢慢萎缩，最终导致全身瘫

痪、僵硬,失去一切基本能力的可怕疾病。并且医生告诉他活不过两年。在人生最强壮的时刻,这样一个噩耗从天而降,无疑是一个晴天霹雳。霍金迷茫了,绝望了,他怨恨上苍不公。然而,天无绝人之路。在霍金人生最低迷的时候,简出现了,天体物理学出现了!由此拯救了霍金,将霍金从黑暗中拉出来,开始一步步走向光明。

最终,霍金收获了幸福的家庭,他拥有了三个可爱的孩子,并且在科学界也有了令世人瞩目的成就。他发现了黑洞蒸发理论、灰洞理论、时间旅行、虫洞、外星人威胁论等等。他成了英国皇家学会的研究员,受到了女王的接见。他虽然身居果壳,却游遍全世界。他还与中国结缘,登上了中国的万里长城。他的科普作品《时间简史》畅销全世界。他以一副只有三根手指可以动的残躯,创造了一个又一个令世人震惊的奇迹。或许,在很多人眼中,霍金常年坐在轮椅上,定然万分地痛苦。但是,霍金却觉得自己是幸运的。他说:"如果我能到处行走的话,我要上课,要做导师,不可能专心研究我想研究的东西。"事实上,每个人的人生都存在着缺憾,霍金的人生缺憾更大,可是他却有能力让自己的宇宙变得更加广阔、更加深奥。

霍金还有另外一些身份——明星、歌手、广告代言人、超级演说家,他身残志坚,活出了一个不一样的精彩人生。然而,他把全部精力献给了科学,他是科学界的精英。他参透了复杂的宇宙学,却参不透女人。他的情感生活波澜起伏,他的一生拥有两段失败的婚姻。最终,尘归尘,土归土,他回到了他的世界——宇宙。

本书的前半部分主要介绍了斯蒂芬·威廉·霍金的人生经历,分别从家庭背景、成长历程、求学经历、婚姻生活、科研事业等方面阐述了一代"宇宙之王"的传奇人生。后半部分重点讲述霍金的科研成果和学术著作,将霍金思维中那个璀璨的宇宙之景展示给读者。让大家在品读霍金人生经历的同时,了解到一位科学巨人的丰硕科研果实。

夜半时分,很多人遥望星空,只见繁星闪烁,不禁会发问:浩瀚的宇宙到底有没有边沿呢?黑洞到底是什么?宇宙中到底有没有外星人……在本书中,读者们不仅可以从中感受到霍金的坚忍不屈和顽强拼搏的精神,还可以了解到这些神秘奇妙的宇宙知识,从而获得心灵的全方位启迪。

目 录

第一章 童年记忆：幸运的伦敦男孩 …………………………… 1
  1. 弗兰克夫妇 ………………………………………………… 2
  2. 天生的物理学家 …………………………………………… 5
  3. 霍金的早期教育 …………………………………………… 8
  4. 家是最美的城堡 …………………………………………… 11
  5. 宇宙之王的骨肉之情 ……………………………………… 14
  6. 奇怪的一家人 ……………………………………………… 17
  7. 弥足珍贵的童年记忆 ……………………………………… 20

第二章 天才怪咖：还原真实的霍金 …………………………… 23
  1. 笨笨的霍金 ………………………………………………… 24
  2. 顺其自然的家庭教育 ……………………………………… 27
  3. 天才少年，初露锋芒 ……………………………………… 30
  4. 少年"爱因斯坦" ………………………………………… 33
  5. 特立独行的霍金 …………………………………………… 36
  6. 走后门 ……………………………………………………… 40
  7. 约翰·汉弗莱一家 ………………………………………… 43

第三章　牛津剑桥：宇宙之王的青葱时期⋯⋯⋯⋯⋯⋯⋯ 47
　1. 考入牛津大学⋯⋯⋯⋯⋯⋯⋯⋯⋯⋯⋯⋯⋯⋯⋯⋯ 48
　2. 牛津大学的第一类学生⋯⋯⋯⋯⋯⋯⋯⋯⋯⋯⋯⋯ 51
　3. 与学习无关的那些事⋯⋯⋯⋯⋯⋯⋯⋯⋯⋯⋯⋯⋯ 55
　4. 难忘的毕业环节⋯⋯⋯⋯⋯⋯⋯⋯⋯⋯⋯⋯⋯⋯⋯ 59
　5. 惊险的毕业之旅⋯⋯⋯⋯⋯⋯⋯⋯⋯⋯⋯⋯⋯⋯⋯ 62
　6. 难忘的剑桥生涯⋯⋯⋯⋯⋯⋯⋯⋯⋯⋯⋯⋯⋯⋯⋯ 65
　7. 噩耗袭来⋯⋯⋯⋯⋯⋯⋯⋯⋯⋯⋯⋯⋯⋯⋯⋯⋯⋯ 68
　8. 与霍伊尔教授的正面交锋⋯⋯⋯⋯⋯⋯⋯⋯⋯⋯⋯ 72
　9. 大学时期的爱情⋯⋯⋯⋯⋯⋯⋯⋯⋯⋯⋯⋯⋯⋯⋯ 75

第四章　家庭生活：不愿多谈的私生活⋯⋯⋯⋯⋯⋯⋯⋯ 79
　1. 美丽的妻子——简·怀尔德⋯⋯⋯⋯⋯⋯⋯⋯⋯⋯ 80
　2. 爱情的结晶降生了⋯⋯⋯⋯⋯⋯⋯⋯⋯⋯⋯⋯⋯⋯ 83
　3. 霍金夫妇的爱心⋯⋯⋯⋯⋯⋯⋯⋯⋯⋯⋯⋯⋯⋯⋯ 86
　4. 简的痛苦⋯⋯⋯⋯⋯⋯⋯⋯⋯⋯⋯⋯⋯⋯⋯⋯⋯⋯ 89
　5. 法国之旅⋯⋯⋯⋯⋯⋯⋯⋯⋯⋯⋯⋯⋯⋯⋯⋯⋯⋯ 92
　6. 婚姻出现危机⋯⋯⋯⋯⋯⋯⋯⋯⋯⋯⋯⋯⋯⋯⋯⋯ 95
　7. 霍金的第二任妻子⋯⋯⋯⋯⋯⋯⋯⋯⋯⋯⋯⋯⋯⋯ 99
　8. 再次掉进"婚姻的黑洞"⋯⋯⋯⋯⋯⋯⋯⋯⋯⋯⋯ 102

第五章　超级明星：霍金教授之"开挂"人生⋯⋯⋯⋯⋯ 105
　1. 音乐界的奇才⋯⋯⋯⋯⋯⋯⋯⋯⋯⋯⋯⋯⋯⋯⋯⋯ 106
　2. 影视巨星霍金教授⋯⋯⋯⋯⋯⋯⋯⋯⋯⋯⋯⋯⋯⋯ 110
　3. 代言商业广告⋯⋯⋯⋯⋯⋯⋯⋯⋯⋯⋯⋯⋯⋯⋯⋯ 113
　4. 超级演讲家（一）⋯⋯⋯⋯⋯⋯⋯⋯⋯⋯⋯⋯⋯⋯ 116
　5. 超级演讲家（二）⋯⋯⋯⋯⋯⋯⋯⋯⋯⋯⋯⋯⋯⋯ 120

目 录

第六章　勇战疾病：谱写生命的奇迹　125
　1. 宇宙之王开始起步　126
　2. 轮椅上的追求　129
　3. 丧失说话的能力　133
　4. 历经坎坷，荣获勋爵　137
　5. 敢为标杆，值得我们去铭记和缅怀　140

第七章　中国之行：如果不让我去长城，我就就地自杀　145
　1. 1985年，第一次来中国　146
　2. 2002年，第二次来中国　150
　3. 2006年，第三次来中国　155

第八章　苦乐参半：坚定地站在科学的前端　161
　1. 举办派对　162
　2. 成名之后　166
　3. 加州理工之行　169
　4. 加州趣事　173
　5. 启动"突破射星"计划　177

第九章　时间简史：探索时间和空间的奥秘　181
　1. 非小说类畅销书：《时间简史》　182
　2. 《时间简史》的诞生过程　186
　3. 为何畅销　189
　4. 畅销风波　194
　5. "第一推动"问题：先有鸡还是先有蛋　198

第十章　星际穿越：让所有人都震惊的话　201
　1. "外星人威胁论"　202

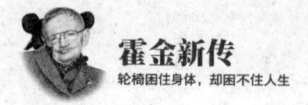

  2. 预言世界末日 …… 206
  3. 人类的遗传密码 …… 209
  4. 人类文明史上最糟糕的事情 …… 212
  5. 地球即将进入冰河时代 …… 216

第十一章　黑洞理论：黑洞不是那么黑 …… 219
  1. 宇宙大爆炸其实是存在的 …… 220
  2. 时间进入1970年 …… 224
  3. 他仍是一位理论家 …… 228
  4. 黑洞在吞噬一切 …… 231
  5. 霍金的"裸奇点"理论 …… 235
  6. 掉进黑洞会面临什么 …… 238

第十二章　深奥学术：果壳中的宇宙 …… 241
  1.《果壳中的宇宙》 …… 242
  2. 霍金的科学观 …… 246
  3. 虫洞无处不在 …… 249
  4. 时间旅行：可以穿越过去或未来吗 …… 252
  5. 时间机器不是幻想 …… 256
  6."百慕大"的奥秘 …… 259

童年记忆：幸运的伦敦男孩

> 1942年1月8日，霍金在漫天战火中降生。母亲伊莎贝尔经常说他是一个幸运的男孩，在战火中出生，在战火导致的一片废墟中健康成长。是的，第二次世界大战期间的伦敦的确是一片废墟，战火几乎摧毁了那里的一切，却没有摧毁霍金的童年，反而让这位未来的"宇宙之王"平添了很多传奇色彩。这些对于霍金而言，又何止是"幸运"二字可以形容的。

1. 弗兰克夫妇

霍金的父亲是约克郡人。19世纪初,霍金家族开始发迹,并在德文郡有了自己的房产。霍金的曾祖父约翰·霍金原本是一位富庶的农民,曾经购买了很多的农场,不幸的是第一次世界大战之后,全球农业经济一片萧条,农场入不敷出,最终被迫宣布破产。这次破产,让原本富庶的霍金家族从此一蹶不振。霍金的祖父罗伯特·霍金为了挽救家族的命运也破产了。幸运的是,霍金的祖母还有一处房产,这个勤劳聪明的女人利用它创办了一所学校,并且经营得很好,从而维持了一家人的生计。

霍金的祖父共有五个子女。面对捉襟见肘的家庭状况,霍金的祖父祖母始终坚持着"再穷不能穷教育"的原则,竭尽全力为子女们提供最好的教育机会。霍金的父亲弗兰克·霍金,就是在这样的家庭氛围中长大的。受父母的影响,弗兰克从小就知道要勤奋读书,后来他以优异的成绩考入牛津大学。大学期间的弗兰克学习成绩优异,经常获得各种奖学金,从而减轻家里的经济负担。那个时候,霍金祖父一家唯一的收入来源就是祖母创建的学校。而她经常会把学校的全部收入寄给在外求学的儿子弗兰克,然后一家人吃糠咽菜,勉强维持。弗兰克深知家境贫寒、父母的艰辛,因此非常节俭,从不乱花一分钱,还时不时地将节省下来的钱再寄回家里。这段艰苦生活的经历,让弗

第一章
童年记忆：幸运的伦敦男孩

兰克养成了勤俭节约的生活习惯。在之后的很多年里，这个习惯一直伴随着他。

弗兰克在牛津大学攻读热带医学专业。因此他经常会出国，去一些热带地区的国家做研究。当第二次世界大战爆发的时候，弗兰克正在东亚进行医学研究。听到战争爆发的消息后，他果断决定弃学从戎，报效国家。于是弗兰克不远万里，横穿非洲大陆，乘船返回了英国。他报名参军，并申请立即赶赴前线。相关部门对弗兰克进行了一番了解之后，认为他的专业知识对国家更有用处。就这样，弗兰克没有参加军队，而是进入了一家医学研究院做医学研究工作。

霍金的母亲伊莎贝尔同样出生于一个开明的家庭中。他们一家生活在美丽的苏格兰。父亲是一名家庭医生，靠着微薄的收入维持一家人的生活。霍金的母亲共有七个兄弟姐妹，其中她的大姐还患有唐氏综合症。为了照顾这个孩子，伊莎贝尔的父母不得不长期雇佣一个保姆，这让原本就贫穷交集的家庭变得更加拮据起来。当时，普通人家的孩子很少有机会接受高等教育，尤其是女孩。然而伊莎贝尔就是这样一个幸运的女孩。她的父母和弗兰克的父母一样，也非常重视孩子们的教育问题。

伊莎贝尔的父母在女儿的教育方面提供了大量的资金支持，要知道这些钱对于一个连小康水平都达不到的贫困家庭而言，确实是一笔不小的负担。为了能够支撑家庭的开销，伊莎贝尔的父母不得不拼命工作。周围的邻居们见到他们如此辛苦，纷纷劝说他们，与其花这么多钱让伊莎贝尔读书，还不如用这些钱来给她置办嫁妆，女孩子嘛，能够嫁一个好夫婿才是最重要的。然而，伊莎贝尔的父母却不以为然，他们深知教育的重要性，只要能让自己的孩子读书，再辛苦也无所谓。于是，他们不顾周围邻居异样的眼光，在一片质疑声中，坚持为伊莎贝尔的教育提供资金。几年之后，伊莎贝尔考进了牛津大学，成为一名少有的知识女性。

在大学里，伊莎贝尔是个非常勤奋的好学生，她学习成绩名列前茅，研究过哲学、政治学和经济学等专业，并且在政治和经济学方面颇有建树。走出校园后的伊莎贝尔做过很多工作，例如她做过税务检查员，但是她一直都不喜欢这个工作。后来她来到了弗兰克所在的医学研究所，从事秘书工作。伊莎贝尔从中找到了工作的乐趣，她非常喜欢这项工作，不仅仅是因为这份工作给她带来了稳定的收入，更重要的是，在这里她认识了自己的初恋情人弗兰克。弗兰克和伊莎贝尔都从事科研方面的工作，有着共同的兴趣和爱好，很快便狂热地坠入了爱河。

爱情的种子总是那么快就发芽结果。弗兰克和伊莎贝尔的爱情在持续升温之后，终于在人们的祝福下走入了婚姻的殿堂。婚后，弗兰克和伊莎贝尔的生活非常甜蜜，他们先是在伦敦北郊的海格特安了家，之后又搬了几次家。他们一起经历了第二次世界大战的黑暗岁月，又经历了很多艰难的岁月。然而，他们之间的爱情从来没有因为岁月的流逝和生活的磨难而褪色。很多年之后，当霍金的父母都已不再年轻，母亲伊莎贝尔就曾这样表示过，当她第一次见到高大威猛的弗兰克·霍金时，就深深地爱上了他。事实证明，她的眼光是极好的，弗兰克·霍金的确是一个非常优秀的人。

2. 天生的物理学家

1642年1月8日，这是一个值得全人类纪念的日子，在这一天，伟大的科学家伽利略·伽利莱（Galileo Galilei）永远地离开了这个世界。众所周知，伽利略先生是人类历史上最伟大的物理学家、数学家、天文学家，他是人类科学史上的重量级人物，被誉为"现代观测天文学之父"、"现代物理学之父"、"科学之父"及"现代科学之父"。伽利略先生的离开，让整个世界陷入了悲痛之中。数百年来，人们对他的敬仰和怀念之情从未减少过。

300年之后，又是这一天——伽利略先生逝世300年周年忌日，正当世界各国的学者、科研工作者、普通民众忙着举办各式各样的活动，用来纪念这位伟大的科学家时，在英国牛津的一家医院里，响起一声清脆的婴儿啼哭声。是的，他就是斯蒂芬·威廉·霍金，一个在伽利略忌日出生的英国男孩。更加令人想不到的是，这个幸运的小家伙儿在不久的未来，竟然取得了与伽利略先生比肩的科研成就，成为人类历史上又一位伟大的科学家。

霍金的父母弗兰克夫妇迎来了他们的第一个孩子。也许是因为出生日期的巧合，弗兰克夫妇除了初为父母的喜悦之情之外，对于这个孩子似乎多了一些期待。然而不幸的是，1942年，整个世界正处在一片黑暗之中，第二次世界大战愈演愈烈，疯狂的人类正在进行着惨无

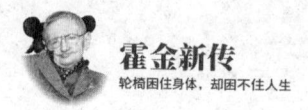

人道的自相残杀，那些战争的狂热分子毫无人性地大肆残杀手无寸铁的儿童和妇女，甚至对犹太民族实施灭族灭种的大屠杀。此时此刻，人类再也没有心情在意除了战争之外的任何事件。为了应对战争，各种用于战争的武器，如炮弹、原子弹、核武器、生化武器等等不断地被研制出来。面对这样一个昏暗无光的世界，弗兰克和伊莎贝尔决定冒险前往牛津。原因是：德国为了保护哥根廷和海德堡免受战火的摧残，与英国达成了约定，作为回报，德国同样不会轰炸英国的牛津和剑桥。这个约定的目的非常简单，两个战争国都想保护本国相对重要的城市。由此可见，那些发动战争的战争狂魔们面对着那些代表着人类文明的著名城市尚且会心存敬畏之情。

就这样，牛津和剑桥就成了英国人眼中的避难所。大量的人群涌入牛津和剑桥，伊莎贝尔就是其中的一分子。这个时期，牛津和剑桥的大街小巷都挤满了人。霍金的母亲只身一人来到举目无亲的牛津，原本认为只要带着足够的金钱，就不会遇到什么麻烦。然而，事情远远没有她所预想得那样简单。因为她即将生产，狡猾的商人们不愿多添麻烦，所有的旅馆都不接纳她，即便是她能够付得起房费。万般无奈之下，伊莎贝尔只好直接住进了医院，早早地在医院里待产。在那个烽火连天的年代里，即便伊莎贝尔和肚子里的孩子暂时避开了战火，但她的心却没有得到一刻的平静，她关心战局的发展，关心依然处于战火中的亲人，终日郁郁寡欢、忧心忡忡。为了摆脱这些烦恼，百无聊赖的伊莎贝尔买了一本星象图，津津有味地读了起来。也许在这个时候，谁都不会想到，这个日日捧着星象图的孕妇的肚子里正在孕育着一位了不起的"宇宙之王"。

无情的战火，让尚未出生的小霍金与牛津结缘，一个幸运的伦敦男孩，就这样在牛津的医院里降生了。理论上，为了孩子的安全，母亲伊莎贝尔应该在牛津多停留些日子，毕竟那里没有战火的侵扰。可是，不知道是因为担心家人的安危，还是工作上的需要，又或是那个

第一章
童年记忆：幸运的伦敦男孩

中层家庭已然无力支撑她和孩子继续留在牛津，总之就在霍金出生的第14天，弗兰克和伊莎贝尔夫妇就带着孩子匆匆赶回了海格特。

之后很长一段时间里，霍金一家都生活在这个遍地废墟、满目疮痍，时刻担心有一颗炮弹会在自己的身边爆炸的地方。对于这段岁月，霍金的母亲曾经这样描述："我们很幸运，实在是非常幸运——我指的是我们一家，包括斯蒂芬（指霍金）和每一个人，我们一家人都饱受灾难，但重要的是我们都活了下来，没有被战火吞噬。飞行中的炸弹非常恐怖，一开始，它们会在空中轰轰作响，然后就是死一般的沉寂，这时候你就可以计算离它落下来还有多长时间……如果你听到了爆炸声，就可以意识到炸弹并没有在你身旁炸开，你可以安然无恙地回家吃饭或者做点别的什么。"

3. 霍金的早期教育

俗话说："父母是孩子的第一任老师。"优秀的父母培养出优秀的孩子，从来不单单是遗传方面的因素，弗兰克夫妇对霍金一生的影响都是巨大的，不光是生活上，在学业上、事业上，弗兰克夫妇对霍金的影响力都是不容忽视的。正是因为有了他们的关心和爱护、教育和引导、支持和鼓励，霍金才能拥有成功不凡的人生。

霍金的父母都是接受过高等教育的知识分子。第二次世界大战结束后，海格特就成了很多知识分子的居住地。在那里，这些知识分子们都会将自己的孩子送到幼儿园。霍金最早的记忆就是站在海格特的幼儿园里放声哭泣，那是他第一次被放到一个完全陌生的环境中，被迫接触集体生活。当时霍金只有两岁，弗兰克夫妇根据所谓的"育儿手册"的提示，认为小孩子必须在两岁的时候开始进行社交训练，于是便将他送到了海格特的幼儿园。然而，小霍金的真实反应让他们有些始料不及，他们怎么也没有想到小霍金会如此害怕和紧张。最后，弗兰克和伊莎贝尔强忍着心中的不舍，将哭得一塌糊涂的小霍金独自留在了那里。忐忑不安地度过一个上午之后，弗兰克夫妇再也忍受不了这种煎熬，他们将小霍金带回了家。直到一年半之后，霍金才被再一次送到这里。这次失败的早教经历，让弗兰克夫妇感到有些沮丧，但是并没有撼动他们注重子女教育的心态。

第一章
童年记忆：幸运的伦敦男孩

之后，霍金被父母安排进入了当时非常先进的私立学校拜伦宫，那是一所专门招收知识分子子女的学校。由于霍金的父母都是牛津大学毕业的高材生，因而霍金得到了享受这个优质教育的机会。尽管后期霍金对于这个机遇并不是十分感恩，他曾经说过，拜伦宫实行的填鸭式的教育方式，让他感觉非常不爽，然而他依然不得不承认在拜伦宫他掌握了读书的技能。

事实上，第二次世界大战之后的英国教育资源还很差，普通家庭的孩子是没有机会进入拜伦宫读书的，他们只能在郡立学校上学。而郡立学校的条件非常糟糕，那里的教师通常素质很差，对学生非常不负责，不肯用心授课。而普通家庭对孩子的教育也不够重视，家长们之所以将孩子送去学校只是为了让孩子们能够识得几个字，以便将来能够更好地生存，并没有太高的期待，因此他们从来不会在教育方面严格约束自己的孩子。这就导致了郡立学校的成绩差、秩序差，甚至一度出现学生殴打老师的乱象。在这样的乱七八糟的学习氛围下，即使真的想好好学习的孩子，恐怕也无法取得好的成绩。由此可见，霍金是多么幸运的孩子呀，上天为他安排了太多有助于学习和研究的好机遇。

不久之后，霍金的父亲弗兰克担任了国立医学研究院寄生虫部的主任。这个时候，第二次世界大战结束有些年头了，人们的生活渐渐好转起来。为了弗兰克工作的需要，1950年，霍金一家搬到了一个位于伦敦北部20英里名叫圣奥尔本斯的小镇上。当时，圣奥尔本斯是个相对较为繁华的地方，虽然镇子的人口不是很多，只有18万左右，居住的却都是英国的中产阶级人士。因此，这里的学校还是非常不错的。刚刚经历过战争的人们，尤其懂得和平岁月的宝贵，镇子上的人们包括弗兰克夫妇，每一天都非常满足地享受着安静和阳光。霍金在这个祥和的小镇上读完了小学，尽管他的小学经历并不怎么愉快。然而，毋庸置疑的是，圣奥尔本斯的女子学校依然为这位后来的宇宙天

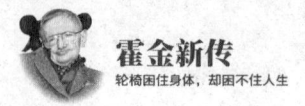

才奠定了扎实的知识基础。

上天赋予了霍金良好的学习机会,加之异于常人的天赋。他的聪明和对自然科学的情有独钟,渐渐地让他赢得了"小爱因斯坦"的称号。进入牛津大学之后,他对物理、天文等自然学科的感知和理解能力远超常人。包括后期,霍金因为渐冻症被迫无奈只能终身禁锢在轮椅之上,但是他的思想是飞舞的,飞舞在茫茫宇宙中,飞舞在星际之外的未解之谜中。他能看到、感知到我们看不到的世界,在他的引导下,人类一点点地拨开了那些迷雾,变得更加了解这个宇宙。然而这一切的一切都与其早期优质的教育经历密不可分。

第一章
童年记忆：幸运的伦敦男孩

4. 家是最美的城堡

霍金的母亲在20世纪50年代时经常会参加一些政治集会和游行。在霍金的记忆中，母亲每次参加政治活动时，总是鼓励自己和她一起去。渐渐地霍金也开始对政治产生了兴趣，他们希望能帮助那些弱小的群体。霍金的弟弟就是他和妈妈想要帮扶的对象之一。作为被收养的孩子，弟弟爱德华自从来到家里就总是非常困惑。例如，他会奇怪：这样一家人为什么会住在那样一栋阴暗的大房子？非常明显，它的规模和所处的位置与霍金父母的薪资收入太过不符；他更加奇怪：为什么房间里已经冷得不行不行的，窗户上已经结满了厚厚的冰霜，一家人都穿上了厚厚的衣服，而他的父母还是只在楼下生火，难道每个屋子里的壁炉是摆设吗？

在霍金和爱德华的眼里，这幢大房子里没有豪华的家具，没有典雅的装饰，也没有暖烘烘的炉火，没有成群结队的佣人……但是这里有他们的父母、兄弟、姐妹，还有无数册书籍，这里就是他们眼中、心中最美丽的城堡。

这幢带有维多利亚风格的大宅，是霍金的父母在战争时期用了很少的钱购买的。第二次世界大战期间，德军的炮弹横扫英国，大量房屋被炸毁，因此房地产市场非常不景气。这幢房子因为距离伦敦很近，所在地区经常会遭到德国飞机的轰炸，所以房子的主人决定放弃

它，并以很低的价格对外出售。尽管如此，依然很长时间无人问津，直到霍金父母的出现。对于原本就没有什么钱的弗兰克和伊莎贝尔来说，能够买到如此性价比超高的房子，简直是件幸运的事情。

然而更为幸运的是，在霍金两岁的时候，母亲伊莎贝尔带着他和妹妹们去姑妈家做客，家里只剩下霍金的父亲弗兰克。就在这时，德军发射的一枚V-2火箭，恰巧落在了距离霍金家仅有几间房子的一幢居民楼上。那幢楼房瞬间开花，被炸得一片狼藉。这次爆炸让伊莎贝尔受到了很大的惊吓，当她得到消息，哭泣着跑回来时，才发现自己家的房子并没有被炸毁，丈夫弗兰克也没有受伤。

这次大爆炸，在霍金家附近的路面上留下了一个大坑。站在大坑的上面往下看，黑洞洞的，让人不禁打个寒颤。正当这里的成年人们依然心有余悸之际，霍金和他的伙伴们却已经深深地爱上了这个大坑。在后来的很长一段时间里，这个大坑就成为霍金和邻居兼好友霍华德的玩耍圣地。他们在坑里跳上跳下，你追我逐，尽情享受着孩童时期的乐趣。霍金的母亲伊莎贝尔经常说他是一个幸运的男孩，在战火中出生，在战火导致的一片废墟中健康成长。是的，第二次世界大战期间的圣奥尔本斯的确是一片废墟，战火几乎摧毁了这里。然而，年幼的霍金此时对于战争的理解还很肤浅。战火并没有摧毁霍金的童年，反而让这位未来的"宇宙之王"平添了很多传奇色彩。这些对于霍金来说，何止是"幸运"二字可以形容的。

在这座大宅里，霍金最早的卧室是一间L形状的佣人房间。房子的设计中带有佣人房，可是霍金一家从来没用过佣人。因为它独特的优势，霍金的表姐萨拉建议霍金选择这件房间。表姐萨拉比霍金年长一些，是伊莎贝尔大姐珍妮特的女儿。后来萨拉成为一名医生，并与一位精神分析专家结婚，在一个名叫哈彭登的村庄里定居。年少时期的霍金非常佩服他的这位表姐，因此当萨拉说这个房间最大的优势就是可以从窗户爬出，直接爬上自行车棚顶，之后再从自行车棚顶回到

第一章
童年记忆：幸运的伦敦男孩

地面时，霍金便立即接纳了她的建议。后来霍金和伙伴们无数次这样做，他们从房间的窗户爬出，爬上自行车棚的顶部，再爬回地面。这条不同寻常的秘密通道，让霍金和伙伴们充分体会到了历险的乐趣。而作为父母的弗兰克和伊莎贝尔从来没有阻止过霍金的行为。在霍金的成长过程中，他们总是尽力给他和妹妹们最大的空间。

在霍金撰写的《我的简史》一书中，对于圣奥尔本斯的这幢大宅的描述并不是很多，也许在一个孩童眼中，房子的装修、大小、新旧并不那么重要，因此他不在乎父亲是否花钱定期修葺房子，家中的家具是否及时更换，装修是否一塌糊涂，屋子里是否凌乱不堪……相对于这些，年少的霍金更加在乎他和妹妹们是否能够在这里捉迷藏，和小伙伴们能否在这里你追我打，闹成一团。当然，霍金的这些行为没有被禁止，他的父母弗兰克和伊莎贝尔有的时候还会加入进来，和他们一起玩耍。

美好的岁月总是容易流逝。这样一片嬉笑、热闹的情景，眨眼间就不复存在了。霍金长大了，他的妹妹和弟弟们也都长大了，因为求学、事业或是其他原因，他们如离巢的雏鹰一般忽闪着翅膀飞走了。原本热闹的大宅，瞬间冷清了下来。可是不管他们走多远，走多久，这里始终是他们的家。同爱德华一样，霍金也非常喜欢这幢房子，将它视为最美丽的城堡。直到1985年，霍金的父亲病重，房子被售出，这幢承载着霍金和妹妹、弟弟们全部童年记忆的房子才开始渐渐淡出霍金的视线。然而我们都知道，即使有一天，这幢房子从地球上消失，它也不会从霍金的心中消失，因为它代表着"家"，永远都会是霍金眼中和心中最美的城堡。

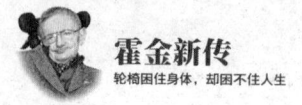

5. 宇宙之王的骨肉之情

在霍金撰写的《我的简史》中有这样一张照片——稚气未脱的霍金坐在左边,脸上带着微笑;坐在右边的是一个可爱的金发女孩,那是霍金的大妹妹玛丽;坐在中间的,有着一张圆嘟嘟的小胖脸,同玛丽一样也是一个可爱的金发女孩,那是霍金的小妹妹菲利帕。这是霍金和他两个妹妹的合影,一张永远停留于幸福时刻的照片。

玛丽出生于霍金出生后的一年半左右。兄妹二人年龄相差不足两岁,因此总是打闹不断。那个时候的霍金可从来不会对这位可爱的妹妹手下留情。尽管玛丽也非常厉害,但是终究是小一些,而且还是一个女孩子,因此经常被哥哥打哭。对此,弗兰克和伊莎贝尔从不过多地干涉,他们认为等到孩子们再长大一些,就会明白手足之情的珍贵,从而就会自发地相互关爱。实践证明,弗兰克和伊莎贝尔的想法是多么地正确。霍金5岁的时候,妈妈伊莎贝尔又给他们生出了另一位小妹妹,名叫菲利帕。对于这个小不点儿,霍金非常喜欢。事实上,在菲利帕还在母亲伊莎贝尔肚子里的时候,霍金就非常期待与她的见面了。这个时候的霍金,已经懂事一些,他开始像个大哥哥一样照顾自己的两个妹妹了。

对于霍金的这两个妹妹,他的第一任妻子简在回忆录《飞向无限》中是这样描述的:"斯蒂芬·威廉·霍金的妹妹们在这所学校学

第一章
童年记忆：幸运的伦敦男孩

习的时间较长，所以我对她们的印象也清晰些。玛丽是两姐妹中较大的，只比霍金小18个月，性格十分与众不同。她身材丰满，常常衣衫不整，心不在焉，却被一副厚厚的眼镜挡住了，实在不敢恭维。菲利帕比霍金小5岁，她眼神明亮，比较情绪化，一头金发，常扎着短辫子，圆圆的脸蛋红扑扑的。"而弗兰克和伊莎贝尔夫妇则非常喜爱他们的孩子，他们总是会利用周末的时间陪伴孩子们。不一样的是，弗兰克夫妇从来不带着他们去游乐园。通常情况下，他们会带着孩子们去一些充满知识的场所，如科技馆、博物馆、纪念馆等等，并在出发之前预先激发孩子们的好奇心。然后孩子们就会带着浓浓的好奇心去了解、认识那些未知的事物。儿时的霍金对科技非常感兴趣，父母经常会带他参观科技博物馆。而玛丽对历史非常感兴趣，因此弗兰克夫妇会带她参观历史博物馆。而小菲利帕则非常喜欢参观艺术博物馆，她对艺术博物馆中的陈列总是非常感兴趣。

霍金的弟弟爱德华是这个家庭里最后的一个成员。他在霍金14岁的时候，被弗兰克夫妇收养。因此在霍金的童年生活中，找不到爱德华的影子。据简回忆，爱德华是一个非常英俊的小男孩，她是这样描述的："当我刚认识霍金一家的时候，爱德华才8岁，已经长得十分英俊并且魅力十足。不过他发现在收养家庭中，与家里人交流变得越来越困难了——或许是因为他们习惯在餐桌上聊书籍，而那些不读书的人在他们眼里就相当于不存在。"尽管爱德华与霍金兄妹并没有血缘关系，但是他们之间的关系是非常亲密的。

爱德华不同于霍金、玛丽和菲利帕，他的身上完全没有学术气息。爱德华出身于普通的家庭中，因此他没有机会接受优质的教育。相对于做学问，爱德华更喜欢体育运动，如打篮球、踢足球、爬山、潜水等等。尽管霍金的父母弗兰克和伊莎贝尔并不喜欢这些体育运动，但是爱德华的出现，给霍金提供了更多地了解体育运动的机会。在霍金的印象中，爱德华是一个相当难缠的小孩，尽管如此，人们还是禁不住喜欢他。令人遗憾的是,爱德华死于2004年,死因不详。虽然爱德华已经永远地离去,但是他与霍金兄妹之间的那份骨肉亲情是永远也不会消失的。

晚年的霍金非常珍惜他的这段手足之情,经常会回忆起童年时期,与妹妹们在沙滩上玩耍的情景。那是一幅什么样的画面呢?沙滩、海风、和煦的阳光,还有三个光着小脚丫的孩子在尽情地欢笑。还有停放在奥斯明顿米尔斯的场地的那辆大篷车,那是弗兰克和伊莎贝尔为了度假而买的一辆吉卜赛人用过的大篷车。弗兰克为了不引人瞩目,刻意将它漆成了绿色,远远看上去就像一个浑身长着绿毛的怪物。大篷车里有一张双人床和一个密柜。弗兰克和伊莎贝尔睡在双人床上,而霍金和妹妹们被安排睡在密柜里。这辆大篷车为霍金和妹妹们的童年增添了很多的乐趣。后来弗兰克为了孩子们的安全考虑,在车上安装了上下床和梯子。至此,这辆神奇的绿色大篷车完全属于他们兄妹三人了,而弗兰克和伊莎贝尔则远遁到了他们的军用帐篷中睡觉了。之后的很长一段时间里,霍金一家总会远离喧嚣的城市,住进这辆绿色的大篷车中,与周围的溪水、绿树、小草、鸟语融合到一处。直到1958年,这辆绿色大篷车被县政会想办法搬走,从此霍金兄妹结束了在大篷车中过暑假的美好时光。

手足之情总是容易让人感动,尤其是到了晚年,回首过去时,那些被记忆封存的美好片段,总会不经意间流出,让人忍不住泪光闪闪。对于霍金亦是如此,晚年的霍金,看淡了爱情、友情之后,尤为珍惜这份割舍不断的手足之情。霍金的一生与自己的两个妹妹和弟弟一直相处融洽,在生命的任何阶段里,他们始终相互搀扶、相互惦念、不离不弃,直到生命的最后一刻。

6. 奇怪的一家人

圣奥尔本斯，霍金在那里留下了太多的童年记忆，比如自己的父母每天都会开着一辆看起来像个老古董的伦敦出租车来接送他和妹妹们上下学。一度简认为自己父母所开的车是学校里最破的车，很快她就发现霍金家的车才是学校里最破的车，为此霍金成了全校同学嘲笑的对象。为了避免碰到熟人，霍金和妹妹们总会像做贼一样趴在这辆古老的伦敦出租车里。庆幸的是，又高又小的车窗，不至于过多地暴露他们的身体。

再比如说，霍金的父亲总是喜欢收藏各种标本和各种奇怪的石头，还有一些稀奇古怪的物件儿。而那个时候年幼的霍金并不明白父亲为何会喜欢收藏这些。再有就是家里破旧不堪的样貌。事实上，霍金的家里非常整洁，她的母亲是个非常勤劳能干的女人，只是家里的装修情况实在是不敢恭维——墙壁上处处可见大大小小的洞，走廊里也会出现一些脱落的石灰，而他们早已习惯视而不见。门廊因为年久失修而开始腐朽，稀松的门框上的玻璃已成摇摇欲坠之势，只要起风，总会有一些玻璃碎片随风摔落，这样的景象经常让周围的邻居变得紧张兮兮。对此，霍金的父母从来没有想过花点钱将房屋好好修整一番。事实是，除了在搬进这幢房子之前，弗兰克和伊莎贝尔对房子进行了简单的装修外，在此后的30多年时间里，他们再也不曾对房子进行过装修和修葺，只是每年会为房子的外围刷一层油漆，以便看起来不是太破旧。尽管这些总会让周围的邻居们议论他们家里是不是出现经济危机了。

直到有一天，霍金的父母花了重金购买了一辆陈旧私家车。然后他们经常会开着这辆破车在圣奥尔本斯的街道上"招摇过市"，他们一家在邻居们眼里，彻底变成了异类。他们非常不解，既然霍金一家有钱买私家车，为何不将房子好好修整一番。令人大跌眼镜的是，没过多久这辆陈旧的私家车被换成了一辆绿色的福特，而换车的理由竟然是他们要驱车远征印度。事实上，后来他们真的去了印度。这次近乎疯狂的旅行，让霍金一家再一次轰动整个圣奥尔本斯。

除此之外，霍金的父母们从来不干涉霍金和他的妹妹们在吃饭的时候阅读书籍，尽管"边吃边读"的习惯已经被确认为是一种"不良习惯"。然而在霍金的家庭中，这个习惯代表着"热爱读书"，是被完全允许的。这让周围的邻居们又一次疑惑了，他们完全不能理解霍金家的这个看似"不礼貌"的饮食和读书习惯。而霍金的父母完全不在乎那些庸俗的讲究，他们认为只要孩子们能够从书籍中汲取知识，边吃边读又有什么不可以呢？

事实上，霍金一家真的非常喜欢读书。他们家中摆满了各种书籍，有科普、励志、医学、历史、小说以及社科类图书，简直是包罗万象。对于霍金一家而言，书是最宝贵的财富，也是这栋大房子里最重要的财产。单单是在客厅里就摆了三个书架，每个书架都被塞得满满的，每一次从书架上取出一本书，再放回去时，都是如同往一个装的满得不能再满的箱子里硬插入一根棍子一样。来霍金家做客的客人们，面对这如此之多的书籍，总会忍不住感叹一番。事实上，霍金和妹妹们不仅可以边吃边读，还能在饭桌上尽情地发表自己的一些观点和看法，似乎"食而不语"这条规矩从来就不曾存在过。对此，霍金的姑妈是这样表示的："这一家人真的非常喜欢读书，他们从来没有停止过读书。"

  霍金的父母需要抚养四个孩子,所获得的收入除了维持家庭生活之外,再无剩余。因此,父亲弗兰克早早就宣布:作为自己的孩子,霍金和妹妹们必须通过自己的努力考上牛津或剑桥大学,并且还要拿到奖学金。因为除了必要的生活费,他们再也拿不出更多的钱让四个儿女上名牌大学。对于这个家规,霍金和妹妹们从小就被父母每日灌输,因此他们都觉得"靠自己的实力上大学"是他们应该做也必须做到的事情。对此,周围的邻居们也觉得很奇怪,难道说孩子们考不上牛津和剑桥大学,就真的不是弗兰克的孩子了吗?事实上,长大之后的霍金和他的两个妹妹确实都是拿着奖学金去名牌大学读书的。很多年之后,霍金每每回忆起父母定下的这条家规,总是忍不住赞扬父母的智慧,他们不仅仅制定了一条迫于生计的家规,更是在他和妹妹们的心中树起了一个标杆呀。

  总之,霍金一家人的确有些特立独行了。然而在霍金的心中,他的家庭是完全符合标准的知识分子家庭,他们热爱学习,热爱生活,无限忠于自己的理想和兴趣爱好,虽然他们一家在普通人眼中有些奇怪。

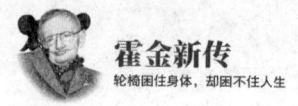

7. 弥足珍贵的童年记忆

在霍金撰写的《我的简史》一书中，有两张他最为珍爱的照片，一张是霍金与父亲弗兰克的合影，照片中的小霍金瞪着一双小眼睛与父亲对视着，模样可爱极了；另一张则是他与母亲伊莎贝尔的合影，照片中的小霍金正安详地躺在母亲的怀抱里。这两张照片，是霍金的珍藏品，霍金非常爱惜它们，每次凝视着它们，总会久久地陷入深思。也许在霍金的脑海中，童年的那段记忆是最为珍贵的吧。

小孩子总是非常喜欢各种玩具，尤其是那些会动、会发声的玩具。霍金和他的妹妹们也不例外。书中还有一张照片同样记载了霍金童年时期的美好片段。照片上的小霍金，看起来3岁左右，面前放着一辆玩具火车。从霍金的眼神中，不难看出童年时期的霍金对这辆玩具火车的喜爱，因为他虽然做出了目视前方的样子，而目光却落在了这辆玩具火车上。这就是霍金的第一个玩具——一辆破旧的发条小火车。

这辆小火车是弗兰克送给霍金的圣诞礼物。尽管它只是一辆旧发条火车，而且还不时地有点问题，被父亲弗兰克用烙铁修理好之后送给了霍金，但是它却在霍金的记忆中占据了重要的位置。晚年时期的霍金，总是喜欢提到这辆小火车，他是这样描述的："另一个早期回忆是我得到的第一组火车玩具。第二次世界大战时英国不制造玩具，

第一章
童年记忆：幸运的伦敦男孩

至少不为国内市场制造。但是我对火车模型有强烈的兴趣。父亲试图给我造一列木质火车，但它没有使我满足，由于我需要某种自己能运动的东西。于是他搞到了一列二手的发条火车，用烙铁修理好，在我快3岁时送给我当圣诞礼物。"

霍金非常喜爱这辆小火车，好长一段时间里对它爱不释手。母亲伊莎贝尔从这辆小火车上看到了儿子的又一兴趣。尽管霍金将大量时间花费在它的身上，他的父母也未曾制止过。在这一点上，父亲弗兰克的表现尤其堪称完美。第二次世界大战结束的那一年，霍金的父亲弗兰克被派往美国出差。美国的发达程度远远超过英国，这一点从他给孩子们带回来的玩具上面充分体现了出来。弗兰克从美国回来的时候，除了给妻子带回礼物之外，还为女儿玛丽带来了一个可以自动睁眼、闭眼的布娃娃。在今天，这样的布娃娃早已经随处可见了，可是在当时，放眼整个英国，几乎没有任何一家商店里出售这样先进的玩具。同样开心的还有霍金，父亲也给他带回了一辆美国生产的玩具火车。这辆崭新的、功能齐全的玩具火车，它的启动原理的复杂程度远远超过之前的那辆发条小火车，而且还有轨道。这样一辆超级先进的玩具，几乎点燃了霍金的全部热情。直到晚年，霍金依然清晰地记得他当时收到这个玩具时的激动心情——"我还记得在我打开盒子时的激动。"

后来霍金的父亲调到米尔山的研究所工作，那个时候，霍金经常会跟着父亲来到他的实验室中。霍金非常喜欢待在父亲的实验室里，尤其喜欢通过实验室里的显微镜来观察物体。通过显微镜，霍金发现了很多肉眼看不到的事物，这让霍金甚为感兴趣。除此之外，霍金还喜欢观察实验室里的热带小动物。霍金的父亲专攻热带病的研究，因此他的实验室里经常会存放着各种各样的热带小动物。霍金对它们很是感兴趣，却也很担心，因为那些可能携带着热带病菌的蚊虫，总是围绕着父亲飞来飞去，而父亲似乎并不在意。

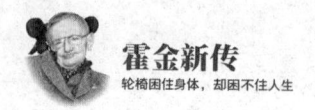

那个时候，霍金的父亲不仅引领霍金通往科学之路，也告知霍金搞科研的一个重要秘诀——勤奋。霍金的父亲非常勤奋，用"献身科研"一词来形容他再合适不过。在霍金看来，有了父亲这个标杆，他日后走向科研工作，并取得一些成绩，其实也是一件自然而然的事情。

后来，霍金被送到了圣奥尔本斯的女校读书，尽管是女校，但是也收10岁以下的男孩。霍金在那里念了一个学期后，他的父亲弗兰克便开始了几乎是一年一度的非洲之旅，并且每次旅行的时间还很长，大约4个月。为了支持父亲的事业发展，母亲伊莎贝尔不得不忍受长时间的单身生活。然而她似乎非常不喜欢这种单身生活，于是她经常带着霍金和他的两个妹妹去拜访她的学友贝里尔。后来，母亲决定临时搬到贝里尔家附近，以便她们可以随时见面。贝里尔和她的诗人丈夫罗伯特·格雷夫斯居住在一个名叫德亚的村庄。对于霍金而言，那里是更加广阔的天地。

霍金的母亲在那里租了房子。于是霍金便在德亚乡村度过了一段美好时光。他与罗伯特·格雷夫斯的儿子威廉共同聘请了一位私人教师。这位私人教师是罗伯特的门生，长得瘦瘦小小的，非常搞笑的模样。然而更搞笑的是，这位私人教师对于撰写关于丁堡节剧本的兴趣远远大过教导霍金和威廉。因此，他没有太多的时间和精力用来备课，经常让霍金他们独自学习。为了让霍金和威廉不至于看起来太闲暇，这位奇葩的私人教师每天安排霍金和威廉读一章圣经，不仅要读，并且还要写出读后感。对此，霍金非常迷惑，他不明白每天读圣经有何用途。威廉也是一样。他们曾经想过向父母求救，解聘这个不怎么靠谱的私人教师。无奈的是，这个时候的罗伯特·格雷夫斯先生正痴迷于对圣经的研究中。求助无门，因此霍金和威廉只能继续忍受着。

天才怪咖：还原真实的霍金

少年时期的霍金是朵奇葩，时而又笨又蠢，让人愤怒；时而又聪明伶俐，让人钦佩。他是一个名副其实的天才，同时也是一个货真价实的怪咖。在周围人的眼中，霍金未来的发展趋势竟然呈现出两个极端的方向：有人说他将会一事无成，注定是个无用之人；也有人非常看好他，认为他日后定会前途无量。这到底是怎么回事呢？为何成绩不好，书写又差的霍金，却能荣获"少年爱因斯坦"的称号呢？

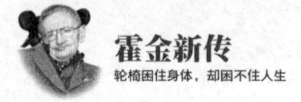

霍金新传
轮椅困住身体，却困不住人生

1. 笨笨的霍金

  这一年，霍金5岁了，父母将他送进了小学。很快问题就出现了——霍金无法很好地融入集体。霍金说话有些结巴，不能及时、准确地表达自己的思想。事实上，霍金一家讲话都有些口吃，尤其是霍金和他的父亲弗兰克。弗兰克的语言表达能力很差，口吃的情况非常严重，更糟糕的是，他竟然将这种不良基因遗传给了霍金。和父亲弗兰克一样，霍金说话也有些费劲，哪怕是一句简单的问候，想要说完整都要花费正常人两倍的时间。时间一长，他的同学们都开始疏远他，没有人再愿意和他讲话。这让霍金很痛苦，在他的心底深处，渴望与他人多交流，渴望融入到学校的大家庭中。然而，这一切，对于霍金而言似乎有些难度。

  对于一个只有5岁的孩子而言，能够和小朋友一起玩耍是件非常愉快的事情。可是霍金没有伙伴，没有人愿意和他玩，因为除了表达不清不楚之外，在其他方面，霍金也总是表现得很笨拙。有一次，学校里举办运动会。老师对大家说，比赛的结果并不重要，重要的是大家都能积极地参与进来。于是，同学们在老师的鼓励下个个热情高涨，纷纷报名参赛。霍金也被这种积极参与的热情所感染，他也报名参加了一个赛跑的项目。可是，霍金在肢体动作方面一直都表现得很差。果不其然，在比赛的过程中，尽管霍金用尽了全力，拼命向前跑，却

第二章
天才怪咖：还原真实的霍金

依然被其他的参赛队员远远地落在了后面。

看着同学们越来越远的背影，听着老师和同学们焦急的叫喊声，霍金的心里非常着急，他甚至隐隐约约地感觉到同学们都在嘲笑他笨。但是倔强的霍金不肯放弃，他咬着牙坚持跑到了终点，尽管是最后一名。此时，比赛场上的工作人员正在忙着撤场地，根本没有人理睬和记录霍金的成绩。霍金觉得非常沮丧。正在这时，一个名叫杰克的同学跑过来，大声埋怨霍金："斯蒂芬，你明明知道自己跑得不快，还非要报名，这不是扯班级的后腿嘛。"听了杰克的话，其他同学也纷纷向霍金投来了埋怨的目光。霍金非常难过，眼泪忍不住地流了下来。好在一旁的老师走了过来，批评了那位名叫杰克的同学，并告诉所有人："比赛重在参与，取得好成绩最好，不能取得好成绩也不应该埋怨同学。我相信霍金同学已经尽力了，大家不应该这样对待他。"霍金非常感激老师替自己解围。可是从那以后，同学们似乎更加疏远他了。

运动会结束没多久，有一天放学之后，霍金和几个小伙伴们一起在社区的小广场上玩耍。这个小广场简直就是孩子们的乐园，孩子们经常会聚集在这里玩耍。这一次，孩子们在一起玩的是"你追我赶"的游戏。而霍金无论是追别人还是别人追自己，总是输掉的那一个。几个轮回下来，和霍金同组的伙伴们开始有些埋怨霍金，一个名叫安东尼的小伙伴脾气最爆，他大声斥责霍金笨手笨脚，导致他们组一直输。安东尼说的是实情，霍金的确拖了组员的后腿。因此，霍金虽然觉得委屈，却没有任何申辩的语言。后来，小伙伴们决定不和霍金玩了。霍金再一次被孤立了，他很难过，哭着跑回了家。这件事情严重地伤害了霍金的自尊心。从那以后，霍金再也不参加任何形式的集体活动了。每当小朋友们在小广场做游戏时，霍金总是伏在窗前，默默地看着大家玩耍，心里充满了羡慕之情。

不仅是在运动方面，霍金表现得笨笨的，在学习方面，霍金也成

了同学们讥笑的对象。霍金的字写得非常难看，像是一条条蚯蚓。一些淘气的同学，总是喜欢拿起霍金的作业本，围在一处，笑作一团。老师知道后，摸着霍金的头对他说，只要他勤加练习，一定可以把字写好的。霍金听了老师的话，下定决心要好好练习。于是，霍金日日练习书写，无论是春夏秋冬，还是刮风下雨，从来没有间断过。无奈的是，无论霍金怎么努力，他的字仍旧一如既往地难看。时间一长，连老师也开始对他失去耐心，每次看到霍金的作业，总忍不住摇头。看到老师不耐烦的表情，霍金彻底失去了信心，他开始封闭自己，不愿意和别人接触。

就这样，霍金成了远近闻名的"笨小孩"，几乎被所有的同龄人孤立。不仅如此，甚至连霍金的少数几个好朋友，也因为他的关系一起被同学们孤立。为了保护自己的朋友，不让朋友被自己连累，霍金开始主动疏远他们。詹姆斯就是其中的一个。在霍金的同学中，只有詹姆斯对他比较友好。但詹姆斯的朋友们都不喜欢霍金，经常欺负霍金。詹姆斯看不下去，常常因为霍金的缘故和朋友们争吵。霍金不想詹姆斯因为自己而失去朋友，所以他选择主动远离詹姆斯。

这个时期的霍金生活得非常不愉快，因为他的这些弱点，他受到了很多不公平的待遇，他变得越来越不喜欢学校生活，每天都期盼着早点放学，然后以最快的速度赶回家里。因为没有朋友，霍金总是感觉很孤独。这种孤独的感觉，原本不该他这个年纪应该感受的。但是霍金却体会得淋漓尽致。当然任何事情都有两面性，有坏的一面，就有好的一面。而孤独的另一面恰好代表着专注。正是因为长时间的孤独，霍金养成了专注的习惯。很多时候，他总是一个人静静地思索着，不管周围的环境如何嘈杂，都不会打扰到他的思绪。因为有了专注思考问题的能力，霍金比常人想得更多，想得更深、更远。这种专注的精神，对于霍金日后的发展是非常必要的，最终使得他的思绪得以在宇宙中自由地飞翔。

2. 顺其自然的家庭教育

霍金小学时期的经历并不愉快。那个时候，霍金显得总是郁郁寡欢。作为父母，弗兰克和伊莎贝尔自然会察觉到了霍金的情绪。看着终日闷闷不乐的儿子，他们既有些担忧，又万分心疼。霍金的母亲伊莎贝尔甚至向霍金的父亲弗兰克提议，主动找霍金的同学们谈一谈，让他们多和霍金接触接触，多了解了解霍金。她的这个提议很快便被弗兰克制止了。父亲弗兰克不认为霍金需要他们的帮助，每个孩子都有自己的性格特点，霍金不善于与人交往，并不一定是件坏事情。而且弗兰克还觉得霍金的性格与遗传有关，他和伊莎贝尔就非常不善于与人打交道，可是他们还是生活得非常开心。因此，弗兰克决定顺其自然，不去刻意改变霍金的性格。

众所周知，一个人的性格与他未来人生关联很密切。霍金有些孤僻的性格并没有让他今后的人生变得一塌糊涂。事实上，随着时间的推移，霍金自然而然地走出了阴霾，变得开朗、乐观起来。然而在当时，作为母亲的伊莎贝尔着着实实担心了好久。她非常担心霍金会从此消沉下去，形成严重的心理疾病。而弗朗克对此却很释然，他非常相信自己的儿子。伊莎贝尔对弗兰克的这种无所谓的态度非常恼火，她叱问弗兰克，如果霍金因此厌倦学习、厌倦学校怎么办？弗兰克笑着回答，如果霍金真的不再喜欢学习，也不再喜欢学校，那就证明这

些根本就不是他的兴趣所在，只有引导孩子找到他真正感兴趣的事物，霍金才能充分发挥出自身的潜力，从而取得无可限量的成就。伊莎贝尔最终认可了弗兰克的道理，从而放下了重重的心理负担。

就这样，霍金的父母不再尝试干涉霍金的生活，也不再去试图代替他解决任何问题。当然他们也并没有真的撒手不管，任由霍金一通乱撞，而是通过鼓励的方式，逐渐引导霍金建立自己的思考模式和形成自己的解决问题的方式。霍金的父母弗兰克和伊莎贝尔为了能够在第一时间里掌握霍金的兴趣，经常花时间和他交流。尤其是母亲伊莎贝尔，她每天都会在睡前和霍金聊天，聊聊一天的所见所闻，聊聊心里的感受。事实上，霍金的父母正是通过这些再平常不过的聊天，捕捉到了霍金的兴趣，从而加以引导。

有一次，霍金告诉母亲伊莎贝尔，他发现了一些非常有意义的事情。那是在一个雨天里，放学回家的霍金路过一个公园时，无意间发现地上出现了好多蚂蚁，它们的触角上都举着一些树叶或是面包屑之类的东西，然后排成长长的、整整齐齐的队伍，向前方前进，这个过程中，竟然没有一只蚂蚁乱跑；还有就是，霍金发现一旁的蜻蜓也飞得很低很低，几乎快贴到地面了，而且还很慢，以至于自己一伸手就能捕捉到它们。霍金越说越兴奋，以至于不知不觉中竟然不再口吃。伊莎贝尔非常惊讶于儿子的变化，但她并没有立即打断霍金，而是静静地听着儿子灵活、准确的表达。与此同时，她敏锐地捕捉到了霍金的兴趣点——自然科学。

伊莎贝尔尽可能地压制住内心激动的情绪，进一步引导霍金思考：导致这些奇怪现象的原因。顺着母亲的思路，霍金陷入了深深的思索中。伊莎贝尔并没有打扰他，而是静静地等待着。当然，年幼的霍金根本不可能想明白其中的奥秘，于是伊莎贝尔告诉儿子，可以在书中找到答案。就这样，霍金带着莫大的好奇心，开始了他的阅读旅程。从此霍金爱上了读书，爱上了思考，他一点点地感受到了科学带

第二章
天才怪咖：还原真实的霍金

给他的巨大乐趣。渐渐地，霍金父母开始发现，儿子不再郁郁寡欢，他变得越来越开心了。

自此之后，霍金的父母便经常带着霍金去大自然中玩耍。甚至在放学的时候，他们也会特意地带着霍金到公园里转上一圈儿，让霍金尽情地观察大自然中的一切。不仅如此，他们还会加入到霍金的观察行动中，和霍金一起去发现自然界的奇妙景象。有一次，霍金的父亲发现了一张蜘蛛网刚刚粘住了一只苍蝇。他立即呼唤孩子们过来。于是，霍金一家齐刷刷地蹲在地上，眼睛一眨不眨地看着那只苍蝇。霍金发现，最初那只苍蝇还奋力挣扎，有几次几乎差一点就挣脱了，直到最后苍蝇似乎没了力气，挣扎的次数和强度越来越小。就在这时，一旁的蜘蛛慢悠悠地爬了过来，它看起来非常灵活，很快就爬到了苍蝇面前停住。只见那只被困的苍蝇先是一阵剧烈的挣扎，之后便一动不动了。霍金和妹妹们纷纷瞪着眼睛，聚精会神地注视着这一幕。又过了一会儿，蜘蛛开始缓缓后退，慢慢回到了之前的藏身地。霍金非常不解，为何蜘蛛没有吃掉苍蝇呢？当他再仔细一看，不禁大吃一惊，原来在苍蝇的背部竟然多出了一道小口，而那只看似完整的苍蝇躯体实际上只剩下一副空壳了。

直到很多年以后，霍金对于这件事情依然记忆犹新，在他的印象中，蜘蛛应该会把整个苍蝇吃掉，可是他怎么也没有想到竟然是这样的吃法。而霍金的父母在多年之后也对这件小事记忆犹新，不同的是让他们记忆犹新的是当时因为蹲得时间太长，腿麻了以至于无法正常站起来的那种感觉。

这就是弗兰克和伊莎贝尔对子女的教育方式——顺其自然，一种看似无为、实则是最有效的家庭教育方式，直到今天，在信息高速运转、科技日新月异的社会背景下，很多的高素养的父母们仍然无法恰到好处地实施的家庭教育方式。

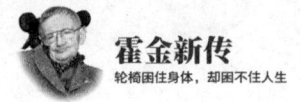

3. 天才少年，初露锋芒

经历过被同龄人嘲笑、孤立的霍金，开始逐渐显露出自身的天赋。这一年，霍金开始喜欢读书。正如母亲所言，任何问题都能在书中找到答案。小小的少年开始疯狂地阅读各种书籍，甚至连一些商品的说明书也不放过。霍金的思绪非常灵活，理解力非常强，书上的一些理论，他只需读上一遍就能理解透彻，并有能力付诸于实践。例如，有一次，霍金阅读完飞机模型的说明书，竟然迅速地在草纸上设计出各种"样品"，甚至他还亲自动手尝试制作飞机模型。有了几个成功案例之后，霍金开始越来越自信，他的小"野心"也逐渐膨胀起来。他总是会想，将来有一天，一定要制造出一个非常棒的火箭模型。

同其他同龄的孩子一样，霍金的大脑里也总闪现很多稀奇古怪的想法。众所周知，童话可以更好地开启孩子的智慧，让孩子们在自己的思维里认知世界。霍金的父母非常了解童话的这种功效。为了让霍金和他的妹妹们学到一些做人的道理，母亲伊莎贝尔经常会利用节假日带领他们去看童话剧。一天，伊莎贝尔又带着她的几个孩子来看童话剧。这一次，剧院表演的是一部名叫《阿拉丁》的童话。小霍金和妹妹们看得非常认真。特别是在最后结尾的时候，灯神变幻出来的豪华宫殿，腾空而起，瞬间升上了天空，这一幕在霍金的心中留下了深

第二章
天才怪咖：还原真实的霍金

刻的印象。从那一刻开始，霍金开始每天期盼那座宫殿，他相信童话中腾空而起的宫殿一定是降落在了伦敦的某个地方。最后，霍金经过一系列的演算和思考，敲定宫殿降落在了一个名叫"德伦"的地方。他向母亲提出要只身前往的要求，霍金的母亲并没有允准，但是她也没有因此责备霍金。母亲伊莎贝尔深知：孩子的世界总是奇特的，孩子的想象力总是那么丰富多彩。后来，伊莎贝尔想了好多方法，花了很长的时间，才令霍金打消了这个奇怪的念头。后来的事情，再一次证明了这位伟大母亲的与众不同。

一个偶然的机会，伊莎贝尔带着霍金前去参观汉姆斯达德·希斯的肯伍德宫。看到宫殿的那一刻，霍金异常兴奋地惊呼起来："母亲，这就是我要找的宫殿！"伊莎贝尔惊呆了，原来这就是霍金日思夜想的宫殿呀，而且它真的存在。高兴之余，更令她欣慰的是，她的儿子终于见到了这座显然已经神往已久的宫殿。

事实上，这个时候的霍金显然已经隐隐约约地显示出了他的与众不同。他总是能够想到很多别人想不到的事物，并且不辞辛苦地想要证明它们，例如这一次，霍金一直相信那个已经飞上天空中的"宫殿"降落在了地面上，并且力争亲自前往查看。尽管他的行为被母亲阻止，但是他却并没有因此放弃，而是始终记挂着这个事情。直到看到汉姆斯达德·希斯的肯伍德宫的那一刻，霍金才真正放下来心中的牵挂。

从孩童时期一直到少年时期，霍金的学习成绩始终不是很突出。很多人都认为他不会有所成就，但是也有一些人，察觉到了霍金的聪明之处。霍金其实很聪明，只不过此时他的聪明才智大多体现在了日常生活中。生活中的霍金总会有一些奇思妙想，甚至有些想法听起来还很荒唐，但当他真的做到之后，却又令人感到那么不可思议。

圣奥尔本斯的大房子，对于霍金而言，可以说是一个"神秘的城堡"。他和妹妹经常会在家里玩捉迷藏的游戏，那里总是那样的有

趣。一个偶然的机会，霍金正在家里玩耍，无意间发现了一扇他从没有走过的门。这个门被一把已经生了锈的锁头锁住。霍金想了想，便找来斧头，砸开了锁头。推开那扇门，霍金惊讶地发现，这扇门竟然直通家里的大厅。并且他还发现：如果不走这扇门，他和妹妹们想要从大厅来到这里，需要走上很长的一段距离。而事实是……霍金怎么也没有想到，相距这么远的两个地方竟然只是一门之隔。从那之后，霍金便爱上了探索，他总是在家里四处穿梭、到处寻觅，寻找那些被遗落的"新发现"。当然，每次发现新情况时，霍金总是显得那么激动。

后来，霍金把这座大房子的秘密挖掘干净之后，便将目光转移到了更大、更广的空间——屋外。有一段时间，霍金开始探索从学校出发，共有多少线路可以回到家中。有了这个探索目标之后，霍金立即着手去做。他利用每天放学之后的时间，在自己的房子外面转来转去，寻找突破口。那段时间里，霍金回家的路线每天都会发生变化，今天从这个门进屋，明天又从那个门进屋，后天可能又从某个窗户进屋了。霍金就像一个灵活的鼹鼠，拥有许多不同的进出口。

最后，霍金将自己历时一个月探索出来的11条回家线路，绘成了一张以自己的家为中心，通向周围四周的线路地图。当霍金兴奋地将这张自己精心绘制的地图展现给家人看的时候，全家人都惊呆了，他们谁也没有想到霍金竟然会有如此奇怪的想法，又会探索出如此多的回家线路。惊讶之余，大家进一步感受到了霍金的与众不同。

第二章
天才怪咖：还原真实的霍金

4. 少年"爱因斯坦"

少年时期的霍金，学习成绩并不优秀，虽然跻身A等级学生之列，却在班级里排名倒数第三名。加之他糟糕的语言表达能力和书写能力，使得老师们并没有对他抱有太大期望，甚至一部分人还认为霍金日后难成大器。令人奇怪的是，即使霍金的成绩一般，书写也糟糕到令老师都觉得他无可救药的地步时，他的同班同学们却给他起了一个响当当的名号"爱因斯坦"。

后来，霍金在回忆这段往事时，总是觉得玄玄乎乎的。他是这样说的："我在班级里从未列在前面一半（那是一个所有学生都非常聪明的班级）。我的作业总是非常不整洁，我的老师对我的书写感到绝望。但是我的同学给我起了'爱因斯坦'的绰号，看上去他们看到了一些好征兆。"或许真如霍金所言，他的同学们确实是看出了一些兆头。

由此不难想象，少年时期的霍金是多么奇葩。在周围人的眼中，他未来的发展趋势竟然呈现出两个极端的方向：一事无成和前途无量。据霍金回忆，当时就有两位同学以一袋糖果为赌注，赌霍金的未来。一位同学认定霍金注定一事无成，而另一位同学则认为，霍金日后定然前途无量。

在圣奥尔本斯学校学习的那段岁月，霍金拥有了五六个好朋友。

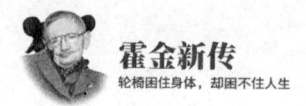

他们有着共同的兴趣和爱好，经常聚在一起共同讨论。这些好朋友一直与霍金联系，直到霍金成名之后，他们的联系始终未曾间断过。对此，霍金是这样说的："我们习惯于进行长时间的讨论和辩论，论题所涉极为广泛，从无线电控制模型到宗教，从通灵学到物理学。我们谈论的一件事是宇宙的起源，它是否需要上帝去创生并使它运行。我听说过从遥远的星系来的光波向光谱的红端移动，而这被假定表示宇宙正在膨胀。但是我肯定，红移应该有某种其他原因。一个基本不变的永续的宇宙似乎更自然得多。我猜想，也许光在向我们来的路途中仅是疲倦了，变得更红。在我攻读博士大约两年后，我才意识到自己过去错了。"

事实上，有一段时间里，霍金对于神秘主义和宗教的"超感官知觉"非常痴迷，他和好朋友们一起研究、探讨，甚至获得了学校的"神学奖"。那个时候，霍金是兴奋的、快乐的。后来，霍金对宗教学渐渐失去了兴趣。与其说失去了兴趣，倒不如说霍金心底的那份对科学的钟爱之情开始发挥作用。霍金热爱科学，这与他从小生活的家庭环境有着莫大的关联。我们都知道，霍金的父母都是从事科研工作，他们营造的家庭氛围中带有强烈的理性意识。正是这种理性意识潜移默化地熏陶，使得那些宗教性质的神学并没有战胜霍金的理智。

其实，霍金之所以痴迷于宗教学，是因为霍金热衷于宗教学的"超感官知觉"，他觉得"超感官知觉"带有一定的科学性，而且这一套理论可以付诸实践。归根结底，霍金之所以痴迷于宗教、神秘主义，最终还是源于他内心深处对科学的浓厚兴趣。之后，一个偶然的机会，霍金发现所谓的"超感官知觉"不过是一些毫无科学依据的"障眼法"。于是，霍金果断地失去了对宗教、神秘主义的兴趣。很多年之后，当年那些和霍金一起探讨宗教学的好友还忍不住发出这样的感叹："斯蒂芬有自己的想法，却又好像是故意怂恿我，结果却是我愚弄了我自己。他好像瞬间不同寻常了，他应该异常聪明，就像是

第二章
天才怪咖：还原真实的霍金

在居高临下地看着我，看着这世间的一切。"

这就是霍金，在他的智慧中，处处流露着科学的理性，现在看来，这才是一位科学家应当具备的科学之心。霍金的聪明绝非仅仅体现在理论知识上。圣奥尔本斯中学从来不单单注重对学生智力的培养，还非常着重培养学生们的动手能力。在那里读书的那段时光，霍金最为骄傲的杰作就是他曾亲手用旧机械的零件制造了一台逻辑计算机。虽说这台计算机的运行原理并不高级，但是对于一个年仅十余岁的少年而言，这已经是件非常令人震惊的壮举了。可以说，霍金就是一个天才少年。

霍金和他的同学们一起制造出"逻辑单选择计算机"的事情，在当地引起很大的轰动。当地的一家名为《奥尔本斯人》的杂志社，就曾经就这件事情发表过这样一段话："我们有了圣奥尔本斯学生制造的逻辑单选择计算机。这台计算机只能回答一些无用但又相当复杂的逻辑问题。取得了一些经验后，设计者们要继续努力去制造数字式计算机，这台未来的计算机虽然还没有命名，但将能真正'做计算'。"后来，当地的很多报纸也相继作了报道，这让霍金和他的同学们备受鼓励。令人遗憾的是，这台由霍金发明创造的计算机后来被学校工作人员随便放进了一个箱子里，当成杂物堆放在了学校的活动室里。很多年以后，它被一位新来的计算机老师当作废物扔进了垃圾箱。

时光荏苒，当年的那个少年"爱因斯坦"早已成了名副其实的伟大科学家，人类的"宇宙之王"。然而回首当年，事实上霍金无时无刻不在流露着他作为科学家的天生素养。自始至终，他都凭借着极高的科学天赋和专注的钻研精神，居高临下地俯视着众生。

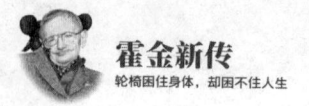

5. 特立独行的霍金

  1955年,霍金开始进入中学时代。那个时候的大不列颠,未成年人接受教育,不是随便选择学校,要按照阶级来划分。霍金的父亲弗兰克根据自己的人生经历,建议他报考西敏中学。因为他认为:如果霍金可以拥有一段特殊的教育背景或是庞大的社会关系,会让他更加体面地活着,这对他的未来是非常有好处的。父亲弗兰克总是和霍金说:他之所以被人忽视,其中一个最为重要的原因就是他没有社会背景;而那些能力不如他的人,就是因为有一定的社会关系,从而受到领导的重用。这种现象让他感到很气愤,同时也很印象深刻。而当时的西敏学校是公学,是那些高阶层子弟读书的地方。因此,弗兰克希望他的儿子可以拥有这样一个体面的背景。

  可是这件事最终令霍金的父亲失望了。众所周知,霍金家里并不富裕。因此霍金想要进入西敏学校,并在那里好好读书,只有通过"赢得奖学金来抵消一部分学费"这一条途径。然而不幸的是,霍金因为生病,并且病得非常厉害,以至于他不能参加西敏学校的奖学金考试。霍金就这样错过了拿奖学金的机会,这就意味着霍金从此与西敏学校无缘了,他不得不放弃西敏中学,转而考虑圣奥尔本斯中学。霍金的父亲弗兰克感到非常遗憾。就这样,霍金最终还是留在了圣奥尔本斯学校读书。事实上,在那里,霍金同样得到了很好的教育。对

第二章
天才怪咖：还原真实的霍金

于这段经历，霍金后来是这样描述的："因为我父母并不富裕，为了进西敏学校我必须赢得奖学金。然而，我在奖学金考试时生病了，所以没有考。于是，我留在了圣奥尔本斯学校，在此我得到比在西敏学校，即使不是更好，也肯定是同样好的教育。我从未发现我缺乏社会体面会成为障碍。但我认为物理学和医学有些不同。对于学物理的，你上哪个学校、结交了哪个人都不重要，只有你做了什么才要紧。"

圣奥尔本斯中学的学习生活并不轻松，竞争非常激烈。在那里，他们将学生划分成ABC三个等级，分出高级班和普通班。所有的学生都必须读完7年的普通班，然后参加升入高级班的考试，如果通过的话便可以进入大学学习。因为时间紧、任务重，所以圣奥尔本斯中学的学生们每晚都会有长达3个小时的家庭作业，这让霍金甚为痛苦。幸运的是，霍金的成绩虽然不是最好的，却也在竞争激烈的圣奥尔本斯中学挤进了前20名，从而保持在A等级中。

事实上，不管在哪个学校，西敏中学也好，圣奥尔本斯中学也好，都会有几个看起来特立独行的学生，他们表面看起来高傲、孤僻，其实那只是他们的思想有些与众不同而已。而到最后，往往就是这些学生，他们在某些关键时刻，发出一鸣惊人的叫声。斯蒂芬·威廉·霍金就是这样的人。事实上，在我们身边就很多这样的男生，尤其是中学时期的男生，他们在平时学习成绩并不优秀，可是到了关键时刻，例如升学考试的前夕，往往会忽然醒悟，之后开始发愤图强，最后一飞冲天，顺利考上重点大学，就像在中学时期的霍金一样。

那时的霍金，在老师的眼里，距离考入名校还差好大一截儿距离，甚至可以说是可望而不可即的差距。然而，谁都没有想到，在最关键的那一刻，霍金醒悟了，瞬间将自己变成了圣奥尔本斯中学的学霸，最后稳稳当当地考入名牌大学——牛津大学。霍金的这段带有传

奇色彩的中学经历，让圣奥尔本斯中学的全体师生清楚地弄懂了两个道理：第一，每个人都有可能成为优等生，即使他是机会最小的那一个；第二，作为一名老师，必须对自己的学生尽心尽力，在任何情况下，都不要随便放弃他们。因为任何一个孩子都是东升的太阳，他们本身就带着希望的火种。

中学的最后两年，因为专业问题，霍金与父亲弗兰克发生了矛盾。霍金喜欢数学和物理，希望以后可以继续研究数学和物理。而父亲弗兰克却认为数学和物理专业就业面窄，以后不好找工作，他建议霍金学习生物学，将来可以成为一名医生。事实上，成为一名医生，学习生物专业，这些都是弗兰克感兴趣的事情，这个时候的弗兰克和很多迷糊家长一样，不知不觉中将自己的想法强加于孩子身上了。可是，霍金并不喜欢生物学，他觉得聪明的男孩子就应该学习数学和物理。父亲弗兰克知道自己没有办法改变儿子的意愿，便尝试着劝说霍金学习化学，以便将来的就业之路宽广一些。

后来的事情证明弗兰克的担忧是多余的。不管学习哪个专业，只要你感兴趣，愿意深入地研究它，就一定可以取得很大的成功。而且，此时的霍金已经充分表现出了在数学和物理学方面的超常天赋。据霍金的同学回忆："他天生就具有令人惊奇的悟性，当我还在为解一道复杂的数学题而冥思苦想时，他已知道了答案——他想都不用想。这其实就是天赋的问题，很多人都说只要刻苦努力，就没有解决不了的难题。在数理化方面，如果没有天赋，仅靠刻苦努力，也是不能成功的。"霍金在数理化方面有着异于常人的天赋，而且有足够的兴趣，他非常清楚自己想要什么，并全身心地投入其中。那些在科学方面看似辛苦的付出，对于霍金而言，并不觉得辛苦，而是乐此不疲。试问，这种状态下的霍金，怎么可能不成功呢？

人生就是这样，不管是谁，也不管你身处何方，问题总是环绕着问题，没有谁的人生是一帆风顺的。然而困难永远无法打倒真正的英雄，正如少年时期的霍金，是那样的健康，那样的活力四射，全身上下闪烁了梦想的能量。即使后来他身陷"果壳"，但是雄鹰就是雄鹰，伟人就是伟人，即使折断了翅膀，灵魂也能在宇宙中遨游。

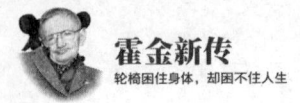

6. 走后门

不管在哪里,只要有人类存在的地方,任谁也无法真正做到永久地遵守"公平公正"的原则。社会学是一部既复杂又深奥的"大书",所有的人都能在这本书中生存,但是真正研究明白的却寥寥无几。相对于那些善于交际、八面玲珑的人而言,霍金一家则更善于自然科学的研究。可是即便是这样一家不善交际的人,竟然也有"走后门"的时候。

1958年,霍金在圣奥尔本斯中学的学业只有一年了。在这仅有的一年时间里,霍金和父亲弗兰克商议着要考入哪所大学。一番交流之后,父子二人的想法竟然出奇地一致,二人都认为要在牛津和剑桥之中做选择。这时,家庭熏陶的作用出现。父亲弗兰克和母亲伊莎贝尔都曾就读于牛津大学,他们夫妇二人对牛津大学也有着深厚的感情,经常会和孩子们一同分享他们在牛津大学求学的趣事。正因如此,牛津大学这个名字,便早早地在霍金的心中留下了印象。这一次,面对着这所心仪已久的牛津大学,霍金没有丝毫的犹豫。

父亲弗兰克非常高兴儿子可以选择自己的母校,他希望霍金也可以像自己一样,在牛津的校园里度过愉快的大学时代。可是弗兰克高兴之余,还有隐隐的担忧。霍金的学习成绩并不优秀,他的老师甚至明确表示过:霍金是没有机会考入大学的。对此,弗兰克很是担忧,

第二章
天才怪咖：还原真实的霍金

要知道牛津大学可是英国的最高学府呀。另外一个令弗兰克担忧的问题是：霍金不仅要通过牛津大学的考试，还要获得牛津大学的奖学金。因为他们的家庭，无力全额承担霍金读大学的学费。经过一段时间的思考之后，弗兰克做出了一个非常愚蠢的决定，这个决定差点让霍金失去了进入牛津大学的资格。

这一天，阳光明媚。父亲弗兰克和母亲伊莎贝尔早早地起床了，他们嘀嘀咕咕好一阵子，在房间里穿梭来穿梭去的。霍金还没有起床，就听到父亲和母亲在外面发出的各种声响，心想：发生什么事情了？父亲和母亲好像非常重视。于是，霍金准备起床去一探究竟。正在这时，母亲伊莎贝尔走了进来，手里拿着一身新衣服。她要求霍金赶快起床，穿上这身新衣服，将自己打扮得精神一些。霍金的父母一向不太注重穿着，他们都是随意的人，可今天……母亲伊莎贝尔的行为，让霍金一头雾水。霍金虽然没有问什么，却也知道有重要的事情即将发生。因此他二话没说，立刻按照母亲的要求行动起来。

霍金非常迅速地穿好衣服，母亲伊莎贝尔又帮着霍金鼓捣了一会儿，终于将霍金打扮好了。一个非常帅气的小男孩出现在了家人的面前。父亲弗兰克看了看霍金，满意地点了点头，他告诉霍金，今天要带着霍金去拜访罗伯特·伯曼教授。罗伯特·伯曼教授是牛津大学物理系的教授，也是父亲弗兰克的老师。父亲弗兰克以"学生"的身份前去拜访老师，最主要的目的是希望伯曼教授可以对霍金"格外照顾"，帮助霍金在入学考试中顺利地获得奖学金。尽管他曾经多次对霍金和他的妹妹们说过，要依靠自己的力量获得大学的奖学金，来抵消一部分学费，但是霍金的学习成绩摆在眼前，这令弗兰克感到并不是很乐观。

霍金得知父母的想法之后，有些不情愿，他从小接受到的教育都是一些充满社会正能量的教育，可是今天父亲却要带着他去走后门，为了能够获得奖学金，这让霍金的心里有些接受不了。但是，他也知道牛津大学的奖学金对自己意味着什么。牛津大学的门槛并不是很好

进，自己有能力考进去就已经很勉强了，至于奖学金，霍金对自己的成绩也有些不自信。于是，霍金决定跟随父亲去走走后门。

父亲弗兰克想通过"关系"来为霍金铺路，然而他没有想到，他的这种举动令伯曼教授很是反感，不仅没有帮到霍金，反而差点让霍金上不了牛津大学。伯曼教授为人非常正直，极其厌恶这种"走后门"的行为，当霍金的父亲带着霍金来拜访他时，他很是不高兴。碍于情面，伯曼教授还是接待了弗兰克和霍金。他没有和弗兰克多说什么，只是浅浅地谈了谈一些学术上的事情。当霍金的父亲切入主题时，伯曼教授没有做出任何答复。事实上，伯曼教授不仅不想帮助霍金，因为弗兰克的这种行为，他甚至想一旦霍金考入牛津大学，自己应该将今天的事情通告学校，取消霍金参加奖学金考试的资格。

或许是因为霍金的笔试成绩，又或许是伯曼教授想让霍金展示出自己的真实水平，总而言之，他没有在霍金取得奖学金这件事情中起到任何作用。后来，伯曼教授在回忆这段往事的时候说道："我第一次见到斯蒂芬时，他大约不到17岁。他的父亲是学院的老学员，他把斯蒂芬带来见我，我们泛泛地谈论学院和读物理学等等。事实上就我所记忆的，多半是他父亲在讲话；斯蒂芬并没有给我留下任何深刻的印象。"

从伯曼教授的这段回忆中，我们不难发现，走后门绝不是一条万能捷径，很多事情，它反倒是我们成功路上的一大障碍。弗兰克的这种行为就没有帮到霍金，甚至对霍金日后求学牛津起到了反作用。试想，如果伯曼教授当时真的一狠心，将这件事情通知牛津大学，导致霍金失去参加奖学金考试的资格；那么，以霍金的家庭条件，他恐怕是上不了牛津大学的。这件事情告诉我们，社会的确是一本极其复杂的"大书"，之所以复杂，只因每个人的性格、喜爱、行事作风都不相同，并不是所有的人都没有原则，因此走后门的行径风险很大，结果好坏难料。但是，脚踏实地奋斗，依靠自己的能力，获取自己想要的东西，这种行事准则永远没有风险。

7. 约翰·汉弗莱一家

1958年，决定霍金命运的关键时刻到了——霍金到了参加高考的年龄。而此时，他的父亲弗兰克正在为一个名叫"科伦坡计划"的研究组织工作。因为工作的需要，弗兰克需要远赴印度工作一年。为了不影响霍金的学业，弗兰克决定带霍金的母亲和妹妹们去印度，而将霍金留在圣奥尔本斯继续学业，并委托了他在国立医学院的同事约翰·汉弗莱照顾霍金。就这样，霍金住进了汉弗莱在米尔山的家里。

当时，英国的教育系统规定，中学生进入大学有两个途径：一个是在中学六年级的时候报考，如果可以通过考试的话，新学期开始就可以直接升入大学；另一个途径就是，在中学读完高级班，也就是七年级的时候再进行升学考试，如果通过考试的话，再进入大学。几乎所有的中学生都会选择第一种途径，没有人愿意选择耽误一年。霍金也是如此，同大多数人一样，选择了第一种升学途径。因此，霍金不能跟着父母们去印度，尽管他非常想去。

就这样，霍金住进了约翰·汉弗莱的家里。而霍金的父母则带着女儿们安心地离开了即将高考的霍金。事实上，这种事情在其他家庭是绝对不会发生的。高考对于任何一个孩子，绝对称得上人生的一大转折点。作为家长，即使不能竭尽全力帮助孩子，也不会在这种关键时刻离开自己的孩子，将孩子交给一个没有血缘关系的人照顾。如

果因此影响到了孩子的升学考试,影响了孩子的一生,我想这是所有父母都感到追悔莫及的事情。可是,霍金的父母偏偏做出这种事情。事实上,他们有他们的难处,霍金的父亲弗兰克非常不善于处理人际关系,正如他所言,这让他无端损失了很多发展机会。当时,霍金的父亲在事业上正处于瓶颈,受到了一些不公平的待遇,这让他不得不选择离开。终究,他的工作不仅仅是他的事业,也是他们家庭的经济来源。

也许正是因为霍金父母无法给霍金最优质的生活,才导致霍金性格上的坚忍和不屈。霍金和年少时期的弗兰克一样,他非常理解家人的苦衷,并坚决不让自己成为家庭的累赘,他告诉自己,他可以独立照顾好自己,他有能力让自己的父母放心地离开。事实证明,霍金的确很独立,他在约翰·汉弗莱先生的家里,度过了非常愉快的一段时光。

约翰·汉弗莱家和霍金家一样,也拥有一幢宽敞的大房子,而且汉弗莱和他的家人都非常有趣,对霍金也非常热情,他们的儿子西蒙还是霍金的同学。因此,霍金非常喜欢汉弗莱一家,认为那是一个非常热闹并且有趣的家庭。在汉弗莱家里,霍金最感兴趣的地方就是他们家的地下室,在那里霍金竟然发现了一个蒸汽机和其他的机械模型,这简直让霍金欣喜若狂,他蹲在汉弗莱家的地下室里,如痴如醉地研究着那些模型。关于这件事,霍金在《我的简史》中是这样描述的:"房子里有地下室,地下室里有约翰·汉弗莱父亲制造的蒸汽机和其他模型,而我在那里度过了许多美好的时光。"

尽管汉弗莱一家对霍金都非常好,可是,或许是因为第一次与父母分开的缘故吧,霍金还是感到有些失落,终究他是在别人的家里寄居,多少都会有些不习惯的。汉弗莱一家也是如此,家里忽然多了这样一位小成员,朝夕相处,而且人家的父母还不在身边,他们生怕对霍金照顾不周,让他感到不舒服,故而处处小心,对霍金非常地客气

第二章
天才怪咖：还原真实的霍金

和关照。

在相处的过程中，最令汉弗莱一家印象深刻的就是霍金的口吃和笨手笨脚。出于礼貌，霍金经常会帮着做些力所能及的家务活。有一次吃完饭，霍金帮忙收拾碗筷。当他推着餐车走向厨房时，却笨手笨脚地撞到了拐角处的楼梯扶手。餐车侧翻，餐车上的餐具和食物全都打翻在地，并且霍金自己也摔倒了，搞得家里一片狼藉。整个过程非常滑稽，在场的所有人都忍不住大笑起来。霍金也不好意思地笑了起来。

约翰·汉弗莱还有一个女儿，名叫珍娜。珍娜非常喜欢这个忽然来到她家的霍金哥哥，经常缠着霍金和西蒙一起玩耍。为了让三个孩子和睦相处，约翰·汉弗莱特意买来了一张唱片和几本学习舞蹈的书籍，让孩子们学习跳舞。霍金非常喜欢跳舞，并且在跳舞方面很有天赋，所以学得非常好。渐渐地，霍金成了西蒙和珍娜的指导员，经常指导西蒙和珍娜的学习。因为霍金的性格，做任何事情都严肃认真。所以即使是在家里练习，他也总要穿上西装，打上领带。对此，西蒙和珍娜并不觉得奇怪，反而非常赞赏霍金的这种严肃认真的性格。后来，因为即将高考的缘故，霍金几乎将全部的时间和精力都投注到了复习中，再也没有时间和西蒙他们练习跳舞了。

就这样，转眼间暑假就到了。霍金暂时告别了汉弗莱一家，来到印度看望父母和弟妹。在印度，霍金一家住在一个叫勒克瑙的地方。那里的房子也很大，父亲弗兰克告诉霍金，房子是他们租的，之前的主人是印度北方邦的前首脑，后来他被查出经常贪污公款，是个名副其实的大贪官。霍金一家都吃不惯印度的食品，无奈弗兰克和妻子伊莎贝尔都没有太多的时间做饭，于是他们找了一个人专门为霍金做饭。霍金喜欢吃刺激点的食物，所以那名"厨师"经常会做些辛辣刺激的印度饭菜给霍金吃。能够和家人在一起，让霍金感到很开心，来到一个陌生的国度，让霍金感到很稀奇，他就像一个探险家一样，每

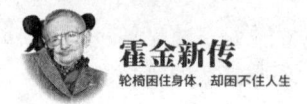

天都会四处走走看看。事实上,这是霍金第一次来到印度,令他印象最深刻的就是印度的落后,他亲眼见识到了这个古老的国度,在落后于时代发展之后,普通民众的艰难生活。年少的霍金感到心情有些沉重,尽管那时他还没有救苦救难的大胸襟。

假期很快就结束了,霍金需要回到英国。他带了很多当地的特产给汉弗莱一家,特别是他给珍娜带了一件非常美丽的印度服装,这让珍娜惊喜不已。事实上,霍金和汉弗莱一家仅在一起相处了短短几个月的时光,可是霍金却从他们的身上感受到了家的温暖。之后的很多年,霍金和汉弗莱一家一直保持着频繁的联络。而且珍娜始终亲昵地称呼霍金"哥哥"。

第三章

牛津剑桥：宇宙之王的青葱时期

> 青春是一首歌，青春是一杯酒，青春是人生最美丽、最灿烂、最富有激情的时光。它是美好的，却又那么短暂。青春时期的霍金以优异的成绩考入了牛津大学，之后又以优异的成绩考入了剑桥大学。正当他春风得意之际，一场突如其来的疾病几乎摧毁了他的人生。此后一段时间里，霍金的人生是低迷的。最后是科学的力量，将他从黑暗中拉出。而此时，一位善良美丽的天使，悄悄地来到了霍金的身边，她给了霍金最宝贵的爱情。

1. 考入牛津大学

牛津大学是英国的最高学府，所收录的学生，皆是全国学生中的佼佼者。霍金想要考入牛津大学绝非是件容易的事情。再加上他的平时成绩一直都不好，因此当霍金的老师得知他要考牛津大学的消息后，甚至认为这是个玩笑。他告诉霍金不要想着求学牛津，要考虑一些适合自己的学校。可霍金并没有听从老师的建议，他似乎认准了牛津大学。

时光转瞬即逝，不知不觉间，高考已经到来。牛津大学的入学考试分为两个环节。第一个环节是笔试，虽然入学考试只有五门学科，但是每一科都非常复杂，考试时间长达两个半小时，这样算来，五门学科全考下来，总共需要两天的时间；第二个环节则是面试环节，只有那些通过笔试环节的学子们才有资格参加面试环节。最终，只有通过笔试环节和面试环节的考生，才能顺利地被牛津大学录取。

这一天，霍金心情忐忑地走进了考场。虽然在此之前，霍金已经一丝不苟地准备了好久，可是真的要上考场时，他依然感觉心里没底。霍金尽可能地让自己保持冷静，以便可以发挥出自己的真实水平。可是，考试的第一天过去，霍金就已经感觉非常不好了，他觉得自己距离牛津大学越来越远了。看着失魂落魄的霍金，家人们连忙谈论一些与考试无关的有趣话题，希望可以借此缓解霍金的心理压力。

第三章
牛津剑桥：宇宙之王的青葱时期

可是，霍金却依旧忧心忡忡。那天晚上，霍金躺在床上，翻来覆去，几乎是彻夜未眠。第二天，霍金面带倦容地走进了考场，这让家人们很是担心。不过霍金觉得还可以，可能是因为太过重视高考的缘故吧，霍金虽然很疲惫，注意力却很集中，并没有影响考场上的发挥。

考试很快就结束了，有的同学发挥得很好，有的同学发挥得不好。甚至还有一些同学，他们一出考场，就忍不住哭了起来。看到这样的场景，霍金的忧虑情绪更加严重了。他太想考入牛津大学了，可是他在考场上的发挥，却让他感到似乎与牛津大学无缘了。之后，霍金便回到家里，日日等待着考试结果的公布。

当时，按照规定，考试的结果会在考生所在的中学公布，并且距离考试结束会有一段时间，因为老师们阅卷也需要时间。可是，霍金等不及了，他急切地想要知道考试的结果。因此，从考试结束的第二天开始，霍金每天都会到圣奥尔本斯中学，去询问考试的结果。学校的老师们倒也理解霍金的心情，他们反复告诉霍金考试结果不可能这么快就出来，还是在家里安静地等候吧，不用每天都来学校的。可是霍金根本听不进去。其实，心情焦虑的不仅是霍金一人，他的父母也非常焦虑。父亲弗兰克每天下班回到家里说的第一句话就是，考试成绩出来了吗？父亲越是这样问，霍金的心理压力就越大，他非常担心自己会让父母失望。母亲伊莎贝尔意识到了这一点，于是她悄悄地告诉丈夫弗兰克以后不要再频繁地向霍金询问考试结果了。

等待的日子真的很煎熬，一连十几天过去了，却没有一点消息传来，霍金的心情糟糕透了，他越来越相信自己落榜了。他的情绪变得非常低落，像霜打的茄子，提不起一点精神来。事实上，霍金虽然迫切想要知道结果，却也非常害怕知道结果。因为如果不知道结果，他还能心存一丝希望。一旦知道了结果，他几乎可以断定那将是一个令人绝望的结果。每每想到这些时，霍金就觉得大脑里一片空白，紧张得手脚冰凉。

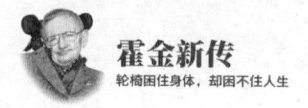

人就是这样奇怪，当你的心理承受力达到一个极限时，身体就会自动启动保护机制，将你从边缘处拉回来。就在霍金即将崩溃之际，他忽然感到心里一阵松弛，他竟然开始接受高考失败这个结果了。虽然霍金感到有些失望，却也开始琢磨起自己以后的道路，是找份工作，还是选择一些不入流的学院？渐渐地，霍金的心情平静了好多，虽然谈不上开心，却也不再痛苦不堪，似乎有些破罐子破摔的意味，一切无所谓了。

俗话说："山穷水尽疑无路，柳暗花明又一村。"就在霍金快要放弃的时候，一张牛津大学的面试通知单递到了霍金的手中。那一刻，霍金激动得热泪盈眶，他一把抱起了自己的母亲，在地上旋转了好几圈。面试通知单的出现，表示霍金已经顺利通过了牛津大学的笔试，接下来只要再通过面试，就可以顺利进入牛津大学了。

对于面试，霍金显然放松了很多，虽然他知道面试环节也同样重要，可是面试的难度确实没有笔试的难度大。因此，在参加面试之前，霍金并没有表现出太紧张的情绪。直到面试时，霍金才发现情况很是糟糕。也不知道是什么原因，在面试过程中，霍金发现面试官根本不和他交流，而是一直和身边的其他考生交谈。当时，霍金急切地想要和面试官交流，他可不想自己好不容易过了笔试那一关，反而栽在了面试环节。可是，无论霍金向面试官投去多么真诚的目光，都没有改变面试官对他的无视。

面试结束后，霍金几乎想找个没人的地方大哭一场，他不明白为什么面试官要如此对待他。事实上，这也许就是之前"走后门"留下的后遗症吧。尽管霍金在面试环节表现得非常不好，可是他的笔试成绩名列前茅，这也许就是霍金可以顺利进入牛津大学的原因吧。几天之后，霍金终于接到了牛津大学的录取通知书，并且得到了学校提供的奖学金。一切都尘埃落定了，在那一刻，霍金觉得自己是世界上最幸福的人，之前所承受的痛苦瞬间也变成了甜蜜的记忆。

2. 牛津大学的第一类学生

经过一番努力,霍金以优异的成绩考进了牛津大学,开始了他在牛津的学习生涯。然而如愿成为大学生的霍金最初却并不怎么开心。当时的牛津大学是英国的高等学府,创建于1249年。牛津大学的徽记上刻着"主照亮我",这是一所笼罩着神秘的宗教色彩的高等学府。20世纪50年代的牛津大学,虽然也录取了很多普通工人家庭的子女,但是大多数的学生还是来自英国的贵族家庭。他们不仅衣着光鲜,挥金如土,而且还非常地看不起那些来自普通家庭的学生。

霍金作为一名来自普通知识分子家庭的穷学生,经常会受到那些贵族子弟的嘲讽和轻视。虽然霍金知道这些都不是他的错,而是那些人的错,但是正值年轻气盛的时期,霍金根本忍不下这口气。试想,如果你辛辛苦苦地考入一所名牌大学,当你带着普通的行李走进校园的那一刻,却发现这里的同学们人人都有显赫的家庭背景,人人都穿着名牌、开着跑车,你的心情又是怎样的呢?

刚刚步入大学的霍金,每天都要面对着这些贵族子弟。那一年他只有17岁,心智还非常不成熟,他受不了别人的白眼和嘲讽,他经常感觉自己即将崩溃了。为了逃避残酷的现实,霍金开始酗酒。一个17岁的孩子,整日里躲在宿舍喝酒,每天都醉醺醺的,也不去上课。很快霍金成了所有人眼中的坏学生。可是,令人奇怪的是,就是这个整

天逃课、酗酒的坏学生，他的成绩却是最优秀的。

牛津大学作为英国的最高学府，原本应该是所有大学的表率，然而霍金就读牛津大学的那段时间里，牛津大学正盛行着一股不上进的学风。这里的学生们普遍不用功读书。厌学的情绪在校园里弥漫，甚至还划分出了等级：第一类学生是那些从来不用功读书，却可以轻而易举地取得好成绩的学生；第二类学生，他们承认自己成绩不好，并且心甘情愿地做成绩最差的那个；第三类学生是所有同学都"看不起"的"灰人"，即牛津词典里"最坏的人"，他们学习非常努力，并因此取得了优异的成绩。在这样的学习氛围下，霍金也显得非常消极。他就是同学们眼中最名副其实的第一类学生，即不怎么努力，经常旷课，却可以轻轻松松地取得好成绩。

霍金之所以能够成为第一类学生，除了他懒散的行为之外，与他的天赋有着直接的关系。霍金对物理有着独特的天赋。大学课堂上的物理知识，他早已通晓，仿佛他以前就学过一样。霍金从来不会在课外时间去学习，更多的时候，连上课时间也要浪费掉，原因是霍金认为大学时期的物理知识太过简单，根本不用花那么多时间去学习，只要粗粗看上几个小时就可以搞清楚了。在很多人眼中，这样的霍金似乎狂妄自大，而事实上他说的都是真话，而且他也的确是这样做的。有一次，物理学教授伯曼先生给霍金、德里克和理查德等四人留了13道关于电磁力学的课后练习题。牛津大学的物理系只有霍金和德里克·波内伊、戈登·贝利、理查德·布莱恩四人。因此，他们四人既是同班同学，也是同一间宿舍的舍友。这13道习题的难度是非常大的，伯曼教授给了他们一周的时间，让他们尽可能多地解答这13道题。

接着，德里克、理查德、戈登三人立刻争分夺秒地埋头于题海。一个星期过去了，他们三个有的解出一道完整的题目，有的将第二道题目解出了一半。而霍金却是一道未解，不是因为他不会做，而是因

第三章
牛津剑桥：宇宙之王的青葱时期

为他根本就没有做。霍金一向不喜欢做课后作业。眼看着伯曼教授给的答题期限就到了，德里克、理查德和戈登他们纷纷劝说霍金赶快做做那些题。霍金不紧不慢地放下手中的科幻小说，翻出那13道题，聚精会神地做了起来。不一会工夫，霍金就将13道题全部解答出来了。戈登他们顿时愣了一下，接着又哈哈大笑起来，他们认为霍金太能吹牛皮了，他们三个人商量了一个星期连两道题都没有解答出来，霍金怎么可能在这么短的时间里全都解答出来呢？霍金也感到非常疑惑，不明白这么简单的题目，在他们的眼中怎么就那么难解。他们看了看霍金的答案，这才意识到霍金并没有吹牛。经过此事，德里克不禁感叹道："我们和霍金不仅不在一个层面上，而且有着天壤之别。"

　　霍金的聪明才智，让伯曼教授非常惊讶，他是这样评价霍金的："我那个时候教过大约30个学生，他显然是我教过的学生当中最聪明的。其实他最后的考试并不比其他学生都好，当然考得好的学生不仅聪明，而且非常用功。霍金他不仅聪明，我甚至认为他不能用聪明来衡量。按照学习的正常标准，不能说他非常用功，显然他并没有这样做，但是这样做对他来说也是没有必要的……我想我对他真正的作用只是监督他学习物理的进度，我无法自夸自己曾经教过他任何东西。"事实上，此时的霍金，对物理学的认知进度已经远远超过了伯曼教授。霍金看了太多的教科书，他甚至对这些教科书的内容产生了怀疑。

　　一位名叫帕德里克·森德斯的初级研究员，在给霍金他们上完一节统计物理课之后，指定了几道教材后面的课后习题，让大家练习。霍金看了看那几道题，便当众表示拒绝做这几道习题。这让森德斯和其他同学非常不解。幸运的是，森德斯并没有生气，他认真询问霍金拒绝的理由。只见霍金拿起那本教材，用了不到20分钟的时间指出了里面存在的错误。听着霍金的解说，森德斯彻底惊呆了，他不禁感叹道："霍金对于课程的了解比我都要多。"从那以后，森德斯和霍金

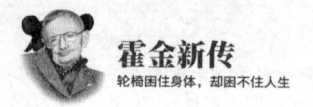

便成了好朋友。对于森德斯来讲，霍金绝非"青出于蓝而胜于蓝"的学生，而是一起探讨学问的伙伴。

牛津校园里的霍金就是这样一副无所谓的样子，当别的同学都在图书馆、教室里，捧着各种参考资料勤奋苦读时，霍金却在清凉的树荫下若无其事地阅读着科幻小说。然而，结果却是这个付出最少的学生，总是稳居第一名的好成绩。在某些领域里，天生永远都是天才。霍金之所以能够成为别人眼中的第一类学生，不是因为他真的学过那些知识，而是因为他确实有才华，他的学习进度远远超越周围的其他人，甚至可以超越他的导师们。

3. 与学习无关的那些事

霍金在牛津大学算不上"好学生",尽管他非常聪明,学习成绩优异。这也许是因为校园里洋溢的散漫氛围,又也许是霍金本身就很懒散,在大学时期的霍金做过很多与学习无关的事情。或许,只有这样"丰富多彩"的大学生活,对霍金而言,才称得上是了无遗憾吧。

因为家庭背景相差悬殊的缘故,霍金经常会独自一人,避开所有的同学。因此,开学很长一段时间,很多同学都没怎么见过霍金,不清楚他长什么样子,更不知道他的脾气秉性,只是觉得他是个极为聪明的怪人。也许是因为霍金的聪明,也许是因为霍金的神秘感,总而言之,霍金反倒成了很多女同学崇拜的对象,每次出场,都会赢得她们的侧目。这让很多男同学非常羡慕。可是霍金并不喜欢这种生活,他觉得非常孤独。百无聊赖的霍金,做出了很多荒唐的行为,而那些行为绝对是挑战了牛津大学的底线。

牛津大学对学生的道德教育抓得非常狠。校方认为学生们离开了父母的监管,会造成道德约束力的缺失,学校就应该承担起监管的重任。因此,学校制定了很多规章制度用以约束学生,如:严禁男女同窗;在同一所学院读书的学生,性别必须是一样的;只要发现男生女生同居一室,学院马上开除他们等等。关于牛津大学苛刻的校规,霍金在自传里调侃道:"那个时候的学院自认为负有学生父母的责

霍金新传
轮椅困住身体，却困不住人生

任，这意味着他们管教学生的道德。所以同一学院里的学生都是同一性别的，大门在午夜都要上锁，到时所有访问者——特别是异性——都必须离开。午夜过后，如果想离开，就必须攀越带有铁尖的高墙。我的学院不想让学生受伤，所以在铁尖间留下空隙，因此很容易攀越出去。"

面对学校严格的管理，霍金虽然没有过早恋的行为，可是他却总能找到一些空子，小小地挑战一些校规的威严。在霍金的舍友德里克·波内伊、戈登·贝利、理查德·布莱恩的眼中，霍金是个十足的坏学生，他旷课、睡懒觉，甚至睡到连早饭都顾不上吃。如果说，霍金的这些懒散的生活和学习习惯尚且还算不上荒唐，那么接下来的这些事情，却让德里克和戈登感到荒唐到一定程度了。那一天，德里克和戈登吃过晚饭，像往常一样回到宿舍，准备换身衣服去健身。谁知，他们推开宿舍的门，映入眼帘的却是，霍金一个人坐在板凳上，身边摆着整整一箱的啤酒。而此时，霍金显然已经喝醉了。只见霍金拿起一瓶啤酒，咕咚咕咚一口气就喝光了。德里克和戈登看到这番景象，竟然愣在那里，不知道该做些什么。要知道，当时的霍金只有17岁，还没有达到可以饮酒的年龄。就在二人发愣之际，霍金又随手拿起一瓶酒，准备再一次一饮而尽。二人这才回过神儿来，连忙赶过来拦下霍金。德里克和戈登费了九牛二虎之力，终究将醉成一摊烂泥的霍金弄到了床上。看着在酒精的作用下，睡得像个死猪一样的霍金，德里克和戈登无奈地摇了摇头。

事实上，这个时间的霍金非常消极，看似一副无所谓的样子，其实霍金的骨子里非常不喜欢这种消极的学习氛围。万般无奈之下，这才荒唐到要"借酒消愁"。

后来，霍金迷上了赛艇活动。那个时候，牛津大学的学院物理系有个规定：物理系的学生，每周至少拿出三天的时间到实验室做实验，时间是从上午九点到下午三点，并将实验过程写成报告。这是物

第三章
牛津剑桥：宇宙之王的青葱时期

理系的铁律，任何学生都必须去，不允许逃课。而霍金每天下午都要去做赛艇练习，根本不可能将这两件事情错开。这个时候，需要霍金做出选择。为了不耽误赛艇训练，霍金只能选择上午去实验室做实验。因此，到了下午，实验室里根本找不到霍金的身影。尽管如此，霍金的实验报告总会按时完成。原因是，他利用上午的时间，完成了一天的实验内容。严格地说，霍金违反了规定，可是他却完成了学习任务，不过是用了较少的时间而已。

霍金非常喜欢赛艇队，在赛艇队的时间，霍金的脸上总是挂满了笑容。霍金和队友们过着随心所欲的日子，丝毫不顾忌学校的清规戒律，他们聚在一切喝酒、跳舞，经常疯玩到半夜才回到宿舍里。有一次，霍金又和队友们去校外喝酒、狂欢，喝得酩酊大醉，一路上不管不顾地尽情高歌，惹得路人纷纷斜眼瞪他们。喝醉的霍金，简直荒唐得不像个人样，电视剧里的醉鬼什么样，霍金就什么样。正在这时，其中的一个队友提议，他们要做出一番大事业。于是，这群"坏"学生，便借着酒劲，找来一桶油漆、一把刷子、一根绳子，来到了一座人行桥上。他们将绳子系着一块木板，将木板悬挂在桥的侧身，然后小心翼翼地在木板上漆上又大又醒目的"全力支持自由党"的字样。

第二天，所有路过那里的人都欣赏到了霍金等人的"杰作"，同时也看到了一群睡在地上的醉汉。那一天，是警察叔叔的大喊声将霍金他们从睡梦中唤醒的。醒来的霍金，先是看到警察阴沉的面孔，接着又看到了他们几个的大作。霍金顿时被吓得丢了七魂六魄，朋友们纷纷跳到了桥的对面，以迅雷不及掩耳之势从河岸的另一面逃离了。而霍金由于行动迟缓，被警察逮住了。虽然警察并没有过多地为难他，只是带到警察局批评教育了一番，但是这件事却深深印在了霍金的心里。霍金是一个"冒险型的舵手"，他在赛艇时的指挥方案永远都是"出其不意"的，赛艇队友们永远无法猜测到霍金会干出什么事情来。然而，自从这次事件之后，霍金再也不敢过分挑战规则极

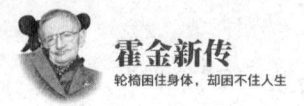

霍金新传
轮椅困住身体，却困不住人生

限了。

英国的大学是宽松的，几乎没有任何形式的考试。因此，霍金基本上不学习。对于在牛津大学的三年时光，他是这样评价的："牛津大学物理课程的安排异常宽松，学生想要逃避用功是轻而易举的事情。而且在求学期间没有任何考试，除了一开始的入学考试和毕业时的离校考试，其余时间，我感觉自己就在邋遢度日。我曾经计算过，我在牛津上了三年大学，总共才学习了1000个小时，平均下来，也就是每天只有1个小时的学习时间。这不是为了不用用功而骄傲，只是在陈述当时的情况而已。当时的我和我的同学一样，都处在一种百无聊赖的状态，都认为没有什么是可以值得争取的。"

4. 难忘的毕业环节

牛津大学在学生德智方面的教育非常严格，可是在学习方面的管理却很松懈。牛津大学的学制是三年学制。这三年期间，学校除了毕业考试，不再组织考试。这也就是说，牛津大学的学生只有到了即将毕业的时候，才会参加考试。这种制度害苦了很多学生，他们皆因为平时无需参加考试，故而忽略了学习，最终无法通过毕业考试，导致三年大学时光白过。

霍金也遇到了这种麻烦。他和其他同学一样，平日里几乎不学习，临近毕业时才意识到问题的严重性。事实上，这时的醒悟，对于大多数学生而言，都有些为时已晚。霍金也感到了压力，他意识到如果自己不能顺利通过毕业考试，自己将无法获得牛津大学的毕业证，这个结果让他感到了恐惧。

眨眼间，毕业考试临近了。这个时候，霍金感受到了前所未有的紧迫感。于是，霍金决定增加自己的学习时间，从原来的一天1个小时提高到了一天学习3个小时。也许在很多人的眼中，一天学习3个小时也不算努力呀。但是在霍金眼里，"3个小时"的字样后面，是需要用感叹号的。很快，霍金便发现，由于过去三年的荒废，大学里的每一本书对于他而言几乎都是陌生的，现在想要临时抱佛脚，在短时间里突破所有的学科知识已经是不可能的了。为了能够顺利通过毕业考

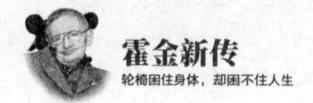

试，霍金开始寻找捷径。霍金擅长理论思维，他发现只要将理论原理掌握住，所有围绕这一原理出的题目也就会做了。因此，霍金并没有像其他同学一样采取题海战术，而是专门攻克那些理论知识点。事实上，霍金这样提纲挈领的复习策略，反而为他节省了很多时间，并且效果非常好。就这样，霍金拥有了一个看起来还不算太紧张的应对毕业考试的复习过程。

那个时候，霍金已经申请了剑桥大学的宇宙学博士学位，这就意味着，只要他能够通过牛津大学的毕业考试，并且获得"第一等荣誉学位"，就有资格投身到剑桥大学的弗雷德·霍伊尔导师门下做研究。霍金知道，这不是一件容易的事，但是他真的很希望自己可以做到。第一次，霍金感受到什么叫目标。有了目标就等于有了方向，霍金觉得自己有了学习的动力。

牛津大学的毕业考试历时四天。这短短的四天时间，对于霍金他们可谓度日如年。很多同学在考试的第一天就几近崩溃了，他们已经预感到了自己的结局，那就是无法顺利毕业。这样的结局对于任何人而言都是极为恐怖的事情，接受起来难度都不小。霍金的心情也很沉重，他正在为他的一个朋友担忧。霍金的这个朋友，在第一天的几场考试中，几乎都交了白卷。此时此刻，他的结局已经成了定局。他没有哭，也没有闹，只是平静得可怕，霍金很清晰地感受到了他内心的绝望，他不知道该说些什么来安慰自己的这位好朋友。霍金原本也不擅长安慰人。

后来的考试，霍金的这位朋友没有再继续参加，他收拾了行李提前离校了。朋友的黯然离开，让霍金生出了一种莫名其妙的愧疚感，他觉得如果自己能够及时规劝朋友，可能他也不会走到这种地步。霍金虽然为好友的不幸而难过，却也知道自己现在应该做什么。于是，霍金迅速调整好心情，全力以赴地准备接下来的考试。令人高兴的是，考试的前三天，霍金的状态还算不错，发挥得也很好。可是

第三章
牛津剑桥：宇宙之王的青葱时期

到了第三天的晚上，霍金失眠了，他翻来覆去的怎么也睡不着了。当然，霍金并不是因为考试即将结束而兴奋得睡不着觉，而是因为太过紧张的缘故，他真的非常希望自己可以投身到弗雷德·霍伊尔教授的门下。

经过一晚上的辗转反侧，霍金的状态变得非常糟糕。因此，毕业考试还没有结束，霍金就已经预感到自己可能与"第一等荣誉学位"无缘了。加之与昔日朝夕相处的同学和老师即将分离，霍金感到非常失落。考完试结束后，霍金便邀上几个要好的朋友一起出去买醉。那一刻，所有人都是一样的，他们既要忍受离别的痛苦，也为日后的前程而担忧，大家都很惆怅。

毕业考试结束了，成绩很快就出来了。霍金知道自己的成绩介于一等和二等之间。接下来即将开始的面试环节将会最终决定霍金今后的人生道路。在面试的过程中，霍金没有像其他学生那样"乖巧"，而是摆出了一副"无所谓"的样子。当面试官问霍金是愿意转学剑桥，还是愿意继续留在牛津大学时，霍金不假思索地回答道："这要根据我的笔试成绩而定，如果你们给我一等荣誉学位，我就去剑桥；如果是二等，我就留在牛津。"面试官们面面相觑了一会儿，他们真没有想到霍金的答案是这样的，大约这是他们执教以来遇到的第一个奇葩答案。最终，面试官们还是给了霍金"一等荣誉学位"的成绩。也许在那些面试官的心里还是觉得放霍金离开牛津更为合适。

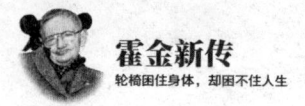

5. 惊险的毕业之旅

霍金顺利地通过了毕业考试，如愿以偿地考入了剑桥大学。那一刻，霍金的心情彻底地放松了。就在这时，牛津大学通知所有的毕业生，学校为他们提供了一些福利，其中有一项福利是为毕业生提供毕业旅行的费用。不用自己掏腰包就可以去旅游，这让霍金产生了去旅行的兴趣。

霍金认为去的地方越远，学校给的资助就会越多，因此他选择的旅游地点是遥远的伊朗。霍金将去伊朗旅行的消息告知父母后，弗兰克和伊莎贝尔很是惊讶，他们没有想到霍金竟然会选择这样一个地方作为旅游目的地。由于路途太过遥远，弗兰克和伊莎贝尔非常担心霍金在旅行途中的安全，于是他们开始劝说霍金放弃这次旅游的机会。霍金告诉他们，自己已经长大了，应该多去见识见识外面的世界，不应该像温室中的花朵。弗兰克和伊莎贝尔觉得孩子说得也有道理，于是他们狠了狠心，没有再继续阻碍霍金。

霍金是个非常懂事的孩子，他能体谅父母的担心，为了让自己的父母安心，霍金向他们保证每走一段行程就会给他们写一封信来汇报自己的状况。尽管如此，母亲伊莎贝尔还是隐隐感觉会有事情发生。弗兰克认为她的这种不祥的感觉没有任何的科学依据，纯属胡思乱想。故而，弗兰克只是安抚了妻子。

第三章
牛津剑桥：宇宙之王的青葱时期

俗话说："儿行千里母担忧。"伊莎贝尔为霍金准备了好多食物和衣物，并且给霍金讲了很多旅行常识。那几天，霍金第一次发现自己的母亲竟然也和其他妇女一样如此唠叨。直到临出门的前几分钟，母亲伊莎贝尔还将霍金的行李仔细地检查了一遍。一旁的小弟弟看到母亲紧张的样子，忍不住笑了起来。听到小儿子的笑声，伊莎贝尔才意识到自己有些过于紧张了。就这样，霍金背上母亲为他打点的行李，和同学们一起出发了。

去往伊朗的途中一帆风顺，霍金和同学们一起去了很多地方，见识到了很多以前不曾见过的风土人情。尽管伊朗并没有繁华的大都市，甚至几乎所有到达的地方都很荒芜。霍金和同学们经常需要在野外露宿，自己动手做些食物。但是霍金非常喜欢这种感觉，他感觉自己像一个游侠。这次旅行，让霍金近距离接触到了很多野生动物，这是以往从来没有过的经历。然而，这次旅行持续的时间还是有些长了，和大自然的接触也过于亲近了。霍金和几个同学都开始感觉身体有些吃不消了。尤其是霍金，在回来的途中，竟然得了一场大病，上吐下泻，非常难过。霍金再也没有心情观看美丽的风景了，他只想快点回到家里，回到父母的身边，毕竟他只有20岁，而且第一次离开家。

思乡之情，很快在同学们中间传播开来。于是他们加急了回家的行程。就在这个时候，因为汽车急刹车的缘故，霍金从汽车的后座直接飞摔到了前座上。猛烈的冲击力导致霍金一侧的肋骨断裂。很多年之后，霍金对于当时那钻心的疼痛依旧记忆犹新，他说："那种疼痛根本忍不住，尽管我极力想表现出坚强的一面，可是眼泪还是止不住地往下流。同学们都被我疼得发白的脸色吓坏了。"同学们手忙脚乱地将霍金送往了医院。之后，因为人生地不熟，霍金并没有在医院停留太长时间，医生对霍金的伤进行了一番简单的处理之后，他们一行再次启程。就这样，伤痕累累的霍金，昏昏沉沉地躺在车里，经过了

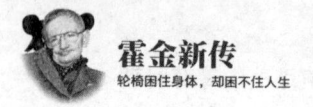

很长一段时间的颠簸之后,竟也渐渐地康复起来。

就在霍金和同学们认为一切灾难都过去之际,另一场更大的惊吓即将到来。就在霍金一行经过大不里士的时候,附近的保因扎赫拉竟然发生了7.1级的大地震。震源中心死伤了一万多人。当时霍金一行距离震源非常近,他们感受到了大地的剧烈摇动,可是他们并不知道发生了什么。因此,震动过后,霍金一行仍旧一如既往地向震源处前进。在路上,他们看到来来往往的行人各个神色匆匆,还带了很多行李,像是一场大迁移。霍金等人感到很奇怪,却也搞不懂原因,因为他们之间没有人能够听得懂当地的话。直到他们亲眼目睹了地震造成的一片狼藉之后,他们才意识到自己竟然与死神擦肩而过。

在英国,霍金的父母可是吓得不轻,当他们得知霍金正处于地震的中心时,他们惊慌失措,不知该做什么。母亲伊莎贝尔对着丈夫弗兰克大声喊着:"为什么不相信女人的第六感?"父亲弗兰克也很懊悔,如果当时自己不阻止妻子,可能霍金就不会去伊朗旅行了。因为担心和内疚,弗兰克甚至产生过去保因扎赫拉寻找霍金的想法。

好在,霍金一行顺利地通过了保因扎赫拉,并没有发生可怕的事情。就这样,霍金惊险却又有趣的毕业之旅结束了。他也如愿以偿地接到了剑桥大学的入学通知。至此,霍金即将与他神往已久的宇宙学结缘,宇宙之王的路即将开启。

第三章
牛津剑桥：宇宙之王的青葱时期

6. 难忘的剑桥生涯

剑桥大学和牛津大学一样，都属于那种没有围墙的大学。虽同为英国的高等学府，剑桥大学的学制却与牛津大学完全不同。剑桥分为学院制和导师制。导师制，即导师挑选自己要带领的学生，而学生们主要依靠自学完成学业；学院制，则是一种传统的学制，它最大的特点就是个别辅导，即学院给学生们安排了两个老师，一个老师被称为指导老师，另一位老师被称为主任教师，也就是我们现在所说的指导员和班主任。霍金选择的就是前者，导师制。

剑桥大学是一个名副其实的培养科学家的摇篮，在这里培养了很多著名的科学家。1962年，霍金步入剑桥大学做研究，他之前申请跟随的弗雷德·霍伊尔教授是当时英国最著名的天文学家，稳态理论的主要倡导者。那个时候，所谓的宇宙学，是一门几乎不被人承认的非正当的学科。尽管如此，霍伊尔教授还是收了足够多的学生，因此，霍金被分配给了一位名叫丹尼斯·西阿玛的教授名下。

对于名不见经传的导师，最初霍金感到很失望。后来随着时间的推移，霍金的失望情绪渐渐消失，取而代之的是庆幸，他非常庆幸自己能够来到西阿玛的身边。因为霍金发现，霍伊尔常常要外出讲课，根本没有太多的时间关注自己的学生。相反，西阿玛不外出，主要的精力都用在了学生身上。很多时候，西阿玛会一直站在霍金的身边，

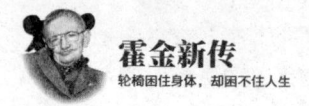

霍金新传
轮椅困住身体,却困不住人生

只要霍金在学习方面有问题,他们就一起随时随地地交流。西阿玛就是这样一位和蔼可亲的导师,尽管霍金对他的很多思想都有异议,例如马赫原理,但是他的出现却极大地成就了霍金。

霍金在剑桥读研究生的那些年,日日夜夜钻研宇宙学,他就像一个无知的少年,从不成熟到成熟,一点点地蜕变成一名宇宙学领域的领军级人物。霍金预测:宇宙学未来的发展空间将无限广阔。后来的事实证明,霍金的预测是准确的。近年来,宇宙学和基本粒子物理学似乎成为最激动人心的两个领域,吸引了大量的学者。然而当时,它们却停滞在20世纪30年代的状态。对此,在1962年霍金在华沙参加的这一领域的会议中得到了充分的佐证,霍金在给妻子简的信中写道:"我从会议一无所获。因为没有实验,这个领域不活跃,所以很少有优秀的人在此耕耘。其结果是这里有一大堆傻瓜(126名),而这对我的血压很不利……请提醒我不要再参加任何引力会议!"

当然,初入剑桥的霍金,对这些一无所知。由于霍金在之前的教育机构没有学习过数学,他的导师西阿玛建议他把主要精力和时间放在研究天体物理方面。然而霍金并没有接受西阿玛的建议,他的想法非常简单,既然到剑桥未能师从霍伊尔教授,那么他就不想再研究"天体物理"这种既枯燥又复杂的专业了。于是他选择了"广义相对论"这一古老的传统专业。

那个时候,广义相对论被认为是不能解决的难题。直到华沙会议结束后,广义相对论开始走向复兴。而当时英国的著名物理学家费恩曼先生并没有及时察觉,这导致英国物理学的发展一度呈现落后的趋势。现在看来,任何人无论他在某一领域取得多么大的成绩,都有他的视野局限性,而这种局限性经常会变成精神的蚕茧,严重束缚住他的思想。当时,世界的某些国家很快就建立了广义相对论研究中心,物理学领域迅速聚集了大量年轻有为的优秀青年。其中,一家位于德国汉堡的广义相对论研究中心的创始人——帕斯夸尔·约,受到了霍

第三章
牛津剑桥：宇宙之王的青葱时期

金的关注。霍金非常认可他发表的相关论文。

明确了研究方向之后，霍金开始广泛阅读关于"广义相对论"的教科书。广义相对论最早是由爱因斯坦提出来的。这种古老的理论，只能从古老的教科书中才能找到。由于剑桥的资料有限，霍金不得不每周拿出一些时间与另外三名同学一起去伦敦听课。几节课下来，霍金发现自己对这个古老的专业没有太多的感觉。对此，霍金在《我的简史》中做了简要的叙述："因为我在圣奥尔本斯或在牛津的非常容易的物理课程中没做多少数学，西阿玛建议我研究天体物理。但是既然我未有机会师从霍伊尔作研究，我也就不想研究某种枯燥和缺乏想象力的东西，诸如法拉第旋转。我既然来到剑桥研究宇宙学，那么宇宙学就是我决心要研究的。于是我读了广义相对论的老教科书，每周都和西阿玛的其他三名学生前往伦敦的国王学院听课。我对词句和方程都明白，但我对这个学科没有感觉。"

后来，霍金的导师西阿玛，也曾引导他去研究惠勒—费恩曼电动力学，也就是霍金口中的"该理论是说电和磁是时间对称的"。为了让普通的读者明白这个理论，霍金曾经举了这样一个例子："当一个人开灯时，正是宇宙中其他所有物质的影响使光波从灯泡往外行进，而非从无限远到达并终结于灯泡。"

这就是霍金初到剑桥的研究生涯。那段日子里，霍金完全沉浸在他的研究之中，充分体会到了科学研究的乐趣。就这样，日子一天一天地过着。对于霍金来说，剑桥大学的每一天都是充实的，每一秒的时间都是宝贵的。在那段时间里，霍金学到了很多东西，弄明白了很多事情，最重要的是他找到了人生的方向，它们是后期霍金抗击疾病的主要支撑力。

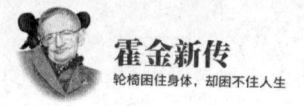

7. 噩耗袭来

　　前面已经提到，霍金小的时候，身体反应就不是很灵活，因此一度被同学们嘲笑"笨手笨脚"，而且他说话也有些口吃。好在后来的霍金，智商非常高，又以优异的成绩考入了牛津大学和剑桥大学。这让父母弗兰克和伊莎贝尔，渐渐地忽略了霍金身上的"小问题"。他们认为霍金只是发育得有些迟缓，动手能力比别人差些而已，从来没有将这些"小毛病"与疾病联系起来。直到牛津大学的最后一年，连霍金自己也察觉出了不对劲，他的手脚似乎变得越来越不灵活了，曾经有好几次，竟然会无缘无故地摔倒，或忽然间地手脚僵硬，有些不听使唤。对此，霍金也没有放在心上，也觉得可能是毕业考试将近，压力太大的缘故。

　　时间退回到毕业考试结束的那一天，因为前天晚上没有休息好，霍金显得非常疲惫，他拖着疲惫的身体，回到宿舍收拾东西，准备回家。也不知道是不是因为过于疲累的原因，还是因为大学里过于狭窄的老式楼梯，霍金竟然从楼梯上滚了下去。头朝下，额头当时就被磕出了一个大口子，血流汩汩地往外冒。路过的同学听到了动静，跑过来一看，都被满脸是血的霍金吓坏了。他们连忙将霍金送到了学校医务室。医护人员赶紧为他清理并包扎了伤口。舍友戈登一直陪在霍金的身边，直到他醒来。没想到，霍金醒来的第一句话竟然是："我是

第三章
牛津剑桥：宇宙之王的青葱时期

谁？"戈登不禁心里一凉，难道霍金失忆了？很快，戈登就恢复了理智，他尝试着引导霍金记起一些事情："你是斯蒂芬·威廉·霍金啊，你从楼梯上摔了下来，我们把你送来了校医务室。"霍金眉头一皱，努力回想着什么。幸运的是，霍金并没有失忆，过了几小时，他终于全都想出来了。

戈登被霍金的"短暂失忆"吓得不轻，他很快通知了霍金的父母。接到通知的弗兰克和伊莎贝尔第一时间赶到了学校里。看着满身是伤的霍金，母亲伊莎贝尔忍不住哭了起来。他们顾不上向霍金的同学们道谢，便带着霍金匆匆回到家里。这时的霍金父母才隐隐约约预感到有些不对劲，他们催着霍金去医院好好检查一番。可是，此时的霍金正在准备毕业旅行，根本就没有去医院检查。

后来，霍金进入剑桥大学，他的身体变得越来越糟糕，他几乎不能正常地走直线了。那个时候，霍金经常和同学们一起喝酒，当他端起酒杯时，他的手总是不自主地发抖。最初，霍金以为是喝酒的缘故，所以也没有去医院检查。直到这一年，霍金转学剑桥的第一个圣诞节，霍金和父母、妹妹们一起来到奥尔本斯河上溜冰。那一天，霍金一家的兴致非常好，天气也还算暖和，大家都如许久未出笼的小鸟，在河面上尽情地嬉戏。然而噩耗总是在人最高兴的时候降临。令所有人都没有想到的是，霍金在溜冰的过程中竟然感到双腿无力，重心不稳，重重摔了下去。众所周知，溜冰的过程中，摔跤是常有的事情，因此大家都没有在意。霍金也没有在意，可是很快他便感觉到了不对，他的双腿就像是被灌了铅一样，任凭他怎么努力，就是丝毫用不上力气。霍金的父母见到之后，连忙跑过来。这一次，霍金竟然是在父母的搀扶下才站起来的。这时，全家人都意识到了问题的严重性。

第二天，霍金的父母先是请来了家庭医生为霍金做检查。经过简单的诊断之后，家庭医生建议他们去专业的医院做检查，因为他无

法准确地判断出霍金的病情。听到这个消息，霍金一家顿时有种不祥的预感。父亲弗兰克马上带着霍金去了专业的医院，进行了全面的检查。检查的过程非常繁琐，历时两个星期。医生们先是从霍金的手臂上取下一块肌肉进行化验，之后又在霍金的身上接入电极，用X射线观察脊柱内的流体变化。一系列检查做完之后，霍金感到身体非常不适。更加糟糕的是，即使这样，医生们还是没能给出一个明确的确诊答复。他们含糊其辞地说霍金所得的是一种并不是多发性的硬化症，因为这种病例非常罕见，所以具体的检查结果需要一段时间之后才能得出。

父亲弗兰克和霍金忧心忡忡地带着医生开的一些维生素回到了家里。他们都从医生的眼神中察觉到了情况的不妙。母亲伊莎贝尔并没有过多地询问霍金，而是装出一副轻松的样子，让霍金放心。之后，霍金发现，父母在他们的房间里窃窃私语了好久。

几天之后，噩耗传来了。诊断结果显示，霍金患的是肌萎缩性侧索硬化症，简称ALS，也就是我们俗称的"渐冻症"。患有这种疾病的人，肌肉会不断萎缩下去，渐渐地患者的大脑会失去对身体各个环节的控制能力，从而导致患者全身瘫痪，甚至连说话和呼吸的功能都会丧失。霍金之前表现出来的笨手笨脚、口吃、爱摔跤、不走直线等等，都是ALS的前兆。更糟糕的是，这是一场真正的生命与病魔的搏斗。全世界仅有10万多人患有ALS，并且没有一例成功治愈的案例。也就是说，ALS是医学界的未解之谜，根本没有办法治愈。

年仅20几岁的霍金，在他人生最美好的时间，竟然患上绝症，并且医生通知他仅有两年的生命了。对于霍金本人，对于霍金的家人，这简直是一个噩耗，犹如晴天霹雳一般，打垮了所有人的承受极限。霍金非常绝望，他怎么也不能相信这样不幸的事情会发生在自己的身上。是呀，任谁也无法接受，这样一个年轻活泼、聪明智慧、前途远大的生命体竟然仅有两年的时间了。

第三章
牛津剑桥：宇宙之王的青葱时期

霍金再也撑不住了，他变得不愿与人交流，每天都把自己关在屋子里。除此之外就是喝酒。霍金非常依恋那种酒精麻醉之后的感觉，至少可以让他暂时忘记自己的病。

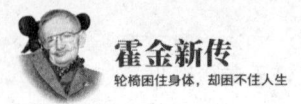

8. 与霍伊尔教授的正面交锋

事实上，霍金是极其不幸的，但又是极其幸运的。在他得知自己患上绝症之后，曾一度消沉，日日借酒消愁。然而，上天是公平的，它在关上所有的门之后，总会为你打开一扇窗户的。就在霍金一蹶不振之际，是科学的引力给了他希望的曙光。让这个身处绝境的年轻人重新燃起了生活的希望。

霍金因为过度放纵自己，致使自己住进了医院。在弥漫着消毒水味道的医院里，霍金喜欢上了瓦格纳的歌曲。因为瓦格纳的歌曲带有隐隐的伤感，这与霍金此时此刻的心情相吻合。听着伤感的歌，想着自己仅有两年的生命，霍金的心情变得更加沉郁了。就在这时，一个患白血病的小男孩儿出现在了霍金的生命中。小男孩儿看上去很小，竟然也得了这种没有希望的病。霍金觉得他非常可怜。孩子总是无忧无虑的，或许这个只有七八岁的孩子根本不知道死亡是个什么概念。这种单纯，让这个身患绝症的孩子，经常露出天真的笑容。

小男孩儿的笑容深深地震撼了霍金的心灵。他隐隐约约地感到生命的意义。这一天，小男孩儿刚刚做完化疗，浑身上下都非常难受。为了减轻他的痛苦，医生给他开了止痛药。小男孩儿看到一旁的霍金很不高兴的样子，便将一瓶药水递给他。他告诉霍金，只要喝了这个药，就不会疼了。看着眼前这个无知的孩子，霍金的心一阵阵的

第三章
牛津剑桥：宇宙之王的青葱时期

疼痛，那只不过是一个孩子呀，竟然要承受那么大的痛苦。伤心之余，霍金开始重新审视，自己绝对不是最不幸的那个，最起码自己已经健健康康地生存了20多年了。于是，霍金决定振作起来，不再给身边的亲人增加负担。就这样，霍金在医院待了两个星期，便回到了学校里。

回到学校的霍金，依然很低迷，他总是害怕会忽然死掉，夜里经常会从噩梦中惊醒，醒来之后，发现自己还活着，顿时松了一口气。渐渐地，霍金开始想开了，他觉得人都会有一死，时间的早与晚是自己无法控制的，但是死得是否有价值是自己可以控制的。他要利用有限的时间去帮助更多的人。如果在他死之前，能够为人类科学的发展尽一份力，也不失为一件好事呀。从此以后，霍金的心情开始好转，一改之前的萎靡之气，又重新投身到了科学研究中。

那时，霍伊尔教授在剑桥有自己的研究所，身边还有很多由数学和物理学方面的人才组成的超级智囊团。他每天的工作就是与同事或者校方进行激烈争论，然后公布自己的新学说。业内人士都觉得他太过张扬，可是霍伊尔却根本不在意别人的看法，他非常热衷于自我宣传，因为这样可以最大限度地提高自己知名度，从而获得更多的研究经费。事实上，霍伊尔的这种宣传行为倒也无可厚非，只不过他那火爆的性格实在是让人有些难以忍受。

1963年，霍金在导师西阿玛的引导下，开始研究惠勒—费恩曼电动力学。这一年，霍金参加了一场在康奈尔大学举行的关于"惠勒—费恩曼电动力学和时间之箭"的会议，那是一场意义不大的会议。会议上，霍伊尔·费恩曼非常厌恶那些关于"时间之箭"发表的废话。一怒之下，他竟然做出了一个出乎所有人意料的举动：拒绝把自己的名字印在会议文集上面。费恩曼只能被称为X先生，但是所有的与会人都知道那是谁。

后来，霍金获知霍伊尔和纳里卡已经完成了膨胀宇宙中的惠勒—

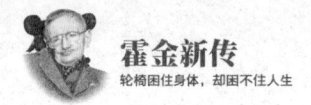

霍金新传
轮椅困住身体，却困不住人生

费恩曼电动力学的研究工作，他们继续研究时间对称的新引力论。1964年，霍伊尔第一次在皇家学会的一个会议上，公开了这个理论。那是一场有一百多名观众的演讲会。在台上，霍伊尔激情澎湃地讲述着自己的研究成果。台下的听众听得非常认真。然而就在霍伊尔公布研究的结果之际，霍金的眉头一皱。他与霍伊尔教授的学生纳里卡是好朋友。纳里卡是一名数学系的高材生，因为学习数学的缘故，霍金和纳里卡走得非常近。后来为了方便交流，霍金干脆搬到了纳里卡的办公室里。因此，在这之前，霍金就看过了放在纳里卡办公桌上的会议文稿，他进行了演算，并且精准地得到了结果。所以，当霍伊尔说出结果时，他清楚地意识到了那个结果是错误的。

当时，霍伊尔教授是业内有名的科学家，而霍金只是一名研究员。想要指出这位资深教授的错误谈何容易。可是霍金坚持认为科学是不能允许任何错误的。于是他大胆地指出了霍伊尔教授的错误："在稳态宇宙中，所有物质的影响会使它的质量无限大。"霍金刚刚说完，霍伊尔便问道："你为什么这么讲？"当时，霍金非常自信地回答道："我计算过它。"听了霍金的回答，所有参加会议的人都认为，霍金是在演讲会期间做完心算的。只有霍金心里明白是怎么回事。

霍伊尔一心想要创建属于他自己的研究所，现在因为霍金的原因，很有可能得不到足够的研究经费。他被彻底激怒了，他以为有人煽动霍金去破坏他的计划。会议结束之后，霍伊尔还是如愿地成立了属于他的研究所。而且他并没有因此怨恨霍金，反而还给了他一份工作。这次纯属无心的科学大碰撞，让霍金开始被业内人士所关注，一颗宇宙新星就这样缓缓升起。

第三章
牛津剑桥：宇宙之王的青葱时期

9. 大学时期的爱情

　　20世纪50年代初期，七岁的女孩简进入圣奥尔本斯女子学校一年级学习。在那里，她第一次见到了霍金，一个有着金棕色头发的男孩。然而，他们并不是一个班的，因此，那个时候的霍金并不认识简。直到1962年的暑假，在一个星期五的下午，简和几个好朋友一起在街上漫步。这时对面走过来一个年轻男孩子。他的头低得很低，脚步也与平常人不一样，歪歪扭扭，有些奇怪。是的，这就是霍金，那个时候他的病刚刚被确诊，心情十分低落。简的朋友戴安娜认出了霍金，并说自己曾经和霍金约会过。伙伴们听完之后，纷纷大笑了起来，表示根本不相信。戴安娜急忙解释说，确实和他约会过，他是哥哥的朋友，大脑非常聪明，是个超级学霸。那一天，简玩得并不开心，她的大脑里总会浮现出霍金的样子。

　　假期很快结束，简要开始准备升学考试了，她申请了牛津和剑桥大学。遗憾的是，简没能考上这两所著名大学中的任何一所。被迫无奈，简只好参加前往汉普斯特的面试。面试结束后不久，简接到了录取通知书。

　　1963年的元旦，剑桥大学举办了新年派对，戴安娜的哥哥邀请了简来参加派对。那一天，简穿着一条连衣裙，内心有些忐忑地出现在了名牌大学的校园里。在这里，她看到了瘦弱的霍金，他正在派对的

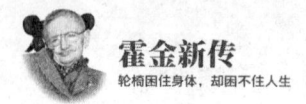

霍金新传
轮椅困住身体，却困不住人生

角落里，和几个同学一边说话一边用手比划着什么。简注意到霍金的头发很长，额头前的头发几乎挡住了他的视线，身上穿一件黑色的夹克，看上去有些颓废的样子。最搞笑的是，那天霍金竟然打了一个红色的领结。简听见霍金说他在剑桥大学读书，正在进行宇宙学研究，他的老师是丹尼斯。接着，霍金又说他在牛津大学读书的时候没有好好学习，经常逃课，跑出去玩，而且他从来不做作业，曾经有一次把作业本撕碎了，扔到了导师的废纸箱里。简没有想到，像霍金这样的学霸，竟然也会做出如此荒唐的事情。派对结束后，简主动和和霍金打了招呼，并且互留了地址和名字。

这是简和霍金第一次正式认识。后来简在回忆录里说："那蓬松的头发和领结仿佛是独立思想的宣言。今后如果再与他在街上偶遇，我或许能够像戴安娜那样，泰然自若地看待这种独立和自信，而不是惊讶得目瞪口呆。"几天之后，简收到了霍金送来的卡片，邀请她参加他21岁生日的派对。简非常高兴，决定给霍金准备一个生日礼物。可是她和霍金只见过三次面，她并不知道霍金喜欢什么。思虑再三，简决定送给霍金一份特殊的礼物——一张唱片代金券。

霍金生日那天，简如约来到了位于圣奥尔本斯镇希尔赛德街的霍金家里。尽管那时候的社会风气是提倡节俭的，然而简还是有些惊讶，霍金家的房子竟然会如此简朴。进门之后，简才发现霍金的家人她都认识。霍金家的客厅很宽敞，却也很冷。客人们有的坐着，有的站着，都聚在客厅聊天。简非常喜欢霍金一家，那个时候，霍金最小的弟弟爱德华已经8岁了。

生日派对结束后，霍金和简并没有继续联系，两人有很长一段时间没有见面。简忙着攻读秘书课程，学习速记。霍金忙着物理学的研究。直到简从戴安娜那里得知霍金患上了一种可怕的疾病，会导致瘫痪，并且医生说他只能活两年。听到这些话，简惊呆了，她连忙继续打听霍金的境况。戴安娜告诉她，霍金已经在医院里住了两个星期

第三章
牛津剑桥：宇宙之王的青葱时期

了，他的情绪非常低落，医院里的那些检查让他痛苦不堪。尽管如此，医生们还是没有找出得病的原因，只是猜测可能是霍金去伊朗旅游的时候，注射了没有消毒过的天花疫苗，导致他的脊椎感染了病毒。简和戴安娜分开之后，心事重重地回到家里。

一周之后，简在站台等火车时，碰巧遇到了霍金。霍金的打扮与以前完全不同，米色的风衣，戴着红色的领带，头发也很短，看起来状态还不错。火车是开往伦敦的，简和霍金就这样肩并着肩聊了一路。他们没有过多地谈论霍金的病情。因为当简说她得知霍金住院的消息时非常难过，霍金低下了头，什么也没有说。分别时，霍金告诉简：他要回剑桥，周末时会回家。他约了简周五晚上一起去剧场看话剧。周五的夜晚，简和霍金在意大利餐厅吃完饭后，两人一起去剧院看戏。

后来，霍金又约简参加剑桥的五月舞会。简是个喜欢跳舞的女孩，为了参加这个舞会，她在伦敦牛津街上的一家店铺里买了一件丝绸礼服，礼服的颜色是白色和蓝色的，价格虽然不是很贵，但花光了她所有的积蓄。剑桥的五月舞会是在六月举办的。舞会那天，霍金来接简。这一次，当简见到霍金时，她惊呆了：霍金是那样的瘦弱，他的身体似乎更加虚弱。当时霍金还开着他父亲的那辆旧福特，这让简有些非常担心。很多年之后，简在回忆录里，将那辆旧福特车称之为玻璃马车，而她就是童话里参加舞会的公主，霍金就是童话里那迷人的王子。那个时候，简真的很爱霍金。

这次舞会之后，两人开始频繁来往。后来，简去了西班牙旅行。这次旅行简过得并不是很开心。回来之后，简没有见到霍金，他已经回到剑桥去了。这时候，简忽然想离开家，去伦敦开始属于她的新生活。直到1963年的11月，简收到霍金的消息：他要来伦敦。这让简很是兴奋。那个时候，霍金走起路来已经摇摇晃晃的了，他看起来非常疲倦，但是他自己却不肯承认。终于当他们走到一个十字路口的时

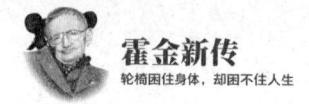
霍金新传
轮椅困住身体，却困不住人生

候，霍金摔倒了，并且无论简怎么搀扶，霍金都站不起来。最后，一位路过的好心人和简一起把霍金扶了起来。简叫来了出租车，两个人坐着出租车来到了剧院。这次见面后，简决定一定要详细了解一下霍金的病情。经过一番调查之后，简得出了一个绝望的结论：没有人能治好ALS。

再后来，简和霍金的约会次数越来越多，他们的约会总是在歌剧院里，霍金来伦敦的次数越来越频繁，简也会去剑桥看霍金。可是随着时间的推移，霍金的病越来越严重，甚至连与人沟通都变得困难。面对着未来，简和霍金都很悲观。对于这段往事，简在回忆录里是这样写的："我常常流着泪回到伦敦，而霍金大概也觉得我的出现不过是在他痛苦的伤口上撒盐。他很少外露情绪，也回避有关他病情的话题。因为害怕伤害他，我试图凭直觉感知他的内心，而不强迫他说出来。于是不知不觉地，我们之间变得沉默寡言，久而久之变得难以忍受。"这就是简，即使很多年过去了，她和霍金相爱的所有细节，依然记得那样清楚。

霍金和简的爱情是美好的，即使是在霍金的健康每况愈下的时候，简还是义无反顾地爱上了他。也许我们根本无法体会一个花样年华的女人面对身患绝症、生活不能自理的丈夫时，她到底经受了怎样的痛苦。但是，她的确在霍金人生最低谷的时候，给了霍金世界上最美好的爱情。

第四章

家庭生活:不愿多谈的私生活

> 霍金不愿多谈他的残障,更不愿多谈他的私生活。他希望人们想起他时,首先想到的是:他是一名科学家。其实,霍金就是希望人们能把他看成一个正常人,一个有着正常家庭、正常欲望和正常理想的正常人。作为一个正常人,霍金的一生共经历了两段婚姻,孕育了三个孩子。对于他的婚姻生活,霍金只说了这样一句话:"也许是我不太了解女人。"这样的回答到底意味着什么?是无奈、是失望还是痛苦,又或是感恩?

1. 美丽的妻子——简·怀尔德

"不知道为什么，那个男孩让我感觉忐忑不安。也许正是他的古怪令普通的我觉得着迷，也许我有种奇怪的预感还会再与他见面。不管原因是什么，那一幕深深地印刻在了我的脑海里。在那个阶段，我完全沉迷在他的魅力之中，就像被他那清澈的蓝灰眼眸、大大的笑容和酒窝施了魔法一般无法自拔……我必须抓住哪怕一分一毫的希望，寻找并保持足够的信念，期待幸运降临在处于困境中的我们俩身上。霍金看到我回来很高兴。我的直觉告诉我，他开始以更为乐观的态度看待我们的关系，或许他想清楚了，并不会失去所有，或许未来并不会像他恐惧的那样黑暗。回到剑桥，在十月的一个周六，一个细雨绵绵的夜晚，霍金结结巴巴地低声向我求婚。那一刻改变了我们两个人的生活，也彻底打消了我想成为一名外交官的念头……"

简出身于英国的官员家庭，从小在优越的环境中成长。简年轻的时候，经常参加上流社会的聚会。对她来说，选择嫁给一个身体健康、英俊潇洒的男人不是一件难事。然而她却选择了嫁给斯蒂芬·威廉·霍金。简后来回忆说，打动她的，是霍金脸上的微笑。事实上，支撑霍金生存下去的，不仅有他对科学的热爱，更有他的自信和坚强。

1965年，医生的预言奇迹般地失效了，霍金不仅没有因病去世，

第四章
家庭生活：不愿多谈的私生活

反而在科学的路上越走越远。随着霍金在国际物理学界的名声越来越大，他已经有能力给简幸福了。所以，在这一年的7月15日，霍金和简步入了婚姻的殿堂。事实上，在结婚之前，简的父母是不赞成这门婚事的。理由也很简单，他们希望女儿能够幸福，而霍金的健康让他们觉得他不能给女儿带来幸福。为人父母，面对这样一个身患绝症的女婿，任谁也不能不担心。简默默地听完父母的劝说，含着眼泪说道："我想陪着他。"简简单单的一句话，道出了简的心声，她知道霍金的身体，也清楚地意识到嫁给他将要面临着什么，可是她就是放不下霍金，一个瘦弱却又坚强的男生，一个普普通通的剑桥博士，没有房子，没有车子，没有任何存款。简真的很爱霍金，她的诚意打动了父母和身边的其他亲友。他们不再阻拦，他们虔诚地祝愿简和霍金能够永远幸福。

然而，婚姻不是儿戏，婚姻是两个相爱的人在一起实实在在地过日子了。既然是过日子，生活中的磕磕绊绊自然少不了。那个时候，简还没有大学毕业，霍金也没有什么名气，两个人没有太多的经济来源，整日里居无定所，那是一段近乎漂泊的日子。这个时候，简意识到自己已经结婚，需要尽到一个做妻子的责任，在继续学业的同时，更要照顾好身体状况日益恶化的丈夫。

结婚一周后，霍金接到了美国康奈尔大学学术会议的邀请。于是，霍金和简匆匆赶赴美国。康奈尔大学的学术会议需要持续一段时间，在那里，霍金和简面对的第一个难题就是食宿问题。康奈尔大学的后勤方，将与会人员的居住场所安排在了距离学术会场一公里的地方。这对行动不便的霍金来说，是个很大的问题。那个时候，霍金已经需要依靠手杖走路了，一公里的距离，在没有任何交通工具的情况下，对于霍金而言，是个非常大的挑战。霍金每天都要花费很长的时间在来往的路上，简也就理所当然地扮演起了霍金手杖的角色。除此之外，他们二人在伙食上还需要自费。当时霍金一家的主要经济来源

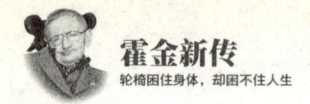

就是剑桥大学的奖学金，因此他们根本支付不起食堂的伙食费用。被迫无奈，简只好自己动手在住所做饭。然而，康奈尔大学提供的住所里没有任何炊具，简不得不跑到商场购买各种烹饪的工具。

就这样，霍金和简在康奈尔大学里勉强安定下来。在那里，简第一次经历了霍金发病。当时，霍金咳得非常厉害，简被吓坏了，一度手足无措。后来，霍金在经过一番捶打和休息之后，终于平静了下来。这件事一直令简惊恐不已，难道这就是霍金的身体状况吗？这样的状况以后会经常发生吗？又或是比现在更加糟糕？简不敢再想下去了，她非常迷茫，不知道未来等待他们的会是什么。

终于，回国的日子到了，简和霍金迫不及待地赶回了剑桥，他们想看看他们的家，那是在他们赶赴美国之前临时租下的一个公寓，当时它还没有建好。然而，霍金和简却惊奇地发现，他们预租的公寓没有了，校方给出的原因是：房子太抢手了，项目刚一竣工，所有的房子就被租完了，这种情况下，他们没有理由为任何人预留房间。霍金夫妇很是愤怒，但情况已经这样了，愤怒解决不了任何问题，尽快找到一个安身之处才是最重要的。这个时候，霍金的导师西阿马，帮助霍金申请了基金，让他们在剑桥大学里另租了一个住房。这套房子位于小圣马利亚胡同11号，距离霍金的办公室很近，不足百米。就这样，霍金夫妇终于安定了下来。

有了房子，霍金和简总算有了家。于是简回到了伦敦，继续她的学业。之后，这对新婚燕尔的小夫妻开始了两地分居的生活，他们只能在周末相见。简和霍金一直这样租房子住，直到他们搬到了圣马利亚胡同6号，他们终于有了属于自己的房子。霍金和简非常开心，他们积极地设计了房子的装修方案，并且在朋友和亲人的帮助下，完成了房屋的装修工作。那个时候的简是辛苦的，更是幸福的，她和霍金就像是两只刚刚成年的小麻雀，一口一口地用心筑造着自己的爱巢。

第四章
家庭生活：不愿多谈的私生活

2. 爱情的结晶降生了

　　1967年5月28日，霍金和简的第一个孩子罗伯特出生了，这让霍金品尝到了做父亲的滋味，他既兴奋又忐忑，将简生下儿子的消息告诉了所有的邻居。孩子的诞生让这个有些艰难的家变得欢腾起来。然而，简立刻就体会到了作为母亲的辛苦——她要一边照顾儿子，一边写博士论文，还要照顾丈夫、干家务。那段时间，简的作息时间完全被打乱，每天要等到儿子睡着了，才能勉强睡上一会儿。而那时的霍金，手指已经不能书写了。

　　罗伯特出生七天的时候，霍金要去西雅图参加会议，简和孩子随行。很快，霍金就发现自己犯了一个很大的错误。那段时间，霍金的身体越来越糟糕，根本没有能力照顾一个小婴儿。就在此时，发生了一件令简印象深刻的事情——霍金一家正在机场候机大厅等候登机时，儿子罗伯特坐在霍金的腿上玩耍。而简去领免费的三明治。等到她回来时，她发现孩子的裤子湿了，霍金的裤子和鞋子都湿了，他们的儿子竟然将一泡尿全部尿在了霍金的身上。那一刻，简崩溃了，她发疯一样地将手里的三明治扔到了一边，大声地喊叫起来。她用了这种方式，将压抑在心里的痛苦发泄出来。简的叫喊声引来了机场的工作人员。在机场工作人员的帮助下，儿子罗伯特被清洗干净，霍金也被擦拭干净。正在这时，广播里开始反复播送登机的消息。简非常着

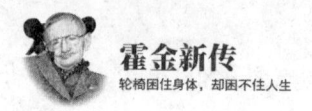

急,机场工作人员给指挥中心打了电话,说明了霍金一家的情况,请航班延缓起飞,等候霍金一家。

经历了这次出行,简显得非常疲惫,她多么希望霍金可以从轮椅上站起来,替她分担一些。然而,简知道,这是不可能的事情。她爱眼前这个瘫痪的男人,可是生活的重负,内心的压力几乎快要将她压垮了。霍金也意识到了简的辛苦,可是他无能为力,他帮不了她。

1970年,霍金和简的第二个孩子露西出生了,她是一个非常可爱的小女孩。她的出生,让霍金和简再一次感受到了为人父母的喜悦。露西的出生,让简变得更加忙碌。简完全放弃了自己的事业,全心全意地照顾家人。作为一名著名科学家的妻子,简不仅需要陪伴丈夫四处讲演,更要做好一个母亲的角色。直到1979年,他们的第三个孩子蒂莫西出生。简就这样,在霍金的身后,无怨无悔地付出了十几年。

三个可爱的孩子,带给霍金和简很多的快乐。作为父亲的霍金,他想要通过自己的努力,养活自己的三个孩子。《时间简史》的创作初衷就是为了养育儿女。后来随着霍金的名气越来越大,他的确赚了很多的钱,养活了自己的三个孩子。在这个过程中,外人总是看到霍金的辉煌成绩,很少有人会注意到霍金背后那个默默无闻的绿叶。为此,简是有些伤感的,她在自传《飞向无限》一书中,曾这样写道:"斯蒂芬的事业要比我自己的重要得多。他注定要在物理的池塘里溅起一大片水花,而我如果能在语言研究的领域荡起一点点涟漪就已经很幸运了。"

20世纪70年代的霍金成了名人,拥有无数的光环。然而作为一名残疾人,即使他是一个名人,也总会遭遇很多不公平的待遇,如周围投来的蔑视的目光,如众人的讥笑和嘲讽。然而坚强的霍金并没有因此消沉,尤其是三个可爱的孩子出生之后,霍金的人生动力再一次增

第四章
家庭生活：不愿多谈的私生活

添了马力。是的，孩子就是他的动力，霍金爱他们胜过一切。那些不怀好意的人，看到霍金那三个健康的孩子时，再也鼓不起继续嘲笑霍金的勇气。孩子们的笑容是那样的真诚，任谁也不忍去伤害这样三个可爱的小天使。

3. 霍金夫妇的爱心

霍金曾说过,"人类基因中携带着'自私、贪婪'的遗传密码,破解这种遗传密码很难。但是,如果地球上的每个人都能心中有份大爱,就能战胜更多的自私和贪婪。纵观古今,很多人触犯法律都是因为心中的自私和贪婪,贪婪让人变得疯狂,自私让人变得狭隘。自私和贪婪就像魔鬼,它们吞噬着人类的良知,吞噬着美好和善良。"

霍金成名后,拥有了巨大的财富。然而,霍金并不贪财,他经常会将演讲所得的报酬全部捐给慈善机构。例如:有一次,在艾伯特大会堂进行演讲,霍金便将自己的全部报酬都捐给了运动神经元疾病研究机构。霍金热衷于慈善事业。从20世纪90年代开始,霍金便到处做慈善,不仅自己去做,还呼吁更多有爱心的人都来做慈善。

霍金患上运动神经元疾病,导致了全身瘫痪,其中的苦楚只有他自己最清楚。后来,他发现当世界上还有很多像他一样站不起来的残疾人,他再一次找到了奋斗的目标——奉献自己的力量,去帮助那些需要帮助的人。简在她的回忆录中写道:"1970年,政府通过了《慢性病患者和残疾人保障法》,尽管这在全世界范围内被当作是为残疾人争取权益所迈出的重要一步,但是在之后很多年,政府都拒绝全面施行这个法案,于是那些本已处于困境中的人们不得不自己行动起来,为法案在地方上的施行而奔走呼号。"霍金和简就是其中的两

第四章
家庭生活：不愿多谈的私生活

位，他们一直向英国政府申请，可是申诉一直没有结果。最后，霍金夫妻决定不再消极地等待，而是主动开始行动。坚强的简将几个月大小的女儿露西背在身上，推着瘫痪的霍金，领着只有三岁的儿子罗伯特。他们一家四口就这样来到各个政府部门申诉。他们这样做的目的是为了呼吁更多人，一起站起来为残障人士争取更多的权益。

申诉过程非常辛苦，尤其是遇到有台阶的地方，简根本就抬不动霍金的轮椅。实在没有办法，简只好向路人求助。令简感到欣慰的是，大部分的人都愿意帮助她。然而，霍金夫妇的申诉依然没有得到答复，这让他们很气愤。后来，简在回忆录里曾质问当时的政府官员："为什么那些目光短浅的官僚要让他的困难变本加厉？"并言辞犀利地指出："那些官员就是20世纪70年代英国的祸害。"

付出就会有回报，经过霍金夫妇的不懈努力，艺术剧院和电影院终于有残疾人专用坐席。渐渐地，一些大学、研究所也开始修建专门供残疾人使用的通道。然而，霍金第一次享受残疾人福利时，却被摔得很惨。事情是这样，有一天，霍金去皇家歌剧院看演出，剧院门口的两名服务员看到霍金之后，便主动赶过来帮助简搬轮椅，可是他们经验不足，失手将霍金从轮椅上摔了下来。

那些年，霍金夫妇从来没有停止过为残疾人申请社会福利的举动，尽管效果并不明显。当时很多学院没有残疾人专用通道，霍金出入非常不方便。有一次，霍金想要进入学校的食堂吃饭，唯一的通道就是穿过厨房，进而进入食堂。于是，简推着霍金七扭八扭地穿过厨房来到餐厅时，食堂已经开饭了，其他人已经都坐好了。众目睽睽之下，简推着霍金随便找了一个地方坐下。很多人向他们投来鄙视的眼神，这让简感到非常难受。

不仅是在学校里，在社会上也是如此。由于霍金行动不便，随时随地都有可能成为别人的障碍。记得有一次，简推着霍金出去散步，露西坐在霍金的腿上。谁知走着走着，路面上出现一个小沟。轮椅的

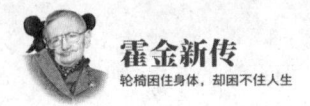

霍金新传
轮椅困住身体，却困不住人生

前轮刚巧卡在了这条小沟里，结果，霍金和露西同时摔倒在地。简费了好大的力气，才将霍金和女儿露西重新扶上轮椅。诸如此类事情还很多，数不胜数。然而，面对这些残疾人的困难，当时的英国政府竟然无动于衷。直到后来，霍金成了名人，他提交的申请总是立即收到答复。英国政府开始大面积地修建残疾人专用通道。这让霍金充分认识到了名望的重要性。

后来，霍金有了电动车，能够自己控制电动车，这让他兴奋不已。电动轮椅解决了霍金的出行问题，并且速度比自行车还要快，霍金感受到了和奔跑一样的感觉。他变得越来越开心，想去的地方也越来越多。霍金第一次可以独立上下班，这种独立的感觉，让他像孩子一样高兴了好久。

除此之外，霍金夫妇的爱心还体现在了生活的各个小细节上。有段时间，霍金的家离彼得学院的音乐教室很近。教室里经常演奏摇滚音乐，尤其是晚上，这让霍金一家和附近的居民们备感头疼。无奈之下，简又开始为附近的居民写申诉信，她将信寄给了彼得学院的领导，甚至在半夜的时候，把电话打给彼得学院的门卫。然而，事情迟迟得不到解决。最后，忍无可忍的简只好在一个午夜，直接把电话打给了彼得学院的院长。这一次，事情终于得到了解决。

后来，霍金夫妇还做了很多慈善事业。有一些人看到霍金频频出现在媒体上，指责他不好好做研究工作，反而在媒体面前百般作秀，目的无非是想要更多地捞钱。然而大多数人都知道，霍金不是为了自己，他只是比正常人更加懂得残障人士需要什么。

第四章
家庭生活：不愿多谈的私生活

4. 简的痛苦

简和霍金结婚不久，就和霍金的家人产生了很多矛盾。最严重的一次是，霍金的妹妹菲利帕生病住进了医院。而霍金的家人竟然没有人告诉简。因为霍金的缘故，简不想他夹在自己和亲人中间难受，所以她主动来到医院看望菲利帕。霍金的母亲知道后，告诉霍金：菲利帕只想见霍金，不想见到简。说完这句话，霍金的母亲又对简说道："没有人想破坏你们的婚姻，菲利帕也不会。"这让简觉得很难受，而站在一边的霍金听了母亲的这些话，也没有安慰简。难过的简，哭着跑回娘家，在父母身边大哭了一场。发泄完伤心的情绪之后，简还是陪着霍金和他的母亲一同来到了医院。但是，她没有进去，她想既然菲利帕不想见到自己，自己有何必去见她呢。

姑嫂不睦，霍金夹在中间也是为难，再加上母亲伊莎贝尔也不喜欢简，霍金只能选择沉默。从医院回来之后，简并没有因此生霍金的气，她没有再提起这件事情，仿佛它不曾发生过。简的想法很简单，婚姻生活是两个人的事情，只要她和霍金相爱，就足够了。后来简收到了菲利帕写来的信，信中菲利帕表示希望能和简处理好姑嫂关系，她会尊重简和霍金的婚姻。尽管简后来给菲利帕回了信，但是对于能够与她友好相处，还是心存困惑的。

霍金和简婚后的第一个圣诞节，简特别开心，因为霍金答应陪她和她的父母一起去教堂做礼拜。在西方的很多国家，一些有宗教信仰的家庭，在圣诞节去教堂做礼拜是件很平常的事情。但是霍金的家人对此却不屑一顾。他的妹妹菲利帕当着简的面，问霍金："你现在是不是觉得自己特别圣洁呢？"霍金没有回答。简有些不高兴，没想到更令她不高兴的是，霍金的妈妈竟然接着说道："你哥哥认为自己是最圣洁的人，因为有一位圣洁的女人陪伴在他身边。"

简非常不理解，为什么霍金的母亲和妹妹不能尊重她的信仰呢。在她看来，宗教信仰是自愿的，她不会逼迫霍金一家信仰什么，可是她的信仰也应该得到尊重呀。要知道简和她的父母都是虔诚的教徒。当简听到这样的话时，她怎么可能不难受呢。后来，简在回忆录里写道："我不知道如何对待这些话，因为这些话似乎有某种共谋的味道，似乎在针对一个很重要而基本的问题——我的信仰。"就这样，简和霍金的家人产生了距离。不过当时简还认为，这种距离会随着时间的流逝而渐渐缩小的。但是后来，她才发现，两个信仰不同的家庭，距离只会越来越远。

后来，三个孩子逐个降生，霍金和简组成的家庭，成员越来越多。简再也没有过多的时间计较那些小事儿，因为她每一天都会忙得焦头烂额。她需要跟着丈夫四处演讲，还要照顾三个年幼的孩子。生活的重担，让这个原本散发着文艺气息的女人再也没有时间和精力追求自己的生活。然而，随着霍金的名声越来越大，简的痛苦还远非这些。霍金成为科学明星之后，每天都要接受媒体的采访。作为妻子的简和孩子们也要经常面对媒体和镜头。这严重影响了霍金一家的生活。时间长了，简开始有些受不了了，她不愿意面对镜头，伪装成别人想要的自己，她只想轻轻松松地做自己。可是简无力阻止那些媒体，她的生活被篡改的一塌糊涂。更重要的是，很多人看完报道之后，说什么的都有。私生活的大幅曝光，社会各界的舆论压力，让简只想逃离。

第四章
家庭生活：不愿多谈的私生活

简是一名有知识的文艺女性，她不想在霍金的光环下生活，她希望自己摆脱科学明星妻子的头衔，能够独立地自强自尊地活着。作为一位女博士，她很清楚，想要获得丈夫及其家人的尊重，除了要有良好的德行之外，还必须要有一定的经济收入。所以，简非常渴望能够拥有一份工作。但是现实不许她这样做，她必须留在家里，照顾霍金和孩子们。这其中的辛酸只有她自己能够体会。

简默默地付出，她的内心渴望得到霍金的认可与感恩。然而，霍金全身心地投入在科学研究中，忽略了身边这位一直支持他的妻子，这让简有些伤心。简从一个二十几岁的少女，成为一个饱经沧桑的家庭主妇。她的这些付出，在霍金的眼中虽然不是理所当然，却也没有必要说些感谢的话，他认为那样就太见外了。然而，霍金忘记了，不管多么亲近的人，她都希望在付出之后可以得到些回报，尤其是感恩之心。一次，在霍金受聘为皇家学会会员的庆祝会上，霍金在台上讲话，最后霍金感恩了所有帮助过他的人，唯独对简的付出只字未提。台下的简默默地看着自己的丈夫，她为丈夫的成功而高兴，同时也感到了委屈和失落：或许在霍金的心中，她的付出并不重要吧。

曾经，简不顾家人的反对，义无反顾地嫁给了身患绝症的霍金。婚后她又独自撑起这个艰难的家。因为有她，霍金可以全身心地投入到科研工作中。是的，最后霍金成功，他成了世界上最伟大的科学家。然而，谁能说在霍金获得的那些荣誉中，没有简的功劳呢？简的付出是不容忽视的。在与霍金的那段婚姻中，简经受了很多的痛苦，有家人的误解，外界的流言蜚语，更有霍金的冷漠，他曾经是那样地忽略她的付出。可是很多年之后，回首往事，不难发现，他们的灵魂早已紧密地融合在一起了，永远也分不开。这个陪伴了霍金25年的结发妻子，在他的心里绝对算得上是最亲近的人。

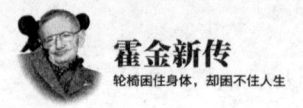

5. 法国之旅

那一年，霍金决定带领一家人去法国度假。这是一次开心的旅行。在那里，简实现了自己的梦想——拥有一座带有英国风格的乡村花园。在法国的这座乡村花园里，简是那样地开心，并深深地沉醉其中。她在花园里种满了美丽的玫瑰花。让这座原本就很美丽的乡村花园变得更加美丽。在她的自传《飞向无限》一书中，她这样描写在那里的生活："在那里，剑桥的狂乱漩涡不复存在，取而代之的是悠闲而缓慢的生活节奏；那里有大地和天空，唯一的声音是云雀的歌唱，它迎着晨曦从绿色的草地直冲云霄，消失在蔚蓝色的天空之中。"从这段话里，不难读出，简是一个喜欢安静的女人，她厌倦了从前的嘈杂。

自从霍金成名以后，简和她的孩子们无时无刻不生活在媒体和摄影机的面前，没有片刻的安宁，这对一个喜欢安静、喜欢蓝天白云的女人来说，简直是一种煎熬。在这里，没有记者的提问，没有职场上的尔虞我诈，一切都显得那么简单。很多人不理解简，认为她的生活方式已经过时，可是这就是简，一个无限喜爱乡村、喜爱自然的文艺女青年。

面对清新的大自然，简的心情好了很多，她不再抱怨生活太过辛苦，她开始对未来充满期待。当霍金在附近的天文学研究所工作的时

第四章
家庭生活：不愿多谈的私生活

候，简经常带着孩子们去研究所看望霍金。天文研究所里有片草坪。到了夏天，温暖的阳光普照在绿油油的草坪上，芳草的清香四溢，这里是霍金一家最喜欢的地方，他们经常在这里野餐。多年之后，简在自传里记录了当年在这块草坪上野餐的情景："夏天，我和孩子们有时会去天文研究所探望霍金，然后我们在天文台外面的草坪上野餐。孩子们人还未到，清脆的嬉闹声已经抢先一步，穿过铺着长绒地毯的走廊，像一阵清新的春风飘到办公室，告诉那心花怒放的父亲，他的孩子们来了。霍金脸上的表情往往比他的语言更能表达他的心情。这个时候他的脸上总是挂满了笑容，那是对孩子们毋庸置疑的宠爱。"

天文台四周，有花园和果树。简非常喜欢植物，这里的花香和果香交织着，让她陶醉其中。简甚至想要开辟一个土地作为蔬菜园。于是，在一个阳光明媚的下午，她带着孩子们在家门前小花园里种植蔬菜。简和孩子们，一边说话，一边把种子撒到地里去。之后，他们定期给蔬菜浇水、施肥，看着蔬菜在他们的照顾下，一点点地长大。那个时候，简觉得自己很幸福，霍金也很开心，孩子们就更开心了。

后来，蔬菜成熟了，简每天都会带着孩子们去地里挖蔬菜。那个时候，简和孩子们经常会拎着好多自己地里长出的蔬菜来到霍金工作的天文台。而霍金并不反对他们这样做，他喜欢这种快乐温馨的氛围，看着孩子们脸上的笑容和手上沾着的泥土，霍金觉得这样的生活真的很好。

事实上，在这之前，简和霍金的关系已经出现了裂痕。自从第三个孩子出生后，简的性格变得很暴躁，对于每天繁琐的家务厌倦至极，她渴望得到丈夫的尊重，得到丈夫家人的尊重。然而事与愿违，简和霍金的家人始终矛盾重重，他们并不喜欢简。繁重的家务，糟心的人际关系，这些都严重地摧毁了简对霍金的感情，她变得越来越不开心。这次法国之行，大大缓和了简和霍金的关系，他们仿佛又回到了当年，你的眼中有我，我的眼中有你。简的笑容越来越多，这才是

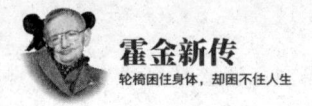

她想要的生活。

　　由此可见，简和霍金后来的分离绝非一个人的原因，所谓的财产纷争，所谓的信仰不同，大概都不是导致他们离婚的真正原因。霍金沉迷于科学研究中，在他的心里，给简留下的空间太小。后来，当一位记者问及霍金的婚姻时，霍金的回答是："也许是我不太了解女人。"这位伟大的科学家在任何事情上都看得如此透彻，的确他对简的了解不够多，也可以说他没有太多地考虑简喜欢哪种生活方式。婚后的生活，简完全在按照霍金的方式生活。可是简也是一个有思想、有追求的知识女性，她渴望拥有自己的事业，渴望过上自己喜欢的生活，然而这些美好的东西，因为霍金的缘故，都被迫放弃了。简为霍金付出了很多很多，也忍受了很多很多。可是，在霍金的心中，他的兴趣和追求才是最重要的，他忽略了简。事实上，如果简和霍金能够一直生活在法国这个简无比喜爱的花园里，或许他们的婚姻会是另外一种结果吧。

第四章
家庭生活：不愿多谈的私生活

6. 婚姻出现危机

简和霍金的那段感情，到了晚年，似乎也有些风雨飘摇。简真的感觉有些累了，她想逃离的心情越来越迫切，但是终究放不下霍金。直到后来发生的一些事情，彻底摧毁了简和霍金的婚姻。

俗话说，经济基础决定上层建筑。在任何一个家庭里，虽说夫妻平等，可是夫妻间收入的差距太大，终究还是会带来一些问题的。随着霍金的名气越来越大，他出版的图书越来越多，所获得的版税收入也相当可观。对此，简总是想尽办法封锁消息，不让其他人知道霍金的收入状况。当然，简这样做的目的不是想独霸霍金的财产，她只是希望未来可以多一些保证。简知道，霍金的身体状况一直都不是很好，她经常思考：如果有一天霍金不能赚钱了，那么他们这个家庭靠什么生活呢？想到这些，简觉得必须从现在开始，为未来筹谋，多攒一些钱，未来就多一些保证，毕竟她还有三个孩子要养活。于是，简就像一个精打细算的女账房一样，管理着霍金的收入。然而，这在有心人的眼中，就变成了另外一个故事。什么简利用霍金捞金，隐藏霍金的财产等等，五花八门，流言满天飞。

《时间简史》一书的出版合同是在1985年签订的。那时候通信工具主要就是信件。霍金的版税问题一直是由简与出版商联系的，靠的全是书信。可是突然有一天，简发现霍金不再让她管理这些关于版税的信件了。简立即与纽约的出版商进行了联系，得到的答复是：以后所有的版税的信件都将直接邮寄给霍金先生，不再邮寄给她。这一突如其来的变故，让简有些难以接受，她不清楚自己做错了什么。而霍金对此也没有任何的解释。简在回忆录里是这样说的："我不知道是什么造成了这样的改变，霍金什么都没解释。似乎经过了这么多年的相互信任，我能有效并谨慎地管理财务的能力受到质疑。"

接下来，简发现：各种版税信件都随意地摆在桌子上，家里所有的人都可以看到，甚至连临时工都可以拆开并阅读霍金的私人信件。这让简非常不解，她认为霍金之所以这样做，或者是受了别人的挑唆，比如他的母亲或是妹妹，又或是他在向她示威，以表示对自己的不满。无论是哪种原因，简都有些接受不了。从那以后，霍金的收入再也不是秘密。这件事情深深地伤害了简，她和霍金的感情也因此出现了很大的裂痕，尽管他们没有任何的争吵，可是他们都知道，两个人之间的信任没有了。

那一年的春天，霍金去了美国，简没有像以前一样随行。因此，简终于有了自己的生活空间。她的生活变得轻松了起来，她在圣马克教堂里排练，听音乐，业余时间她会参加一些讲座。那段时间，简的生活里没有了霍金，她完全按照自己的意愿生活，从而找回了那个迷失已久的自己。简不再感到疲倦，家里也没有了喜欢和她争吵的护士。周末的时候，简会陪着孩子们做各种游戏，尽情地享受着做母亲的快乐。也许就在这个时候，简感受到了没有霍金，她的生活是多么地轻松和快乐。

后来，简认识了一位音乐家——圣马克教堂唱诗班的音乐指挥乔纳森先生。那时候，霍金有专业的护士照顾，简能抽出一些时间做些自己喜欢的事情。乔纳森得知简的丈夫是霍金之后，提出要去简的家里做志愿者，在日常生活中提供一些帮助。简同意了，乔纳森就这样住进了霍金的家里。乔纳森的到来确实让简轻松了不少，他分担了大

第四章
家庭生活：不愿多谈的私生活

量的家务，并且还时不时地帮忙照顾霍金。然而，霍金并不怎么欢迎他的到来。终究两个男人和一个女人一起生活，这确实让人有些接受不了。很快，谣言就传了出来，简成了不知羞耻的女人，而霍金也成了众人眼中的笑话。

渐渐地，霍金对简和乔纳森的关系越来越不满意，他们之间的关系变得越来越糟糕，尽管简一再解释与乔纳森的关系不像谣言传的那样，但是她的解释显然有些苍白。终于在简生下她和霍金的第三个孩子时，她和霍金母亲的矛盾彻底爆发了。那天，简和霍金的母亲伊莎贝尔正在婴儿室里照看婴儿。借着这个独处的机会，简想告诉婆婆她与乔纳森之间什么事情也没有，乔纳森只是自愿来帮助她和霍金的。令简想不到的是，她还没有说完，霍金的母亲就打断了她，她直截了当地质问简，蒂莫西到底是谁的孩子？他真的是霍金的孩子吗？简愣住了，她没想到霍金的母亲会这样问她。简强忍着怒火，努力让自己平静下来，她告诉霍金的母亲，自己从来没有和乔纳森做过任何出格的事情，她一直深爱着霍金，不管到什么时候她不会抛下霍金。霍金的母亲听完简的话，冷笑了几下，她一字一顿地告诉简："我们从来没有喜欢过你，你不适合我们的家庭，也不适合做我们的儿媳妇。"这句话，让简清楚地意识到，自己在这个家里已经待不下去，恐怕连霍金都希望她离开了。

1990年，霍金从家里搬了出来，与简正式分居。五年后，他们两人正式离婚。之后霍金娶了一直照顾他的护士为妻，而简也在霍金再婚后与乔纳森结了婚。他们离开了英国来到美国的西雅图定居。这个当年她陪着霍金旅行的地方，如今却成了她与另外一个男子的家。此时此刻，简的心情是平静的，她看淡了过去的一切。

事实上，霍金对于简还是感恩的。后来他们在英国的一个节目中相遇，霍金向简做了一个表示敬意的动作，这个动作打动了简，简默默地流下了眼泪。在那一刻她知道，在霍金的心里，还是感激她的。

霍金新传
轮椅困住身体，却困不住人生

没有无缘无故的爱，也没有无缘无故的恨。霍金和简相伴25年，他们之间的对与错，除了当事人，谁又能说得清楚呢。也许就是霍金的那个不经意的举动，让简放下了多年的委屈和怨恨，从而走出阴霾。事实上，霍金就是这样一个人，他把自己的全部都奉献给了科学事业，从而忽略了家人，尤其是简。霍金从小就不善表达，也不善处理各种人际关系，与人交往本就不是他的强项。然而，在他的心里对第一任妻子简还是抱着感恩之心的，尽管他从没有说过。

第四章
家庭生活：不愿多谈的私生活

7. 霍金的第二任妻子

伊莱恩·梅森是一位家庭护士，她就是霍金的第二任妻子。她与霍金的结合似乎经历了一个漫长的过程。1974年以前，霍金的生活是由简照顾的，一般不会接受他人的帮助。但是随着病情的恶化，霍金完全失去了自理能力，甚至连咀嚼食物这种本能性的动作都不能很好地完成，需要简将食物切成很小的碎片，然后喂到他的嘴里，他才能吃上东西。面对这几乎只有大脑在运转着的霍金和年幼的孩子，简有些力不从心，她像个陀螺一样，几乎一刻不歇地旋转。无奈之下，简只好请来专业的护工来照顾霍金。

一开始，简想请一些男护士轮流到家里照顾霍金的起居，但是他们大多数只能下午过来，简为此烦忧了很久。后来，她突然想到，可以让霍金的学生们来家里同住。这样既可以帮助那些孩子们省下住宿费，也可以顺便照顾霍金的生活起居，还可以方便霍金随时指导他们。最初，霍金并不同意简的这个计划，可是他想到简既要照顾自己又要照顾儿女，的确太辛苦了，便同意了简的想法，毕竟让自己的学生照顾，要比让那些陌生人照顾自己更容易接受一些。

后来，霍金感染了肺炎，几乎死掉，是简坚持治疗，让他又有了重生的机会。治疗的过程中，医生为霍金做了气管切开手术，导致霍金从此失去了语言表达能力，从此霍金的护理工作就更加繁重了，

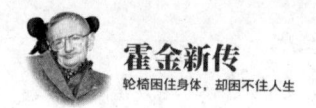

需要专业的护理人员照顾他的衣食起居。于是，简特意请一些专业的家庭护士轮流24小时护理霍金。伊莱恩·梅森就是这个时候来到霍金身边的。她是一个电脑专家的妻子。她的丈夫沃伯特·沃尔托兹得知霍金的病情后，专门研究了一套名为"均衡器"的电脑程序送给了霍金，从此，霍金又可以"讲话"了。霍金一直都非常感激伯特·沃尔托兹先生。

后来，乔纳森的出现彻底激化了简与霍金的矛盾。霍金开始疏远简，与精心照顾他的伊莱恩却越来越亲近，这令简气愤不已。为此，简和伊莱恩也曾多次发生争执。再后来，伊莱恩与丈夫沃伯特离婚，她照顾霍金的时间就更多了。霍金依然满世界地演讲，只不过陪在他身边的人不再是简而是伊莱恩。

伊莱恩尽心尽力地照顾着霍金，有一次霍金病重，她还救了霍金的性命。那是一个炎热的夏季，伊莱恩照顾霍金吃完早饭，就为霍金带上呼吸器。此时霍金的呼吸功能已经衰竭，只能通过呼吸器维持正常的呼吸。她让霍金在轮椅上休息，自己去收拾碗筷，并帮助霍金整理一些材料。然而就在伊莱恩忙碌的时候，霍金不知不觉地睡着了，他的头向右歪了一下，呼吸器顺势滑落下来。没有了呼吸器，霍金的呼吸变得很困难，他意识到呼吸器掉了，却只能干瞪眼，什么也做不了。几分钟的工夫，霍金就陷入了昏迷。而这时，伊莱恩在书房里，整理霍金晚上需要阅读的稿件，对于房间里发生的一切都一无所知，直到另一位护工急匆匆地冲进书房，告诉她：霍金先生昏过去了。伊莱恩闻听，大吃一惊，手中的稿件散落在地。伊莱恩立刻冲到霍金面前，敏捷地拿起呼吸器给霍金戴上，一边呼唤，一边调整轮椅的靠背，让霍金可以更顺畅地呼吸。接着她立即给医院打了电话。最后，由于伊莱恩的及时抢救，霍金保住了性命。

伊莱恩的专业性护理，让霍金的病情稳定了下来。霍金开始依赖伊莱恩，除了伊莱恩，他不愿和其他任何护理人员接触太多。这个时

第四章
家庭生活：不愿多谈的私生活

候，伊莱恩才渐渐意识到，这位看似高高在上的科学家，其实是个非常孤独的大男孩儿。尽管他有妻子和孩子，可是他的灵魂却得不到慰藉，简的很多行为，都深深地伤害了他。就这样，伊莱恩隐隐约约地产生了保护霍金的想法。从那以后，伊莱恩开始变得强势起来，全权负责霍金的起居，根本不让任何人插手，包括霍金的家人。霍金也感觉自己已经离不开伊莱恩了。

伊莱恩的强势，让简和霍金的三个孩子非常不满。他们和伊莱恩的关系越来越糟糕。很多次，简带着孩子们冲进霍金的公寓，抓着伊莱恩，让她立即滚蛋。伊莱恩从来不在意这些，她倔强地要给霍金最好的照顾，即使因此而得罪再多的人也不在乎。霍金需要她，这是简和孩子们无力阻止的，只要霍金不让她走，没有人可以把她赶走。更重要的是，霍金的家人非常喜欢她，霍金的母亲一直认为简是一个坏女人。简和孩子们很快便意识到了这一点。

1995年，霍金和简离婚，之后伊莱恩便正式成为霍金的妻子。这两个消息所包含的信息太多了，足以让世人猜测一段时间。有人认为，伊莱恩是小三，破坏了霍金和简的婚姻；也有人认为，是简先红杏出墙的，不然她怎么会嫁给乔纳森，她可一直对外宣称自己与乔纳森没有任何不正当的关系。对于这些铺天盖地的传言，霍金始终保持沉默。就这样，伊莱恩成为另一个为霍金做出巨大牺牲的女性，陪伴了霍金整整11年。

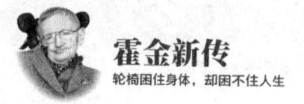

8. 再次掉进"婚姻的黑洞"

2007年，霍金和伊莱恩分居一段时间后正式离婚，这段长达11年的婚姻走到了尽头。然而霍金第二段婚姻失败的原因，似乎比第一段婚姻更加匪夷所思，他再一次掉进了"婚姻的黑洞"。

霍金和伊莱恩的婚姻几乎没有得到家人的祝福。1995年，霍金与第二任妻子伊莱恩结婚。在婚礼的现场，霍金的三个子女没有一个人肯来，这让霍金备感失落。现在回想起来，也许这段婚姻从一开始就是错的。在第一任妻子简的印象中，霍金太过天真了，被颇有心计的伊莱恩迷惑了，后来发生的所有事情，都是伊莱恩的阴谋，包括那次拯救霍金的性命。事情过去很多年，真相到底是什么，恐怕已经无从知晓了。可自从2000年开始，霍金就开始频繁受伤，最先只是一些轻微的外伤，到后来竟然发展到了骨折的地步，这不禁让人有些猜测。

霍金的同事发现霍金频繁受伤，有些吃惊。他们反复询问霍金受伤的原因。可是霍金总说是不小心从轮椅上摔下来导致的。最为惊险的是，有一次霍金险些命丧于太阳光下。幸亏一名女护工无意间看到霍金在太阳下暴晒，她觉得有些奇怪：这样毒的日头，霍金怎么会完全暴露在阳光下？护工走近一看，只见霍金双眼紧闭，眉头紧锁，看起来非常痛苦的样子。她尝试着与霍金说话，询问是不是将他推到阴凉一些的地方。问了几次，霍金都没有回答。这名护工这才意识到霍

第四章
家庭生活：不愿多谈的私生活

金已经陷入了昏迷。她连忙打了报警电话。这件事情总是给人一种有人故意为之的感觉。无奈霍金否认，警方也就没有继续调查。

2004年，霍金再次感染肺炎住进了医院。医生在治疗的过程中，惊讶地发现霍金的身上有很多大大小小的伤痕，脸上也有一些淤青的痕迹，还有一个非常明显的刀伤。当时伊莱恩表示，这是她在给霍金刮脸的时候，不小心留下的。然而当时大多数人都觉得霍金脸上的刀伤很有可能是伊莱恩故意留下的，因为那个伤口足有3英寸。而且他的手腕又一次骨折了。看着满身是伤的霍金，医生立即报了警。对于这个令人震惊的情况，警方立即开始展开调查。面对警方的调查，霍金表示出了极大的不满，他不悦地指责道，这是在侵犯他的私生活，他要求警方立即停止调查。事实上，这类报警事件已经不是第一次发生了。霍金再婚后，因为伊莱恩的霸道，他的三个孩子想看望一下他都变得很困难。每一次，只要伊莱恩在，她总是用各种理由驱赶他们。霍金基本上被隔绝起来了。然而，作为子女，加之霍金又是那样一个状况，他们怎么可能真的忍心不经常探望父亲呢，尽管伊莱恩总是阻止他们。一次，女儿露西来看望霍金，无意中发现霍金的呼吸器被人做了手脚，这是明显的"意图谋杀"呀。事态发展到如此严重的地步，露西立即就报了警。警方接到报案后，立即展开了调查，他们对霍金身边的护工进行了逐个询问，在这些护工的供词中，隐隐约约地指出霍金的妻子——伊莱恩有虐待霍金的情节。一位护工明确表示，曾经发现伊莱恩故意把霍金的手卡到轮椅的轮子上，从而导致霍金的手腕骨折。这名护工还表示霍金曾经示意这位护理看他在电脑上打出的一行字，上面写着：我不想与伊莱恩单独待在一起。一系列的证据纷纷预示着伊莱恩极有可能经常虐待霍金。

当时，这个案件轰动了整个世界，各种揣测接踵而至。然而，当事人霍金却始终坚持妻子没有虐待自己的说法，并且明确谴责各个报刊的追踪报道。霍金不配合，他身边的亲人也纷纷缄口不言，警方的

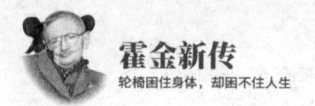

调查无法进一步展开,案件只好被搁置下来。

经历这些之后,霍金变得更加沉默了,他不愿与任何人谈论这件事情。就这样伊莱恩到底有没有虐待过霍金,成了一个彻底的谜团。事实上,对于霍金这样一位备受世界瞩目的科学家而言,即便真的遭受了虐待,他也不愿对外公布此事。要知道,霍金是一个非常高傲的人,他的自尊心极强,在任何场合,任何时候,他都不愿意承认自己是一个残疾人。这样一个自尊的人,让他向全世界承认自己曾经忍受了11年之久的家庭暴力,的确是件残忍的事情。因此,霍金及其子女的沉默,也是情理之中的事情。

2006年,霍金向剑桥郡法院提交了离婚申请。同年10月19日,霍金与他的第二任妻子伊莱恩在剑桥就离婚事宜进行谈判,当时在场的有霍金的三个孩子和剑桥大学的一些领导。但是结果完全是他们二人商议的,其他人不曾介入。也许在这些真正关心霍金的人眼中,一切都不重要,最重要的是霍金可以尽早地、顺利地结束这段婚姻。

霍金的第二段婚姻是不幸的,对于他们离婚,熟悉霍金的人似乎并没有觉得惊讶,因为他们都知道,霍金与伊莱恩已经分居很久了,离婚只是早晚的事。而简在听到霍金离婚的消息后,却独自一人沉默了好久。可见,在这个曾经陪伴了霍金25年的女人心中,也许自始至终也不曾真正放下过霍金。

就这样,64岁的霍金与55岁的伊莱恩离婚了。离婚的原因众说纷纭。对于霍金而言,这些都不重要,他认为既然无法再在一起生活了,不如干脆放手,给彼此更多的自由。离婚后的霍金,与伊莱恩再没有任何的联系,他与一位管家一直生活在一起,生活起居由剑桥大学安排的护理人员专门负责。简和孩子们经常来看望他,他也经常到简的家里参加家庭聚会。25年的风雨共济,即使一朝分离,也不会真的割断他们之间的真情。

第五章

超级明星：霍金教授之"开挂"人生

　　众所周知，被誉为"宇宙之王"的霍金，在科学界光芒四射，是当之无愧的科学明星。然而大家不知道的是，霍金还是很多领域的超级明星：他爱好音乐，并且极具音乐天赋；他爱好表演，是个天生的演员；他代言商业广告，是一群"大恶棍"的头；他还是一个超级演说家，以三寸不烂之舌，侃天、侃地、侃人生。

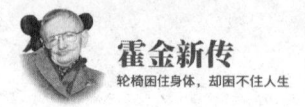

霍金新传
轮椅困住身体,却困不住人生

1. 音乐界的奇才

　　对于音乐,在霍金20岁的时候,就开始迷恋上了瓦格纳的作品,尤其是那首《齐格菲田园乐曲》。那段日子,霍金正处于人生的低谷期,正是瓦格纳的音乐陪伴了他。1995年8月,霍金出席阿斯本音乐节。由他报幕的第一首乐曲就是这首《齐格菲田园乐曲》。将近30年过去了,已经到了中年尾梢的霍金还是一如既往地喜欢瓦格纳的音乐。那一天,霍金很兴奋,当场向所有人宣布:这首乐曲将成为他在9月与未婚妻伊莱恩结婚的祝福曲。

　　事实上,霍金对音乐的情有独钟,与他儿时的成长环境有关。那个时候,霍金的父母经常带他去一些歌剧院,几乎是一周一次。久而久之,就养成了霍金对音乐的浓厚兴趣。并且霍金本人也拥有一定的音乐天赋。

　　1992年,《荒岛唱片》成立50周年。在这一年的圣诞节那一天,霍金受邀成为《荒岛唱片》栏目组的嘉宾。他的声音通过电台传播到英国的每一个角落。

　　霍金非常喜欢这种形式的节目,可以让他活跃于公众面前。《荒岛唱片》是英国BBC广播电台中的一个经典王牌节目,创建于1942年,由英国著名电台DJ罗伊·普拉姆利创办,他本人也曾是《荒岛唱片》的第一任主持人。

第五章
超级明星：霍金教授之"开挂"人生

《荒岛唱片》每一期都会邀请一位嘉宾，这一期主持人给霍金设定了这样的一个情景——假如你来到一个荒岛上，随身携带的只有八张唱片、一本《圣经》和一些莎士比亚编写的书籍。在那个荒岛上有一个巨大的帐篷，帐篷中聚集了很多科学家，大家正在探讨"黑洞蒸发"和"宇宙"的问题。就在这时，帕伦克的《格罗里亚》在现场响起。霍金表示他欣喜物理和音乐的完美结合，接着他幽默地调侃道："若是荒岛上有物理和音乐，那么我将非常乐意待在那里，我也不想获得拯救。"

后来，霍金又曾与Pink Floyd（平克·弗洛伊德组建的）乐队先后合作过两次。Pink Floyd乐队曾是英国最受欢迎的摇滚乐队，成立于1965年。它是一个非常有特色的乐队，在风格上倾向于迷幻与太空摇滚音乐，并因此受到大众的喜爱，拥有一定的知名度之后，逐渐向比较前卫的摇滚风格靠拢。Pink Floyd乐队的歌迷非常多，有国内的，也有国外的。疯狂的歌迷们痴迷于Pink Floyd乐队的演唱风格和音乐节奏，它的唱片在全世界的销售量高达2.5亿，其中在美国最受欢迎。

1994年，霍金与Pink Floyd乐队首次合作。当时Pink Floyd乐队发行了一张名为《The Division》的新专辑。这张专辑中有一首名为《Keep Talking》的歌曲，这是一首提倡"交流"的歌曲，通过歌曲将人类孤独、寂寞的情感淋漓尽致地表达出来，从而突出"交流"的重要性。霍金的声音就出现在了这首曲子中。估计当时，所有的人都没有想到，这个科学界的奇才，唱歌竟然也如此好。

十年之后，霍金与Pink Floyd乐队再一次合作。这一次，霍金参唱的是一首名为《Talkin' Hawkin》的歌曲。这首歌与十年前的《Keep Talking》所要表达的中心意思是相同的，意在突出"交流"的重要性。

霍金之所以选择与Pink Floyd乐队合作这两首歌曲，是有其原因的。众所周知，霍金在1985年因为肺炎的缘故，永远地失去了语言表

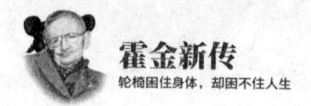

达的能力。没有谁比霍金更加清楚拥有流利的语言表达能力是件多么重要的事情。虽然后来在语音合成器的帮助下，霍金又可以重新与人交流，但是在那些没有语音合成器的日子里，霍金觉得整个世界都是黑暗的。也许失去了才会意识到它的珍贵，霍金的失声经历，让他充分体会到了"交流"的可贵。这是霍金选择献声那两首歌的原因之一。另一个原因就是，霍金一直不善与人交流，特别是生病之后，变得更加自闭。然而，在他的内心深处，是渴望与人交流的。还有一个重要的原因就是，《Talkin' Hawkin》和《Keep Talking》都是摇滚歌曲，当平克邀请霍金一起演唱的时候，霍金心中的那份狂野之情瞬间被点燃。疾病禁锢了他的身体，令他无法追求那种劲爆、震撼的感觉，但是摇滚给了他震撼的感觉，那一刻，霍金仿佛又回到了那个荒唐却又充满激情的青春年华。正是因为这些原因，霍金才会先后两次与Pink Floyd乐队合作，才会一发不可收拾地爱上摇滚音乐。

霍金喜欢摇滚音乐带来的那种"震撼"的感觉，其实并不奇怪。因为，霍金本来就是一个极具爆发力和活力的人，只是他的身体给了他太多的限制。霍金的第一任妻子简·怀尔德在回忆录中就曾提到过，她不太敢坐霍金开的车，因为他开车的速度太快了，大大超出了简的承受极限，更可怕的是，霍金在开车的时候哪都看，除了前面的路。霍金如此狂野的性格，不拘一格的做事风格，喜欢摇滚这种疯狂的音乐也就不足为奇了。

除此之外，霍金还在芝加哥的一家著名的酒吧里成立了霍金粉丝俱乐部，这个酒吧的卡巴莱歌舞表演得非常好。霍金虽然不能站起来，但是他可以坐在轮椅上跳舞。前面已经提到了，霍金在舞蹈方面也非常有天赋。霍金非常爱好跳舞，他将舞蹈视为生活的一大乐趣。有一次，霍金受邀参加学校组织的舞会。舞会上，他就曾说过这样的话："如果生活没有了乐趣，那将是一场悲剧。"另外，霍金还是脱衣舞俱乐部的资深会员，这对于一位至高无上的科学家而言，绝对称

第五章
超级明星：霍金教授之"开挂"人生

得上是件奇事，但是了解霍金的人绝对不会感到奇怪。

事实上，很多人都觉得霍金作为一名至高无上的科学家、蜚声国际的教授，就应该老老实实地待在大学里做研究，不应该频频参加这么多乱七八糟的娱乐活动。事实上，这才是真正的霍金——一个足够"淘气"的"坏男孩"。纵观霍金的一生，他从来都不是一个学究，他个性张扬、活泼好动、不拘一格，总是做出一些出人意料的事情。例如，霍金有一个非常特别的爱好，那就是用他的轮椅轮子，趁别人不留神的时候，忽然发起攻击，轧对方的脚背。每次偷袭成功之后，霍金总是很愉悦。他曾开玩笑地说过："我最大的遗憾就是，没有轧到奥巴马的脚背。"

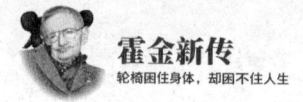

2. 影视巨星霍金教授

霍金不仅对音乐感兴趣，对做演员也非常感兴趣。事实上，霍金最初进军影视界只是为了宣扬自己的学术著作，科普一些宇宙学知识。然而真正接触表演之后，霍金发现了其中的乐趣。他非常愿意接拍一些戏，扮演不同的角色，只要是身体状况允许。事实上，这也的确极大地提高了霍金的知名度。

制定这个"宣传"方式之后，霍金首先尝试将那些相对比较复杂难懂的宇宙学理论拍成通俗易懂的纪录片，让更多人了解宇宙，了解自己生活的这个时空。然而事情的发展很快便成了另一个样子。各种影视剧纷纷找到了霍金，希望霍金客串剧中的某个角色。就这样，霍金便机缘巧合地走上了影视之路。

20世纪90年代之后，霍金开始频频出现在银幕上，扮演各种不同的角色，公众对他也越来越熟悉。霍金非常享受作为演员的感觉，他觉得很有趣。有一次，霍金接拍了一个自己的角色，完全本色出演。在这个影视剧中，霍金和爱因斯坦、牛顿等多位科学巨佬一起打牌。对此，霍金曾非常幽默地调侃道："我在剧中赢了'前辈'们很多钱。"那么霍金都参演过哪些影视剧呢？下面简单地介绍一下。

1993年1月，霍金本色出演了电影《星际航行：下一代》。这是一部包含大量科幻元素的电影，剧中，很多已经离世的科学巨佬们被

第五章
超级明星：霍金教授之"开挂"人生

"时空隧道"召回到了霍金生活的时代里。他们坐在一起打扑克。剧情很神奇，对此霍金表示："'时空隧道'可以让所有想象的故事都成为真实，没准儿我还可以和玛丽莲·梦露结婚。"霍金一直相信宇宙中是存在其他时空的，只不过是人类目前尚未找到进入其他时空的方法。然而这部影视剧最令霍金兴奋的地方是，他竟然坐在了玛丽莲·梦露的旁边。要知道霍金可是玛丽莲·梦露的铁杆影迷。因此，霍金非常享受整个拍摄过程，他还表示：虽然无论是在现实还是在剧中，这样的"艳遇"都没有发生。

1997年10月13日，一部名为《斯蒂芬·威廉·霍金的宇宙》的纪录片在电视上热映，霍金再度本色出演，出现在公众的面前。电影剧以纪录片的形式，让观众看到了一位天才科学家的成长过程。这部影片包含了大量的宇宙学知识，如黑洞、宇宙爆炸、奇点等等，并且采用通俗易懂的语言，最大限度地普及了宇宙学晦涩难懂的知识，让观众们进一步了解宇宙。

1999年，霍金分别在《辛普森一家》和《飞出个未来》两部影视剧中本色出演了自己。这是两部动画片，霍金以动画的形式出现在剧中，并且亲自为自己的角色配音。值得一提的是，《辛普森一家》一直是美国最受欢迎的经典动画片，自从1989年首次播出后，至今一直极受观众的喜爱。后来，随着电影事业的更新换代，2D电影成为过去时，3D电影横空出世，受到了观众们的喜爱。为了适应大众的需求，《辛普森一家》再一次以3D的技术手段被翻拍，并且获得了相当可观的票房纪录。《辛普森一家》自播出后，荣获了大大小小共85个奖项。《时代》周刊也将其提名为"20世纪最伟大的电视节目"。霍金本人的加入，让这部史上最经典的动画作品更受瞩目。

2006年，霍金在《地平线之外》中担任主要角色，并负责解说工作。

2007年，霍金开始客串一部美国热播的情景剧——《生活大爆

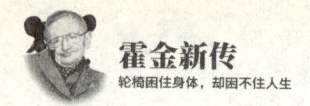

炸》。在这部剧中，霍金依然是本色出演。值得一提的是，该剧的制片人曾不止一次地向霍金发出客串邀约，无奈霍金的身体一直欠佳，始终未能出演。终于在《生活大爆炸》第五季的时候，霍金前来友情客串。霍金在这部剧中露面的时间只有两分钟，却大大提高了它的收视率。剧中扮演霍金对手谢尔顿的是第六十二届艾美奖喜剧类最佳男主角吉姆·帕森斯。这里需要声明一下，谢尔顿是一位身兼两个博士学位的物理学教授，他是霍金的忠实粉丝。为了能够见霍金一面，谢尔顿不惜扮成女仆的样子，这让霍金很是感动。

演出结束后，谢尔顿交给霍金一篇论文，希望能够得到霍金的建议。遗憾的是，谢尔顿在这篇论文中犯了一个非常低级的错误。这让一向在学术方面严格谨慎的霍金大为恼火，他给了谢尔顿一个极为犀利的眼神，并直接指出了谢尔顿所犯的错误。接下来，极具戏剧性的一幕发生了——霍金这个犀利的眼神，竟然让谢尔顿当即晕倒在地。看着昏倒的谢尔顿，霍金幽默地说道："又是一个晕倒粉。"事后，观众们纷纷调侃道："霍金教授的眼神实在是太具神力了，能够分分钟秒杀了谢尔顿。"

这就是霍金，一个"淘气"的家伙，他从来都没有安安静静地做研究。他喜欢接触任何新鲜、好玩的事物，他的想法总是这样不拘一格。他不在乎别人说什么，只要他喜欢，他都会义无反顾地尝试、追求。霍金喜欢表演，非常享受不同身份之间相互转换的过程，这总能让他体验到不一样的人生经历。与此同时，通过这些影视剧，普通大众对霍金也有了更深刻的认识和了解。霍金不再是高高在上的科学家，而是一名观众们经常看得见的影视明星。消除他与大众之间的陌生感，本就是霍金进军影视界的初衷。如此一来，霍金最初想要达到的目的已然达到。

3. 代言商业广告

涉足影视界之后，霍金彻底成名了，他不仅是科学界的超级明星，也是影视界的超级明星。成名之后的霍金，片约、代言之类的邀请函就是英国冬日里的雪花，从世界各地纷纷飘来。

霍金参演影视剧后不久，就接到了英国电信公司的邀请——霍金将作为电信公司的代言人拍摄一则广告。广告时长一分半钟，内容是向观众们展示交流和信息在人们日常生活中的重要作用，从而让人们意识到电话的实用性，进而间接地宣传了电信业务。

这则商业广告让霍金"名利双收"，不仅大大提高了知名度，而且还收获了一笔相当可观的广告代言费。此时此刻，霍金的身份变得更加复杂了——他不仅是一名世界级的专业科学家，还是一名家喻户晓的超级影视明星，现在又成了超级广告明星。与此同时，公众们对霍金也似乎有了新的定义——电信公司的代言人。这个身份似乎渐渐盖过了科学家的身份。

多重身份，就意味着多重事情。霍金的行程被安排得满满的，这令霍金感到很充实。与此同时，霍金也陷入了深深的矛盾中，他很快意识到与媒体打交道并不是一件容易的事情，获得了公众的关注之后，他的私生活也渐渐失去了隐秘性。霍金一方面希望可以借助媒体的力量来提升自己的知名度，从而传播自己的学术思想和科研成果，

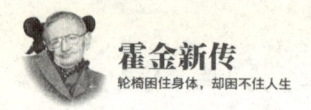
霍金新传
轮椅困住身体，却困不住人生

另一方面他又不想过多地暴露自己的私生活。所以说，面对媒体，霍金的心里除了一些小惊喜之外，也有一些小担心。但是，霍金的矛盾心理，丝毫没有阻止他已经成为公众眼中的大明星。

很多人，尤其是一些顽冥不灵的学者，认为霍金的这种"自我宣传"是在"炒作"，是在亵渎神圣的科学。他们指责霍金过于轻浮，过于庸俗。对于这些言论，霍金从来都是一笑而过，他觉得即便自己就是"炒作"，也无可厚非，时代的发展，需要这种"炒作"的精神。不炒作，别人怎么会知道你和你从事的事业呢？不炒作，人类怎么能进步呢？他认为那些讥讽他的顽固派过于迂腐，过于自命清高。事实也的确如此，谁规定了科学家就不能做影视巨星？又有谁敢说，影视巨星们都是庸俗之人？霍金虽然失去了行动能力，但是他的爱好是广泛的，他在向宇宙飞进的同时，也愿意体验各种不同的生活经历。他拍影视剧，创作科普书，涉足音乐，他让更多的人认识自己，认识了复杂的宇宙。

对于霍金本人而言，身体的残障限制住了他的身躯，却无法限制他的灵魂。霍金的一生是丰富多彩的，其多彩程度远远超过了那些四肢正常的人。他就像是一个永远也填不满的黑洞，迫切地想要尝试更多的新事物、新体验。他的这种探索的精神，不仅体现在了科学研究方面，也体现在了生活的每一个细节上。接触一些角色之后，霍金的心又开始蠢蠢欲动起来，这一次他不想本色出演自己了，他竟然想要挑战反派角色。

2016年4月12日，霍金在中国开通了微博，并且获得了超过200万的粉丝。为此，网友们纷纷称赞霍金是名副其实的"宇宙网红"。2016年5月13日，霍金先生在微博上发布了这样一则消息——"你们都知道我是以发表了伟大时空理论而著名的物理学家Stephen Hawking教授，但你们不知道的是，我也是一位演员！我真的想演一个大反派，而捷豹帮我实现了多年的愿望，出演F-PACE这个广告我很高兴！"

第五章
超级明星：霍金教授之"开挂"人生

事情的经过是这样的：捷豹汽车邀请了一些经常扮演反派人物的影视超级巨腕们，前来拍摄一段汽车广告，甚至还找了奥斯卡获奖导演汤姆·胡珀（Tom Hooper）指导拍摄，以及在《星际迷航：暗黑无界》中饰演大反派角色的卷福Benedict Cumberbatch进行配音。霍金虽然没有扮演过反派角色，但也在受邀名单之列。在这则名副其实的"英国恶棍"广告中，霍金饰演的是这些反派人物的终极大BOSS，他的最后一句台词是："我们都是操纵时间和空间的大师，我们都开捷豹汽车，哈哈哈……"这句台词完美地将霍金的那种特立独行的形象，与捷豹汽车的炫酷形象结合在了一起，是个非常独特并且阵容豪华的广告。对此，外媒点评说："英国的坏蛋是世界上最聪明的坏人，完美地体现了伟大的演员，将'英国智慧'继续发扬光大是我们接下来要迈出的一小步，从这一点来讲，没有人比斯蒂芬·霍金博士更适合这个角色。"

捷豹汽车的这则广告，是霍金先生在有生之年接拍的最后一个广告。至此，他所要尝试的所有事情都尝试完成。面对着每况日下的身体状况，霍金先生已经尽了最大的努力，让世界丰富起来，让自己的人生丰富起来。然而，任何传奇的生命都有抵达终点的那一刻。余下的人生，霍金依然会继续做些力所能及的事情。生命不息，挑战不止，霍金的命运是灰色的，可他的人生却是色彩斑斓的。

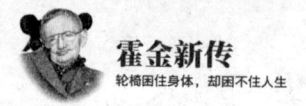

4. 超级演讲家（一）

霍金除了是科学家、影视明星、广告代言人、音乐人，他还是一位超级演讲家，经常在世界各地发表演讲。

《理论物理已经接近尾声了吗？》

早在1980年4月29日，霍金在剑桥担任卢卡斯数学教授时，他的就职演讲的题目就是《理论物理已经接近尾声了吗？》。这是一次由霍金编写，由他的学生来宣读的演讲。在讲演稿中，霍金谈到在20年代末，有一群科学家访问哥廷根。当时，马克斯·玻恩当着这群科学家的面，发表了自己的预言，他说："物理学会的寿命只有六个月。"那么，马克斯为什么发表这样的预言呢？他的这种预言是不是危言耸听？

首先，马克斯之所以发表这样的言论，他的依据是：在霍金担任卢卡斯数学教授之前，前任狄拉克教授发现了狄拉克方程。霍金对此的解释是："以他命名的方程制约电子的行为。人们预料类似的方程会制约质子，质子是另一种当时仅知的假设为基本的粒子。然而，中子和核力的发现又使那些希望落空。事实上不管是质子还是中子都不是基本的，它们是由更小的粒子构成的。"其次，霍金对马克斯的预言表示了一定的支持，他说："也许给他们留下的时光比这个也多不了多少了。现在计算机是研究的好助手，但是它们必须服从人类的指挥。然而，如果人们夸大了它们当前突飞猛进的速度，那么它们很可能会把理论物理完全取代。所以，如果不是理论物理已经接近尾声的话，便是理论物理学家的生涯快到尽头了。"

随着时代的进步，霍金教授对科学的发展依旧保持着足够的信心。原因是，虽然计算机的出现让人们接触到了更多的信息，但是再好的计算机也没有取代人类的超强大脑。事实上，一直是人类控制着很多科研成果，例如飞机、机器人、汽车、计算机等等，都是人类发明出来的并且进行操控的。至少在目前，计算机还只能是人类的助手，没有取代人类的超强大脑。

《我的病历》

1987年10月，霍金45岁。在英国的伯明翰召开了英国运动神经细胞病协会会议，霍金受邀进行一场演讲，演讲的题目是《我的病历》。

这次演讲针对的是运动神经细胞病，霍金以自己的病情为例，进行了系列演讲。霍金开头是这样说的："人们经常问我：运动神经细胞病对你有多大的影响？我的回答是，不很大。"然而在别人看来，这似乎有些匪夷所思，霍金的现状我们都看在眼里，他的身体被禁锢在轮椅上，生活不能自理，只能通过"语言合成器"发出声音与人交流，这样一个状况，怎么可能"影响不是很大"？对此，霍金给出的理由是："我尽量地过一个正常人的生活，不去想我的病况或者因为这种病阻碍我实现的事情懊丧，这样的事情不怎么多。"意思就是说，他尽量去过一个正常人的生活，他有他的事业，每天都有需要完成的工作，做着这些自己喜欢的事情，他会忘记现实中疾病的困扰。

演讲中，霍金从自己的童年开始讲起，一直讲到了21岁，运动神经元病被确诊。他说，在他很小的时候，他的动作就总是"笨手笨脚"的，他极为不擅长各种球类运动，对体育运动也很不喜欢。后来他进入牛津大学的潜艇队，开始划船和掌舵，那时候，他的动作能力

还算可以。三年后，他的身体变得更加笨拙，有几次他竟然会毫无征兆地忽然跌倒在地。这个时候，他才到医院进行了全面检查，从而得知自己得了不治之症。当然，霍金也提到了"最多还能活两年"的预言。谈到这些问题，霍金在讲演中是这样说的："不知什么灾难还在前头，也不知病情恶化的速率，我不知所措。医生告诉我回剑桥去继续我刚开始的在广义相对论和宇宙学方面的研究……但是，我没死。事实上，虽然我的将来总是笼罩在阴云之下，但我惊讶地发现，我现在比过去更加享受生活。我在研究上取得进展，我订婚并且结婚，我还从剑桥的凯尔斯学院得到一份研究奖金。"

事实上，任何人，面对着随时都会到来的死亡，都会感到恐惧，霍金也是一样的。只不过他选择了一个让自己不再恐惧的生活方式，他回到了剑桥，继续他的科学研究。幸运的是，两年的期限过了，霍金依然活着。由此足见，所有的生命都是顽强的，天下就没有战胜不了的事情。从此，霍金变得越来越乐观，越来越自信，他说："我并不比别人差什么。"

接着，霍金又谈到了他在学院里的遭遇，让研究生住宿舍还要收取房租，他和妻子为了找到合适的房子不得不四处搬家。后来他得到了学院的赏识，这才给他们提供了一栋底层公寓。

霍金的这次讲演，内容非常励志。因为他不能发出声音，只能依靠"语言合成器"来发声，所以说话的时候美国口音非常重，但这并不影响演讲的效果。霍金用自己的亲身经历，告诉每一个人身患绝症的人：在任何时候，都不要绝望，因为，奇迹真的可能会发生。

《黑洞和婴儿宇宙》

1988年4月，霍金46岁。他来到位于达伯克利的加利福尼亚大学，进行了一场别开生面的演讲，题目是《黑洞和婴儿宇宙》。

这次演讲，内容涉及很多宇宙的未解之谜，如：假如人类真的驾驶宇宙飞船进入黑洞，将会发生什么？黑洞真的会像科幻片中所演绎

第五章
超级明星：霍金教授之"开挂"人生

的那样吞噬一切吗……吸引了大批宇宙好奇者。在演讲中，霍金充分发挥自己的想象力，采用了通俗易懂并且生动有趣的语言，将一些枯燥的理论表述出来。霍金表示，其实科学和科幻还是有区别的，科学是有一定事实依据的，是建立在大量的精确数据的基础上的；而科幻片则是人们想象出来的，没有足够的科学依据。

在这次演讲中，霍金指出，很多人都认为进入黑洞之后，很可能会超越到另一个时空里去。对此，他表示，星际旅行一定会实现，但是这需要很长一段时间，并且告诫人们不要期盼着进入黑洞，因为任何物体一旦进入黑洞，也就不复存在了。一旦人类进入黑洞，瞬间就会被撕得粉碎，连构成身体的粒子都将不复存在。随后，这位"被撕得粉碎的人"会通过婴儿宇宙，被另一个黑洞发射出来，重新出现在另一个区域里，但是这个过程一定是异常痛苦的。

这次演讲，充分体现了霍金对婴儿宇宙和黑洞的浓厚兴趣，他希望自己可以继续深入研究下去，从而探索出更多的宇宙的奥妙。同时，这次演讲，也向世人展现了宇宙的神秘莫测。

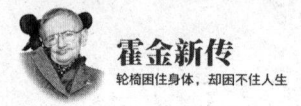

霍金新传
轮椅困住身体，却困不住人生

5. 超级演讲家（二）

《公众的科学观》

1989年10月，霍金47岁。他的科普读物《时间简史》畅销后，他来到西班牙的奥维多，接受阿斯特里乌斯王子协和奖金，并且出席演讲环节，此次霍金的演讲题目是《公众的科学观》。

霍金说道："不管我们喜欢不喜欢，我们生活其中的世界在过去100年间发生了剧烈的变化，看来在下个世纪这种变化还要更厉害。有些人宁愿停止这些变化，回到他们认为是更纯洁单纯的年代……无论如何，即便人们向往也不可能把时钟扳回到过去。知识和技术不能就这么被忘却。人们也不能阻止将来的进步。即便所有政府都把研究经费停止，竞争的力量仍然会把技术向前推进……如何利用这些兴趣向公众提供必需的科学背景，使之在诸如酸雨、温室效应、核武器和遗传工程方面做出真知灼见的决定？很清楚，根本的问题是中学基础教育。"

霍金在演讲中表示，让公众在学生时代就开始了解科学，尊重科学，相信科学，使科学在潜移默化中达到根深蒂固的效果。同时霍金还指出当前中学教育的弊端，他说："可惜中学的科学教育既枯燥又乏味。孩子们依赖死记硬背蒙混过关，根本不知道科学和他们周围世界有何相关。"接着，霍金又指出科普图书的弊端，他表示，科普

第五章
超级明星：霍金教授之"开挂"人生

读物固然能起到传播科学的作用，但是能够阅读的人群毕竟有限。所以，人们应该拓宽科学传播的途径了。霍金提到了"电视传播"，他是这样说的："电视中有一些非常好的科学节目，但是其他节目把科学奇迹简单地描述成魔术，而没有进行解释或者指出它们如何和科学观念的框架一致。科学节目的电视制作者应当意识到，他们不仅有娱乐公众，而且有教育公众的责任。"霍金的想法很简单，就是通过一些惟妙惟肖的电视节目，将一些晦涩难懂的科学知识表述出来，让人们在娱乐的同时，了解一些必要的科学知识。

演讲最后，霍金还谈到了备受人们关注的核武器。当时正值美苏冷战结束，但是核武器仍然是各国首脑头疼的对象。在演讲中，霍金异常严肃地说："核武器一旦参与战争，那就意味着人类会在几天之内消失殆尽，整个地球将会灭亡。为了人类共同的发展，核武器一直是世界战争的禁区，冷战的结束，使得核武器的威胁渐渐淡出了人们的意识。但是，只要世界还存在这样危险的武器，这样的危险就依然存在。"霍金的意思很明确，科学的发展不仅可以给人类带来便利，还可以让人类走向毁灭。因此，霍金是反对核武器的研发的。

在演讲结束的时候，霍金讲了这样一个笑话："如果我们避免了核战争，仍然存在把我们消灭的其他危险。有人讲过一个恶毒的笑话，说我们之所以未被外星人文明所接触，是因为当他们的文明达到我们的阶段时会先毁灭了自己。但是我对公众的意识有充分的信任，那就是相信我们能够证明这个笑话是荒谬的。"他用这样一个笑话来提醒世人：核武器的杀伤力是巨大的，它可以毁掉整个人类文明。由此可见，霍金不仅关注着科学的发展，更关注着人类的发展。为了全人类的繁衍生息，霍金希望在科学研发的过程中，人类可以设定禁区。

《宇宙的起源》

1987年6月，霍金在母校剑桥大学发表了一篇让人印象深刻的经

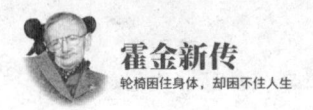

典演讲——《宇宙的起源》，这是一次为了纪念牛顿先生编著的《原理》出版300周年而发表的演讲。在演讲的开头霍金便说了这样一段话："是先有鸡呢，还是先有蛋？换句话说，就是何物创生宇宙，又是何物创生该物呢？也许宇宙，或者创生它的东西永远存在，并不需要被创生。"

历史上，关于宇宙起源的问题，一直众说纷纭但没有一个统一的结论。霍金先生在探索这个问题时，一直以科学作为依据，最终也没有得出具体的结论。他在演讲结束的时候，这样说道："虽然科学能解决宇宙如何起始的问题，它仍然无法回答这个问题：为何宇宙要在乎其存在？我对此没有答案。"

《我的立场》

1992年5月，霍金50岁。他来到母校剑桥大学的凯斯学院进行演讲，这次他的演讲题目是《我的立场》。

事实上，霍金的每次讲演，都会带给人启发。开头他是这样说的："我将讨论我对人们如何理解宇宙的认识：作为'万物理论'的大统一理论的现状和意义。这里存在一个真正的问题。研究和争论这类问题应是哲学家的天职，可惜他们多半不具备足够的数学背景。"

在这次演讲中，霍金在讲演中阐述了一个令他感到苦恼的问题：大多数获得诺贝尔物理学奖的物理学家都是从事实验物理学的，而不是理论物理学。只有能够切实看到研究成果的实验物理学，才更有可能受到业内青睐，从而有机会获得诺贝尔奖。而理论物理学似乎从来不被人重视，就算是他发现了宇宙中的黑洞，也没有获得诺贝尔奖。对此，霍金感到非常遗憾，他说："在实际中，人们非常犹豫放弃他们已投注大量时间和心血的理论。通常他们首先质询观测的精度。如果找不出毛病的话，就以想当然的方式来修正理论。该理论最终就会变成丑陋的庞然大物。然后某人提出一种新理论，所有古怪的观测都优雅而自然地在新理论中得到解释……"

这就是霍金的演讲，每句话，每个字都充斥着科学的正能量。霍金的演讲受到了人们的喜爱，它们被实录、被翻译成各种语言的书籍，激励和启发了很多人。他的每一场演讲都是有偿的，而演讲所得的收益却被用来支持慈善事业。这就是霍金，一个伟大的超级演说家。

第六章

勇战疾病：谱写生命的奇迹

> 恶疾疯狂地折磨着霍金，而霍金似乎铆足了劲，拼尽全身的力气，与病魔抗争。他打破了两年之期的预言，克服了失去说话能力、书写能力、全身只有三根手指和眼部肌肉可以活动的禁锢，他不甘残障恶疾的侵蚀，在残忍的命运面前迎难而上，他勇敢地将所有的苦难化为前进的动力。霍金的生命是一个伟大的奇迹。事实上，当一个人的生命被称之为"奇迹"时，那么他的经历一定是不幸的，同时不幸之中一定存在着幸运。"科学"就是霍金人生的最大"幸运"，是科学给了霍金活下去的信念，是宇宙给了霍金延续生命的渴望，不管面临多少苦难，有了它们，霍金都会顽强地抗争下去，谱写一个又一个生命的奇迹。

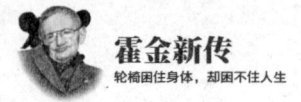

霍金新传
轮椅困住身体，却困不住人生

1. 宇宙之王开始起步

霍金的身体越来越糟糕，使得他距离非正常人越来越近，但他却倔强地把自己归在"正常人"的队列。只要他能够完成的事情，不论费多大劲，他都会坚持独立完成。正是这种顽强拼搏的精神，让霍金在科学之路上越走越远。

彭罗斯是剑桥大学的博士，曾经与父亲合作，设计出一些复杂而又罕见的几何模型，后来他曾做过一些研究，在所涉及的领域里，实现了应用数学与理论物理的完美结合。霍金的导师西阿马非常看好彭罗斯。因此当他获知彭罗斯将在伦敦国王学院举行一场学术讨论的消息后，便带着霍金等四个学生赶赴伦敦，参加这场研讨会。当天，西阿马和其他的三位学生都按时赶到火车站，只有霍金还迟迟未到。眼看着火车即将启动，大家不得不登上火车。正在此时，霍金出现了，只见一个瘦弱的身影，摇摇晃晃地追赶着刚刚启动的火车。霍金的两个同学连忙跳下火车，架起霍金，大步向前跑去，终于在最后的关头登上了火车。这场险些错过的学术研讨会可以说是霍金人生的转折。彭罗斯在研讨会上的报告，详细阐述了黑洞中心时空奇点的想法，这令霍金极度兴奋起来，因为他早就对"黑洞"和"奇点"神往已久了。

从伦敦回来的路上，所有人都兴奋地讨论着在研讨会上的见闻和

第六章
勇战疾病：谱写生命的奇迹

心得，只有霍金一言不发。他正在思索如何把彭罗斯的这个还不成型的想法研究出来。于是他下意识地问西阿马，如果将彭罗斯教授的奇点理论应用到宇宙学中，会产生什么样的结果？西阿马听到霍金的话愣住了。霍金没有再问下去，而是又陷入了深思。西阿马非常惊喜，他打断了霍金的思虑，支持霍金顺着自己的思路尝试一下。有了老师的鼓励，霍金也觉得即使是一个不经意的想法，也有把它研究成为一个学说的必要。接下来几个月里，霍金全身心地投入到这项工作中。

这是霍金第一次找到了适合自己并且自己也喜欢的事情。宇宙之王就在此刻开始起步了。

霍金将"奇点"作为一个研究课题。西阿马建议霍金把这个课题写成博士论文。霍金采纳了西阿马的建议，开始推算每个环节。不久之后，研究了有结果，霍金开始着手书写博士论文。论文完成了，学院的教授们一一审查了霍金的论文，最后一致认为：可以通过。就这样，霍金的博士论文顺利通过了，霍金顺利成为剑桥大学的博士。

然而，霍金并没有就此止步，他接着又申请了凯斯学院的研究员。剑桥大学有个规定，那就是博士生如果想要申请成为研究员，必须要有两名具有影响力的推荐人。对于霍金而言，其中的一位自然是自己的导师西阿马，那么另一个人应该去找谁呢？那个时候，霍金只是一名学生，刚刚获得博士学位，在业内没有任何名气。这时，西阿马向霍金推荐了一个人——赫尔曼·邦迪教授。霍金曾多次和同学赶往伦敦的国王学院去听邦迪教授开设的广义相对论的讲座，并且邦迪来剑桥大学授课的时候还专门见了霍金，非常欣赏霍金勇于挑战霍伊尔教授的勇气。于是，霍金找到了邦迪，说明来意之后，邦迪欣然答应了他。

一切准备就绪之后，霍金安心地静候佳音了，却没想到收到的是一封拒绝信。拒绝的原因是，霍金提交的推荐人之一的邦迪教授，由于并不了解霍金的具体情况，拒绝为其写推荐信。霍金很是疑惑：明

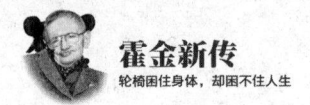

明邦迪教授已经答应了呀,怎么会拒绝给自己写推荐信呢?于是,霍金立即通过导师西阿马联系上了邦迪,再次请求邦迪为他写一封推荐信。邦迪教授这才想起来自己曾经确实答应过这件事。于是,他立即帮霍金写了一封推荐信。就这样,霍金终于成为凯斯学院的研究员。这就意味着,霍金不仅可以继续自己感兴趣的物理学研究,还可以得到可观的薪金,来维持自己的生活。

从那时起,这位"宇宙之王"的科学之路开始起步。霍金开始受邀出席各类学术研讨会,自己也开展了一些专业知识的讲座。渐渐地,人们开始关注他,他开始有些名气了。

然而就在事业开始如火如荼地展开之际,两年期限即将到来。等待霍金的将会是什么呢?是如医生所预测的那样死去,还是……霍金的心里一阵阵地发凉,他多么希望医生的预言会失效,自己还有大把大把的时间去实现自己的梦想。

第六章
勇战疾病：谱写生命的奇迹

2. 轮椅上的追求

两年的期限过去了，事实证明，那名医生的预言失效了，霍金并没有死亡，仍然顽强地活着。更令人欢喜的是，他的病情恶化的速度似乎也渐渐慢了下来。对此，简在自传《飞向极限》中是这样描述的："18个月前，按照医生的判断，霍金存活的概率是微乎其微的。但是他胜过了悲观的预言，他不仅活了下来，而且还回到了科学研究的第一线，为一个深奥的假设建立理论：在颠倒的宇宙中，想象的粒子是如何在虚时间里运动的。这个宇宙并不真实存在，它只存在于理论物理学家的头脑中。"

霍金虽然活了下来，但是他的身体状况却越来越糟糕。到了20世纪60年代末期，霍金的病情已经非常严重了，时时刻刻都要面临着死神的降临。一个风华正茂的青年，正是追梦的时候，却要被迫面对死亡，这是件多么可悲的事情呀。相比于霍金的坦然，他的父母就不那么洒脱了。面对着儿子的疾病，他们很痛苦，如果可以的话，他们甚至愿意代替霍金承受疾病的折磨。母亲伊莎贝尔的脸上经常挂着泪珠。对一个母亲而言，没有什么比无力挽救自己的孩子更加残忍和痛苦的事情了。而父亲弗兰克也放弃了自己的专业，昼夜不停地钻研ALS。就这样，原本幸福美满的一家人，因为霍金的病，变得阴云密布。家里再也没有以前的欢声笑语了。

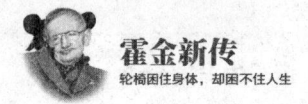

霍金一直相信自己的父亲终有一天会治好自己的病。弗兰克的研究一直没有实质性的进展，他只是研究出了一个药方，用来减缓ALS的恶化速度，并且效果微乎其微。直到1968年，霍金的父亲弗兰克去世，霍金都一直坚持服用父亲给自己配制的药。父亲弗兰克去世以后，霍金的身体变得更加糟糕，他的肌肉一点一点地萎缩，连说话也变得越来越含糊不清了。到后来，只有他的家人或者密友才能听得懂他讲的话，而且他书写的能力也开始渐渐丧失。不能写字，就不能做记录，也不能进行一系列的计算，这就是意味着霍金废了，他不能再继续做研究了。可是，顽强的霍金不愿就此认输，他发明了一种代替书写的视觉性方法，即：在脑海中形成不同的心智图案和心智方程，然后用这些元素在大脑中思考，从而代替记录和演算的过程。这样的思考过程，被物理学者维尔纳·以色列誉为"有如莫扎特，只凭借想象就写出一整首极具特色的交响乐曲"。

后来，霍金开始无法依靠拐杖独立行动了，可是他仍然倔强地不肯接受别人的帮助。对此，简曾经说过："对于霍金的言行，有些人称其为'固执'，有些人称其为'决断'。但在我看来，更多时候，他是既果断又固执。"是的，霍金的确非常固执，他希望自己在别人的眼中是个正常人，因此他是那样固执地拒绝接受别人的帮助。直到20世纪60年代末，霍金彻底失去了站立的能力，这个时候，霍金只能同意乘坐轮椅了。因为没有轮椅，他甚至不能好好地坐在任何地方上。只有坐在轮椅上，他才能勉强坐起来。霍金的病情一点点地恶化，各项基本技能开始逐步丧失。可是，霍金从来没有向任何人抱怨过。在家人、朋友、老师和同学们的眼中，霍金始终是那个面带微笑的年轻人。

霍金很乐观，也很幽默，经常会和身边的人开玩笑，引得大家捧腹大笑。但是身体的重度残疾和他对科学那一丝不苟的严谨态度，还是让周围的同事渐渐地疏远了他。是的，没有人愿意站在一个身体严

第六章
勇战疾病：谱写生命的奇迹

重变形的人身边，接受着别人投过来的异样眼光。更何况，只要涉及到研究，霍金就会变得异常严厉，他不能接受别人犯下的任何低级错误。霍金意识到自己的严厉让身边的人离自己越来越远，但是他无怨无悔，因为他认为，科学本身就是神圣的，容不得一点错误。

　　1976年的春天，霍金的家人吃过早饭后，都觉得喉咙有些不舒服，屋子里似乎还弥漫着煤气的味道。家人立刻意识到不对劲，连忙打开窗户通风，又将厨房里煤气设施做了全面的检查，并且补充了大量水，这才渐渐地感觉舒服一些。可是到了第二天，霍金便开始高烧不退。家人原想马上送霍金去医院，被霍金拒绝了。结果，很快大家便发现，霍金连呼吸都变得非常困难，并且开始剧烈地咳嗽，连水都喝不下。简很担心他的身体，于是便请来了家庭医生。家庭医生建议霍金服用止咳的药物，霍金拒绝了，他认为止咳的药物只会压制身体的自然反应，对于治疗没有任何的效果。结果到了晚上，霍金的呼吸变得越来越困难，几乎喘不上气来。家庭医生看到霍金这个状况，急忙叫来了救护车，将霍金送进了医院。

　　到达医院的时候，霍金已经昏迷了。医生立即对他进行了抢救，幸运的是，抢救得很及时，霍金并没有什么大碍，两天之后就出院了。尽管这次突发事件并没有产生严重的后果，但是霍金却变得更加虚弱了。霍金的身体僵化程度更加严重了，除了三根手指和两只眼睛结合面部的肌肉可以活动，其他任何部位都不能活动了。他的身体开始严重变形，头只能倾向右边，肩膀也是左低右高的样子，就连吃饭也成了一件极为困难的事情。

　　疾病就这样疯狂地折磨着霍金，让他彻底瘫痪在轮椅上，完全失去了生活自理的能力。尽管如此，坚强的霍金依然不肯向病魔低头，他坚持每天阅读资料，思考各种疑难问题。他将自己的全部精力都投注到了研究工作中，再也没有时间考虑自己是个残疾人这件事。他的大脑里装满了宇宙和天体。他曾说过："我努力去做我想做的事，这

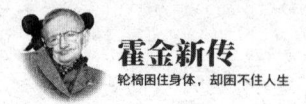
霍金新传
轮椅困住身体,却困不住人生

样我就会有一种成就感。"

此刻,霍金的灵魂显然已经脱离了那副几乎没有任何能力的身躯,他反复告诉自己,他还有活着的意义,他的生命价值还远远没有发挥出来,他还有一颗聪明的大脑,可以继续从事他所喜爱的事业。霍金不再追求身体的灵动性,而是追求灵魂的灵动性,他要让自己的思维飞舞起来,他要带领全人类去探索浩瀚无垠的宇宙。

3. 丧失说话的能力

电影《万物理论》中有这样一个镜头：霍金正在工作，忽然听到了儿子的哭声，家里暂时没有别人，霍金很想到楼上去看看儿子发生了什么事情。可是他的身体基本上不能动了，要想爬上二楼谈何容易。霍金用尽了全身的力气，却还是只能待在轮椅上，他看着那没有几个台阶的楼梯，脸上露出痛苦的表情。

现实生活中，类似这样的情节时时刻刻伴随着霍金，尽管他总是面带微笑，但是疾病带给他的痛苦是常人无法想象的。有一次，霍金的家人回忆说，那个时候，霍金刚刚得病，他非常难过，将自己锁在房间里不愿出来，没有人知道，这个倔强的男孩，背地里到底流了多少眼泪。后来，他选择面对疾病，选择像个正常人一样生活。但是命运似乎并不想放过他，他的行动越来越困难，从第一级楼梯走到卧室，这只有不到一分钟的距离，霍金需要花费15分钟的时间。身边的人想要帮助他，可是他拒绝了，他坚持要靠自己完成，他不允许别人把他看成病人，更不想让人觉得他是个残废。

霍金非常要强，霍金的朋友就曾说过："他在面对神经元症的时候，只有肉体是屈服的，他的精神永远不会屈服。"简也说过："霍金不向他的病做任何让步，我也不向他做任何让步。"在他要强的背后，难道不是一颗伤痕累累的心吗？或许在霍金的心里是非常不服气

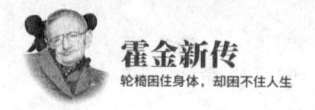

的，为什么命运偏偏安排他得这种病，为什么上天要这样折磨他。正是这种不服气的傲劲，让霍金下定决定要和命运抗争，只要他还有一口气在，都不会向命运低头。

1985年，霍金去瑞士旅行的过程中患上了肺炎。当他被送到医院时，已经完全陷入了昏迷。医生们经过一番检查之后，建议关掉呼吸机结束他的生命。简吓坏了，她抱着在地上哇哇大哭的儿子罗伯特，坚定地拒绝了医生的建议。在简的坚持下，院方用急救飞机把霍金送回剑桥的阿登布鲁克医院。医生立即切开了霍金的气管，救回了霍金。然而气管切开的手术，虽然保住了霍金的生命，却让他永远地失去了语言表达的能力。之后一段时间里，霍金和他人交流的唯一方式就是，当他看到拼写卡上的正确字母时，就扬扬眉毛。霍金在自传中是这样说的："我的言语在手术之前就变得更含糊，所以只有熟悉我的人才能听懂我。然而，气管切开手术把我的讲话能力全部消除。有一段时间，我仅有的能交流的方法是，有人指着拼写卡，指到正确的字母时我扬一下眉毛，就这样逐个字母地拼出单词来。这样交流是相当困难的，更不用说写篇科学论文了。"

丧失了语言表达能力，让霍金陷入了极度的痛苦中，这意味着他再也不能将心中所想表达出来了，那么他的研究、他的梦想又该怎么继续呢？当时的霍金很愤怒，却也很坚决，他告诉自己，即使自己以后再也不能说话，他也不认输，哪怕以后都要依靠这种糟糕的方式来与人交流，他也要坚持下去。霍金每天都努力地拼写着自己想要说的话，可是效率真的很低，一整天也拼不出几句话，而且身边的人还有些不耐烦了。霍金坚持了好长时间，身边所有的人都想放弃，可是霍金依然坚持。他不能就这样向命运低头。他告诉简：即使他的身体变得比现在还糟糕，他也不会放弃的。

世间的一切就是这样，上天在关上一扇门的时候，一定会为你打开一扇窗。就在霍金苦苦挣扎之际，一位名叫沃伯特·沃尔托兹的电

第六章
勇战疾病：谱写生命的奇迹

脑专家得知了霍金的病情，他将自己发明的一套名字叫作"均衡器"的电脑程序送给了霍金。这样一来，霍金就可以通过手指按动开关，在面前的屏幕上弹出相关的词汇，然后在霍金的眼镜上安装着一个微小的传感器，这个传感器会根据霍金的面颊运动，做出相应的判断，从而选择霍金想要选择的词语。最后将霍金所选的词汇聚集在一起，传送到语音合成器里，从而发出声音。令人想不到是，这样一来，霍金的表达变得清晰了，再也不需要别人翻译了。这也算是因祸得福吧。

失语后的霍金在生活中完全依赖简。睡觉的时候，简需要把霍金抱到床上；吃饭的时候，简要把食物切成很小的块儿；洗澡的时候，从脱衣、搓澡到穿衣完全要简来帮他完成。简开始觉得疲惫，他们之间的交流变得越来越少，简开始变得焦虑，她的生活就像掉进了黑洞里一样，看不到任何的希望。简在回忆录里是这样描述当时的心情的："我觉得我自己就像跌入黑洞一样，被无法控制的强大力量拖曳成一根意大利面。"霍金感受到了简的变化，他能理解简，可却无法做出任何的改变。简渐渐地开始远离霍金，她希望自己可以多一些属于自己的时间，因此她不再陪同霍金四处演讲。这让简觉得很内疚。

对于简的变化，霍金只能无奈地顺其自然，他告诉自己，即便是全世界的人都放弃了自己，自己也不能放弃自己，因为自己还有很多很多事情没有做完。事实上，霍金的生活的确非常充实，忙着做研究，忙着四处演讲，忙着参加各种会议，忙着演戏，忙着代言等等。霍金没有时间去思考那些他无力阻止和改变的事情。

面对着人生最大的挑战，霍金选择坚强，选择了迎战，他觉得自己根本没有退路，而事实上，这些状况如果发生在别人身上，恐怕他们不会觉得没有退路，而是连生存下去的勇气都不会有的。霍金顽强的生命力来自他顽强的意志力，是他的坚强，一次次地帮助他打败死

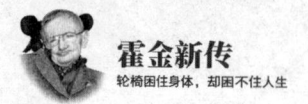
霍金新传
轮椅困住身体，却困不住人生

神，战胜所有的困难。纵观霍金的人生，所有荣誉的背后都是他顽强不屈的信念，他与病魔抗争的精神，感染了一代又一代的年轻人。回首往事，霍金绝对不会因为碌碌无为而感到难过和自责，他是宇宙之王，是用灵魂生活的人。这样的人，不是英雄还能是什么呢？

第六章
勇战疾病：谱写生命的奇迹

4. 历经坎坷，荣获勋爵

1973年，霍金31岁。他发布了一个震惊世界的言论，使得科学界一片哗然。后来这个事件被人们命名为"霍金辐射"，暗示着它的出现，大有一石激起千层浪的意味。

当时，科学界对于黑洞的研究异常火热，研究的发展速度也很惊人。物理学中，广义相对论和量子物理成为研究的重要支柱，这两个学科并不存在任何交集，也就没有人会想到把二者结合起来。正因为如此，霍金才产生了这个奇想，当时霍金已经无法书写，所有的演算过程都必须在脑海中完成。一些复杂的方程式也是在脑海中一遍又一遍地演算，其演算的过程可以从《时空大尺度结构》一书中找到。

《时空大尺度结构》出版于1973年，是由霍金和另一位科学家埃利斯合作完成的，在学术界引起了极大的反响。然而，这本书的创作过程却是异常漫长的。最初的构想源于1965年，之后组稿花费了整整六年的时间。时间战线拉得如此之长，有两个主要的原因：一个是霍金的日程被安排得满满的，埃利斯也有自己的事情，两个人都没有太多的时间；另一个原因就是，这本书的内容太复杂了，霍金和埃利斯不在的情况下，其他人根本无从下手。书籍出版之后，销售量非常大，但是普通人根本就看不懂。当时著名的射电天文学家夏科谢夫也购买了这本书，可是就连他也看不懂。当时，霍金和米顿从皇家天文

学会返回剑桥，途中遇到了夏科谢夫，三人开始交谈。当谈到《时空大尺度结构》时，夏科谢夫表示自己已经购买了这本书，但是很遗憾，他原本以为自己可以看到第十页，没想到看到第四页他就决定放弃了，因为这本书实在是太晦涩难懂了。

夏科谢夫的话，让霍金甚为惊讶，这实在是太匪夷所思了，一本连射电天文学家都看不懂的书竟然取得了如此高的销量。这件事情，侧面地体现了霍金的知名度，也从而反映出了创作这本书的难度。如此复杂的理论推算，霍金仅凭心算就把它罗列了出来，并且整理成了一本书，由此可见，霍金的心智绝非常人所能比。

霍金突发奇想地想要把广义相对论和量子物理联合起来研究，其复杂的研究过程同样需要霍金在大脑中完成。经过几个月的思考，霍金得出了一个令人震惊的结论——黑洞或许可以放出辐射。这个结论得出之后，霍金立即意识到了它是多么地离奇，连他自己都认为是不可能的。可是研究的结果就是这样呀，难道是自己的计算有误？霍金第一次开始有些怀疑自己。但是直觉告诉他，这个结论极有可能是正确的。为了打消心中的疑虑，霍金连续又演算了很多遍，每次得出的结果都是一样，这就说明，这个结论是正确的，尽管它听起来是那么地荒唐。微小的黑洞会放出辐射，并且在一定条件下还会发生爆炸。这样的结论让霍金有些为难：公之于世吧，估计只有霍金自己会相信；不公布于世吧，结论就是这样，怎么能够隐藏呢？霍金迟迟不能决定。最后，霍金先将这个结论告诉了自己的导师西阿马。令霍金没有想到的是，西阿马竟然非常感兴趣，而且他不仅相信了这个结论，还觉得不是很荒谬。西阿马的反应鼓励了霍金，他决定将这个结论大胆地公之于世。于是，霍金选择在西阿马即将召开一场学术会议上公布。

会议当天，霍金早早便来到了会场。他很清楚，今天这次会议注定是个令人印象深刻的会议。霍金不知道自己还有没有勇气承受结论

第六章
勇战疾病：谱写生命的奇迹

公布之后的惊涛骇浪。这时，霍金想起了当年挑战霍伊尔的事情。他告诉自己：当年能做的事情，现在一样能做。这已经不是一道选择题了，而是一道必答题，新的科学发现，就应该为世人所知晓，这是一个科学工作者应有的责任和勇气。想到这里，霍金心中的激情被点燃了。他静静地等待着自己上台的那一刻。终于轮到霍金了，霍金驱动着电动轮椅来到主席台上，会场瞬间安静了下来，所有人都非常崇拜这位伟大的科学家，期待着他可以带来令人震惊的最新研究成果。

当霍金阐述完自己的研究结论之后，所有人都沉默了，会场变得鸦雀无声。在场的所有人都期盼着这个伟大的科学家给他们带来不一样的研究成果，可是这样的结论也太过不一样了，让他们根本接受不了。沉默终于被打破了，台下响起一阵激烈的骚动，接着质疑声、反对声此起彼伏。负责主持会议的泰勒先生，怒气冲冲地指责霍金在胡说八道，并表示要写一篇抨击霍金的文章，然后愤然离场。霍金镇定地看着大家，没有任何的解释和妥协。霍金预想过会出现很大的反应，却没想到反应会这么大。现在既然事情已经发展成这样了，那么唯有继续走下去，断无回头的道理。

几天后，泰勒写了一篇抨击霍金的文章，投给了《自然》。《自然》的编辑把原稿寄给了霍金，并询问霍金要不要刊载。霍金回复他可以刊载。霍金相信终有一天，人们会发现他是对的。一个月之后，霍金也在《自然》上发表了有关这一发现的论文。一时之间，全世界都在讨论霍金的新发现。"霍金辐射"就这样不知不觉地成为"黑洞辐射理论"的代言词。很多物理学家对霍金的这一发现表示支持，西阿马也声称这篇论文是"物理学史上最优美的论文之一"。

经过了几年的研究和论证，"霍金辐射"最终被证明是合理的。这一发现奠定了霍金在科学界的权威地位，霍金因此成为皇家学会的会员，这是科学界的最高荣誉之一。

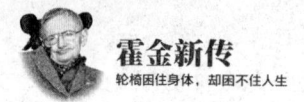
霍金新传
轮椅困住身体，却困不住人生

5. 敢为标杆，值得我们去铭记和缅怀

  2018年3月14日，霍金逝世，享年76岁，一个用思想撬动宇宙的巨人倒下了。为什么大家对霍金有这么高的评价？其实在霍金成名之后，他就成了全人类的标杆。人们崇敬他、爱戴他，他的能力得到世界人民的认可，也为自己赢得了尊严。然而，在霍金还没有成为家喻户晓的人物之前，他这个标杆，经常会遭受到不公平的待遇，认可他的人很少，可怜他、同情他、鄙视他的人多如牛毛。在那种情况下，霍金毅然决然地要成为标杆。

  在美国西雅图参加活动的时候，霍金和简就曾经遇到过这样一件令人厌恶的事情。那是一个星期六，霍金和简，还有简的同学吉莉安一起去参观太空针塔。简搀扶着霍金，吉莉安抱着他们的大儿子罗伯特来到太空针塔上。塔上的景色虽然美，可是强烈的太阳光让他们觉得很不舒服。他们都受不了强烈阳光的照射，决定乘坐电梯离开。当霍金一行正在等电梯的时候，一群年轻的女孩出现在他们的身旁，这些女孩看起来不过十几岁的样子，却完全没有少女应该有的纯真和善良。当她们看到瘫痪的霍金，便开始议论纷纷。上了电梯之后，这些女孩竟然公开嘲笑霍金，而且语言非常粗俗。霍金默默地靠在墙角里，脸上看不出任何的不悦。简却很生气，听到那些嘲笑的言语，简真想冲上去给她们一记耳光。电梯快到底层时，一个女孩忽然指着罗

第六章
勇战疾病：谱写生命的奇迹

伯特问简是不是她的孩子，简没有回答她。对于这群四肢健全，却大脑残废的女孩子，简根本不想理睬她们。

类似这样的事情，霍金经常遇到，他不想给对方做任何的评价，只是告诉自己，不要把宝贵的时间和精力花费在这些不值得的人和事情上面。霍金不是不在意别人说什么，只是选择性地在意。那些有价值的言论，霍金会认真地考虑，像这种废话，霍金会在大脑中自动屏蔽掉。这是简最放心的地方。她不用担心自己的丈夫会因此受到伤害。

还有一次，霍金参加一场学术会议。当晚，会场外面的休息室非常安静。简和霍金静静地坐在那里，等待着演讲。霍金的演讲被安排在了11点，时间还早，他们便一边看报纸，一边等待。就在这时，有几个女人聊天的声音传了过来，她们的用词非常刺耳。简顺着声音传来的方向看过去，只见几个女工正蹲在那里边干活边聊天。她们聊天的内容让简非常震怒。其中的一个女人问另外一个女工，看没看到来了一个坐轮椅的家伙，人长得非常瘦，身体严重变形，脑袋都抬不起来，显然是活不了多久了。

随着霍金的身体健康越来越糟糕，简已经开始有些敏感，她看不到未来，看不到希望，总是担心霍金会忽然离开，那么她和她的孩子又该怎么办呢？因此，简非常害怕听到"霍金死亡"这类的字眼。可是眼前这几个愚蠢、恶毒的女工，竟然当着她的面，大咧咧地议论着她丈夫的生死问题。简有些控制不住自己，她想飞奔过去，一脚踩在那些恶毒女人的脸上。

霍金瞪大眼睛看着简，他意识到了简的愤怒，他希望简可以保持冷静，保持基本的风度。简看到了霍金的目光，她没有走过去痛斥她们，她努力让自己冷静下来，以防自己做出什么不理智的事情。事实上，在面对这种情况的时候，愤怒是解决不了任何问题的。唯有保持沉默，才是最好的处理方式。简相信，在霍金的心中，别人说什么

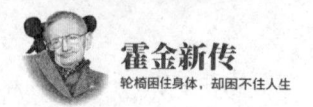

并不重要，只要他自己过得开心就足够了。事实上，霍金生活得很开心，他的世界里充满了宇宙天体和黑洞世界，其中蕴含着普通人无法想象的乐趣。当一个人专注于某项事业时，他会忽略红尘中的俗世。简觉得霍金就是这样的人，他的生命属于科学事业，为了他挚爱的科学事业，他可以奉献自己的一切，可以咬着牙克服所有的磨难。

11点到了，霍金要上台演讲了。看着霍金的学生推着霍金缓缓走上主席台，简忽然觉得自己的丈夫霍金就像塞万提斯笔下的堂·吉诃德，而霍金的学生，就像堂·吉诃德的忠仆桑丘。简正襟危坐，默默地注视着霍金。霍金和他的学生，就这样雄赳赳、气昂昂地走上了主席台，去参加属于他们的物理界的战斗。在那一瞬间，霍金变身成了那个身披盔甲、手握长矛、勇敢与风车搏斗的勇士堂·吉诃德。这位坐在轮椅上、戴着眼镜的瘦弱的教授竟然就是简心中的堂·吉诃德。

事实上，学术界也并非世外桃源，这里也同样暗藏很多的漩涡和暗流，它们时时刻刻围绕着霍金。尤其是在天体物理学术界，不是所有的人都欣赏霍金。霍金说自己出生的日期正好是伽利略逝世300周年，对此就有人别有用心地攻击说："霍金想和伽利略平起平坐。"其实那只是一句实话而已，不附带任何的用意。还有一位大学教师也曾这样评价霍金："霍金的理论从没有经过观测证实，所以无法与爱因斯坦相比。至于20世纪的科学家中，根本没有他的一席之地，他无法同海森堡和仍然健在的贝特相提并论。在同时代的科学家当中，到目前为止，都认为最伟大的天体物理学家是威藤，都认为彭罗斯是最杰出的。"甚至还有人在网上发表文章，指责霍金教授戏弄了现代科学，也耍弄了大众和媒体，哪怕他是无意的……

面对质疑和反对，作为当事人绝对不能采取对骂和指责的方式，而应该冷静处理。能采纳的意见就采纳，不能采纳的意见就不去理会。毕竟谁也不能保证自己的身边一定都是鲜花和掌声。对于霍金而言，他的身体不能动，他只能坐在轮椅上，用自己的大脑去研究那些

第六章
勇战疾病：谱写生命的奇迹

深奥的科学，无非是在证明生命存在的价值。他不服输，面对着绝症尚且不服输，更何况是这些质疑和反对的声音。他只想说，质疑他的科研成果是可以的，因为科学研究原本就是一个争论的过程，但是请不要过多地指责他的人品，因为任何不了解他的人实际上是没有资格对他的人品做出评价的。

霍金的心中没有太多的欲望，只有对知识的渴求。为此，他顽强地与命运抗争，即使命运将他的身体禁锢在轮椅上、将他的语言表达能力收回之后，他依然依靠电脑创作了很多著作，发表了很多演讲。这不是一般人能够做到的，但是霍金做到了，他克服了一切障碍，勇敢地成为了全人类的标杆。

第七章

中国之行：如果不让我去长城，我就就地自杀

霍金的中国之行有三次，三次的终点站都是北京。霍金的第一次中国之行是在1985年。那一次，他说："如果不让我去长城，我就就地自杀。"于是，霍金爬上了中国的万里长城。为此，他开心得像个孩子。他的第二次中国之行是在2002年。那一次，霍金爱上了杭州西湖，在西湖上泛舟，听着关于西湖的神话传说，并且还得到了一个印有自己彩色头像的鼻烟壶。再一次，他开心得像个孩子。霍金的第三次中国之行是在2006年。这一次，霍金来到了时尚的香港，在那里欣赏了璀璨的香港夜景，之后他到了北京。在人民大会堂里，霍金深刻地感受到了中国人民的热情。激动不已的霍金，用自己的心，大声地告诉中国人民：他爱中国的美食，爱中国的文化，爱中国的一切，他和中国的缘分永远不会断！

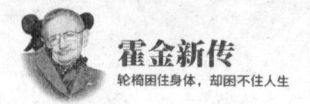

霍金新传
轮椅困住身体，却困不住人生

1. 1985年，第一次来中国

很早之前，霍金的父母曾来过中国，那时候霍金忙着学习，忙着考试，虽然内心对古老的中国也充满了向往，却一直无缘来中国。霍金在父母那里听说了很多关于中国的历史和文化，不由得对中国起了向往之意。后来因为身体的原因，还有忙着研究和写作，中国之行也就不了了之了。但是，在他心中对中国还是充满了神往，他想要探索这个古老的国度，因为那里是世界上人口最多的国家，那里曾经有四大发明，有悠久的历史和文化，有许多美丽的名胜古迹，特别是宏伟的长城，霍金非常想去看一看那代表着古人智慧的杰作。

20世纪70年代末，中国意识到了过度抵制外来文化的弊端，封闭已久的国门被打开了，一些走在文化前列的高校首先把目光投向了欧美科学家。其中中国科技大学的天体物理小组正在着手研究黑洞理论，他们特别希望能邀请到一些在天体物理黑洞理论上存在很高造诣的物理学家来大学讲课。1981年，第一个被邀请到中科大讲学的是美国普林斯顿大学理论物理学教授惠勒。"黑洞"这个词汇就是他发明的。通过与惠勒教授的交流，中科大天体物理小组的研究有了进一步的发展。在这之后，中科大又邀请了霍金来中国，没想到却遭到了英国大使馆的拒绝。原因是，对方认为安徽合肥只是一个小城，交通不发达，而霍金先生是位患有绝症的残疾人，他的饮食和出行都有着严

第七章
中国之行：如果不让我去长城，我就就地自杀

格的特制标准，中科大无法保证霍金的饮食安全。

英国大使馆的顾虑不无道理，毕竟霍金是一位对全世界而言都很重要的科学家，是英国引以为豪的"宇宙之王"，如果真的在中国出了问题，那将是件非常糟糕的事情。但是中科大的副校长钱临照先生并不想就此放弃。钱校长认为，英方之所以拒绝中科大的邀请，无非是担心霍金先生的身体和安全，那么只要中科大可以达到霍金先生在饮食和出行方面的特制标准，事情就会有转机。

于是，钱校长多方奔走，尽自己最大的努力极力促成此事。他先是找到了霍金的代理人，通过他向霍金传达了中科大的邀请心意。霍金得知以后表示："只要能够让我活着回到剑桥，再小的地方我也去。"之后，中科大又在1983年邀请到霍金的一位学生——伯纳德·卡尔。卡尔是霍金早期培养的学生，也是一位研究黑洞的学者，曾与他的老师霍金一起研究过"小黑洞"的理论，并且取得了一定的成就。卡尔此次来中科大有两个目的：一是进行演讲；二是对中科大进行实地考察，看是否适合霍金先生莅临。

卡尔在中科大进行了精彩的演讲，他的演讲题目是"人择原理"，也就是"人只能研究人类可以生存的宇宙"。卡尔在合肥之行后，得出这样的结论：他的老师霍金是完全可以来中科大讲学的。回英国后，卡尔马上向霍金汇报了自己的中国之行，并且明确表示，霍金完全可以去到中科大讲学。第二年，也就是1984年，中科大第二次向霍金发出了讲学的邀请函，英国驻华大使馆这次没有拒绝。就这样，霍金的第一次中国之行终于有了眉目。

1985年4月28日，一个春光明媚的日子，霍金在卡尔和约兰特两位研究生的陪同下来到了中科大。他的妻子简没有陪同霍金前来，她要留在家里照顾6岁的小儿子。因为简拒绝陪霍金来中国讲学，霍金非常生气，简温和地向霍金解释，孩子们需要照顾，尤其是把他们只有6岁的小儿子蒂莫西独自扔在家里，她不放心。后来，霍金的两个学生卡

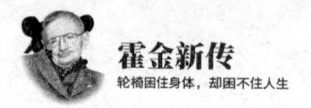

尔和约兰塔答应陪霍金一起来中国，他的情绪才好了起来。这两位研究生照顾着霍金的起居，他们抬着霍金乘火车、坐飞机，并且把霍金抬到了长城上，实现了霍金一直以来想登长城的梦想。

对霍金在中科大的访问情况，曾在武汉华中科技大学物理学院担任教授的杨建邺在他写的传记《霍金传奇》中曾这样写道："霍金一行在中科大逗留了四天，4月28日到5月2日。这期间卡尔作了一个报告，霍金作了两个。霍金的报告一个是专业的"黑洞形成的理论"，一个是公众性的"为什么时间总是向前？"对后一个问题，霍金并没有突破性的贡献。霍金当时强调的是时间并不能总是向前。

后来，北京大学的刘辽教授向霍金发出了邀请。霍金便离开合肥来到了北京。到了北京，因为没有大型的学术交流活动，霍金和他的研究生们便轻松了很多，他们抱着"旅游观光"的心态，在北京大学进行了一番参观。之后，刘辽教授提议进行下一步计划，可是霍金对刘辽教授的提议并不感兴趣，他提出了一个让在场所有人都震惊的要求：要去长城看一看。刘辽教授没有想到霍金会提出去长城的要求，这让他很是为难，因为爬长城是一个体力活，一个正常人都会感觉很累，更别说是霍金这样一位躺在轮椅上的重病患者。而且，长城上全是台阶，根本没有设置残障人士的特殊通道，也就是说霍金的轮椅根本上不去呀。

当刘辽教授尝试劝说霍金时，霍金却像小孩子一般耍起赖来，他甚至对接待方说："如果不让我去长城，我就就地自杀。"听到这样的"玩笑"，刘辽教授意识到：这位较真儿的科学家是铁了心要爬长城了。

于是，大家便开动脑筋，想办法让霍金教授登上长城。最后，刘辽教授想到了一个好办法：让他的研究生和霍金的两个学生一起抬着霍金登长城。霍金露出了满意的笑容，却辛苦了卡尔和约兰特。长城很长，他们感觉很累。这时，不知是谁，风趣地说了一句："要是

第七章
中国之行：如果不让我去长城，我就就地自杀

霍金蒸发了就好了！"更令人不可思议的是，霍金的研究生们在回到剑桥之后，真的开始研究关于"霍金蒸发"的问题了。霍金对此很是骄傲。

也许是水土不服的原因，霍金回到英国之后，身体就出现了问题，他开始不停地咳嗽。这次生病对他的吞咽造成了很严重的影响，每到夜晚，霍金都咳得无法入眠。霍金的妻子简一直陪伴在他的身边，并且抱着他入睡，这才可以使他咳嗽的症状减轻一些。可以说，这次的中国之行，着实令霍金大病了一场。但是疾病并没有改变霍金对中国的向往，每当他谈论起这次中国之行时，总是有种意犹未尽的感觉。正是这种感觉，让霍金与中国的缘分得以继续下去。

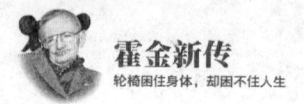

霍金新传
轮椅困住身体，却困不住人生

2. 2002年，第二次来中国

霍金的第一次中国之行结束后，他的生活发生了一些变化，学术研究也发展到了更高的层次。12年后的一天，霍金又想起了他的中国之行，他向他的中国学生吴忠超提出想再度访问中国。令人没有想到的是，霍金与中国的再度结缘却是在第一次中国之行结束后的第17年。2002年8月，第24届国际数学家大会在北京举行，霍金作为在数学领域有名气的教授被邀请参会，就这样，霍金第二次踏上了中国的土地。

第二次的中国之行，陪伴在霍金身边的，是他的贴身护士，也就是他的第二任妻子伊莱恩。吴忠超作为霍金的翻译，一同回到中国。早在1985年的时候，霍金在日内瓦感染肺炎，做了气管切开手术，从而丧失了语言能力，但他现在可以依靠一种语音合成器发出声音，这样的交流似乎比他之前的语言更加方便了。这也意味着，在国际数学大会上，霍金可以清晰而流畅地发表自己的演讲。

2002年8月9日上午，霍金在伊莱恩、助手和三位护士的陪同下，乘坐飞机抵达上海浦东国际机场。霍金此次中国行的翻译是霍金的学生吴忠超。作为霍金的翻译官，吴忠超的工作并不轻松。霍金的大脑非常活跃，他时常会说一些表意不明的话，有时还会引用莎士比亚的话语，有时还会修改莎士比亚的话，而莎士比亚所说的话，一般都是

第七章
中国之行：如果不让我去长城，我就就地自杀

以晦涩难懂而著称。这就要求吴忠超必须要有一定的文化修养，并且还要充分了解霍金，了解他的说话习惯。这样，翻译出来的话，才不会死板。吴忠超是霍金的学生，对于老师的想法，他自然是清楚的。

之后，霍金抵达了杭州，并且受到了中方接待人员的热情接待。在吃饭的过程中，霍金喝了酒，非常兴奋，他用手在电脑上打出一行字："在中国，像罗马人那样行事。"对于这句话，当时在场的所有人都不知道该如何翻译，吴忠超也没有明白霍金这句话的意思。后来，吴忠超写了一篇文章，题目是《霍金的杭州之行》，发表在2003年的第5期《科学》杂志上，内容是这样的："我猜想他说的是入乡随俗。"也就是说，霍金当时引用了莎士比亚的名句"在罗马，像罗马人那样行事。"只是霍金淘气地把这句话改成了"在中国，像罗马人那样行事。"由此可见，如果对方不明白霍金的想法，那翻译出来的意思可就是相差甚远了。

之后，霍金一行被安排在了杭州香格里拉酒店。当他们到达酒店的时候，却被眼前的情形惊住了——酒店门口挤满了记者，无数摄像头映入眼帘。这种场面，让伊莱恩担心起霍金的身体，她没有带着霍金走饭店的大门，而是走了饭店的后门，从而顺利躲开了记者，进入了酒店。在香格里拉酒店，霍金住在631房间，那是一间面对西湖的套房，从窗户望去，西湖美景尽收眼底，简直是人间仙境。霍金经常会自己驱动轮椅，来到房间的阳台上，欣赏夕阳下的西湖风光。这个时候的西湖，波光闪闪。面对这这样美景，霍金竟然萌生了去西湖走走的想法。

2002年8月11日下午，记者招待会在香格里拉饭店举行，问题是提前准备好的，一共有8个，霍金自始至终一直面带微笑，流利地回答着记者的问题。准备好的问题回答完以后，是记者自由提问的时间。这时有记者问道："霍金先生，您1985年来过中国，请问，在这17年里您觉得中国发生了什么变化？"当时，霍金的回答是这样的："1985

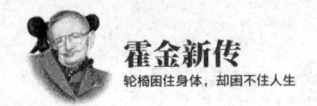

年的时候,中国的大街上全是自行车,而现在,却是交通堵塞了。"一句简单的话,概括了中国的发展,以交通工具的改变,映衬了中国的变化,却也幽默地点出了中国的交通问题。问答环节结束后,赠书仪式开始。由湖南科技出版社向霍金赠送了两本最新出版的且附有插图的精装版图书:《时间简史》和《果壳中的世界》。

8月15日上午,霍金来到浙江大学进行演讲,此次演讲的题目是《膜的新奇世界》。而台下的学生并不全是浙江大学的学子,还有一些上海大学的学子也都慕名而来,整个会场座无虚席,场面非常壮观。他们安静地等待着,等待着霍金的演讲。终于霍金坐着轮椅出现了,他是这样开场的:"我想在这次演讲中描述一个激动人心的新机制,它可能改变我们关于宇宙和存在本身的观点。这个观念是说,我们可能生活在一个更大空间的膜或者面上……"

霍金的演讲打开了学子们的思维之门,让在座的大学生们感受到了一个不一样的宇宙。事实上,他的演讲总是能给人一种神秘的感觉。霍金进一步表示:"膜世界在当下有高度的猜测性,也意味着它会成为热门研究的新课题,在这层猜测性上,它有着可观测、可验证性,这也令研究存在更大的方向性和意义性。在万有引力的层面,也许万有引力非常强大,但由于我们生活的这个范围中的膜的距离原因,万有引力变弱了。若是在我们生存的空间以外,也可以称之为'额外维',当万有引力在那个空间散开,或许就可以在粒子的碰撞之下形成黑洞。但往往形成的都是一些比较小的黑洞,这些黑洞不会吞噬一切东西,黑洞并没有科幻小说中说的那样强大而具有破坏力,它其实'惧怕''霍金辐射'的力量,因为在'霍金辐射'的作用下,这些小黑洞会把自己'吞噬掉',然后消失。膜世界非常神奇,而这也是需要你我去寻找的新奇世界。"

在演讲结束时,霍金说道:"膜世界模型是研究的热门课题,它们是高度猜测性的。但是它们提供了可供观测验证的新行为,它们可

第七章
中国之行：如果不让我去长城，我就就地自杀

以解释万有引力为什么这么弱。在基本理论的基础上，引力也许相当地强大，但是引力在额外维散开意味着，在我们生活其中的膜上的长距离引力变弱了。如果引力在额外维中更强，那么在高能粒子碰撞时形成小黑洞容易得多。这也许在日内瓦建的LHC也就是大型强子碰撞机上可能实现。一个微小的黑洞不会吃掉地球，不像报纸中绘声绘色的恐怖故事那样。相反，黑洞将会在'霍金辐射'的'噗'的一声中消失，而我将得到诺贝尔奖。LHC加油！我们可以发现一个膜的新奇世界。"

演讲结束后，校方领导提出陪同霍金夫妇游览西湖，这正合霍金的心意。从阳台上看西湖和近距离面对西湖，那是两种不同的感觉。在浙江大学丘成桐教授和吴忠超的陪同下，霍金夫妇乘坐画舫开始在水上游览西湖。期间，他们热心地为霍金夫妇指引着方向，不时地介绍西湖上各处有名的景色和关于西湖的神话故事。当看到远处朦胧的断桥时，吴忠超讲起了那个白娘子的传说，霍金的妻子伊莱恩非常喜欢这个化成美丽女人的白蛇，并且感慨道："那个白蛇化作的女人一定很美吧！"

穿过断桥，画廊行至三潭映月，这是西湖的著名风景。这时，吴忠超拿出了一张1元的人民币。霍金夫妇惊奇地发现，这张人民币背面印着的正是眼前见到的这幅景象。这个发现，让霍金瞬时兴奋起来。吴忠超指着湖中那三座石灯对霍金说道："它们的历史比剑桥还要久远。"伊莱恩感叹道："这真了不起！"时间差不多了，画舫在三潭稍停片刻，就转回头向岸边驶去。

下了画舫，霍金一行人又来至河坊街。河坊街上聚满了热情的杭州市民，他们听说霍金先生来到河坊街，想亲眼目睹一下这位传奇人物的风采；期间，一个女孩走过来向霍金献花，并且在霍金的脸上亲吻了一下，在场的人都被女孩的热情感染，纷纷鼓掌喝彩。霍金的脸上再次露出了笑容。霍金的笑容非常令人难忘，就如同初生的婴儿一

般天真无邪。他的学生吴忠超曾经这样解读霍金的表情:"霍金的脸上最常出现两种表情,一种是非常沮丧,另一种是纯真的笑容。这两种表情在霍金的脸上交替出现着,代表了他情绪的起伏,面对身体上禁锢的无奈和精神上的渴望自由,沮丧的表情时常会围绕着霍金,但当天真的笑容浮现在脸上时,一切的阴郁便会一扫而光。"

转眼之间,游览也接近尾声了。霍金来到一家专卖纪念品的小馆,看到了一个鼻烟壶上印着自己的彩色头像,这令他兴奋不已。此次的河坊街之旅,霍金得到的礼物便是这个鼻烟壶。而伊莱恩也得到一套丝绸睡衣。傍晚,众人来到一家名为"钱塘人家"的饭店吃饭,霍金很高兴,连续喝了好几杯米酒。他的兴致很高,在电脑上打出了八个大字:"我能解决M理论了!"之后,霍金又在西湖的小道上欣赏了西湖的美景。霍金非常喜欢这个美丽的城市,西湖的美景更是令他流连忘返。国际数学大会即将召开,霍金乘坐飞机来到了北京。在这次大会上,霍金演讲的题目依然是《膜的新奇世界》。

这就是霍金的第二次中国之行。同1985年的那次一样,这一次,霍金依然是意犹未尽。

第七章
中国之行：如果不让我去长城，我就就地自杀

3. 2006年，第三次来中国

曾经两度访问中国的霍金已经深深爱上了中国。2002年的杭州之行，让霍金爱上了这片美丽的土地，一边品着香茶，一边看着美景，这是霍金最难忘一段记忆。1985年的北京之行，"霍金蒸发"的那段往事依然历历在目。这一次，2006年，超弦国际会议即将在北京召开，霍金受邀参加。6月12日，霍金再次抵达中国。

霍金一行首先来到了香港，在香港科技大学逗留了四天。此次陪同霍金前来的是他的女儿露西，他的妻子伊莱恩没有陪同前来。在香港，霍金的行程安排得很紧，但是依然不忘游览当地的风光。13日，记者见面会上，香港媒体的记者见到了霍金，霍金的演讲和回答媒体的问题都是通过电脑语音合成器来完成的。14日，霍金乘船欣赏香港的夜景，他很喜欢这座充满时尚和活力的城市，并希望以后还能到香港游览。6月15日下午，时任香港特区行政长官曾荫权在礼宾府会见了霍金。之后，霍金又回到香港科技大学，并且进行了一次科普演讲，题目为《宇宙的起源》，因为是科普知识，所以演讲的内容较为通俗易懂。体育馆内座无虚席，足有1800名听众，所有人都热情高涨。

演讲的开篇以一个童话切入，讲的是西方的上帝创造万物的神话故事："根据中非Boshongo人的传说，世界最初只有黑暗、水和伟大的上帝。一天，上帝胃痛发作，呕吐出太阳。太阳灼干了一些水，

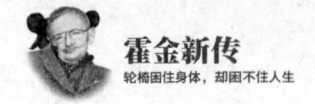

霍金新传
轮椅困住身体，却困不住人生

留下土地。他仍然胃痛不止，又吐出了月亮和星辰，然后吐出了一些动物豹、鳄鱼、乌龟，最后是人。"这次演讲围绕"我们为何在此，又是从何而来？"这一话题展开。按照霍金的理解，人类起源应该不是太久远，这与詹姆·哈特尔的理论有些相似，即宇宙最可能的历史像是泡泡的表面。许多小泡泡出现，然后再消失。这些对应于微小的宇宙，它们膨胀，但在仍然处于微观尺度时再次坍塌。即便可以维持一段时间，也许会衍生出一些星系和恒星，但并不可能出现智慧的生命。也就是说，现在的宇宙就如同一个正在加速膨胀的泡泡，它随时都有可能会坍塌，这就使得科学家们对宇宙的未来担忧起来。

最后霍金还说："尽管我们已经取得了一些伟大成功，并非一切都已解决，但我们观察到，宇宙的膨胀在长期的变缓之后，再次加速。对此理论还不能理解清楚。缺乏这种理解，对宇宙的未来还无法确定。它会继续地无限地膨胀下去吗？暴胀是一个自然定律吗？或者宇宙最终会再次坍缩吗？新的观测结果，理论的进步正迅速涌来。宇宙学是一个非常激动人心的活跃的学科。我们正接近回答这古老的问题：我们为何在此？我们从何而来？"

演讲的最后是记者提问时间。霍金共回答了6个问题，有关于宇宙学的，也有关于霍金生活的。霍金说："有人问，我是地道的英国人，为什么要用美国口音？那是因为，我这个语音合成器在1986年制造，是美国货，所以是美国口音。我一直用它也没有大问题，久而久之就习惯了。如果现在不用，我就要用法国口音的最新产品，那我太太不跟我离婚才怪！"霍金的幽默也使得台下的观众发出一阵阵笑声。霍金一直保持着积极乐观的人生态度，当时有一位记者向霍金问道："有一位年轻的瘫痪病人，他受不了从此失去行动能力的打击，所以希望能够安乐死。您会为您的身体残障而感到沮丧吗？面对生活中的负面情绪，您又是如何克服的呢？"霍金回答道："人有权利左右自己的生死，他也可以自由选择，但死却是一个错误的选择。命运

第七章
中国之行：如果不让我去长城，我就就地自杀

有好有坏，也许自己无法左右命运，但是自己可以创造生命的价值，有生命就会有希望。"他的这些话都是些老生常谈的道理，大家再明白不过了，然而这些话从霍金的嘴里说出来，确实能给人思想上的启迪，这也许就是他的魅力吧。

2006年6月17日，霍金乘坐飞机抵达北京，出席了超弦国际会议。在这里，霍金有两场讲座，题目都是《宇宙的起源》。这时，霍金在中国的影响力逐渐增强，"霍金热"开始席卷全国，使得霍金在人民大会堂上创造了国际之最——人民大会堂会议厅上下两层全都坐满了人，总数超过了6000人。这里不仅有600位科学家、科研工作者和高校学生，还有很多普通市民。在会上演讲的专家学者来自世界各地，霍金被安排在最后一个出场。11点30分，霍金的助手推着他出现在主席台上的那一刻，全场立即爆发出了热烈的掌声，楼上的听众站起身向霍金致意，而一楼的听众们纷纷上前，拿起相机为霍金拍照。会场呈现极度火爆之势。

主持人丘成桐教授连忙上台劝阻，最初他用英语劝说大家回到座位上，可是观众都被霍金吸引住了，完全没有起到任何效果。看台下的观众越来越多，丘成桐教授又用普通话劝阻，再加上工作人员的安排，听众们这才收敛激动的心情，纷纷回到座位上。这期间，霍金到达主席台已经足足10分钟了，他脸上始终带着微笑默默地看着大家。等到全场安静下来之后，霍金用机器合成的声音问道："Can you hear me？"随后，大会堂里响起了听众们齐刷刷的声音："Yes！"之后，霍金的演讲正式开始。在演讲过程中，播放了大量霍金和他的科研团队们精心制作的幻灯片，使演讲的内容更加通俗易懂，让普通的听众也能理解深奥的宇宙理论。

2006年6月21日，霍金在友谊宾馆出席了科技发展公众答询会。在会上，霍金共回答了记者9个问题。这些问题大多是询问霍金对于中国的看法以及关于宇宙的问题。

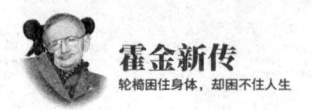

在谈到对中国最感兴趣的是什么时,霍金的回答是:"中国的食物、文化我都感兴趣,还有中国的女性。"

在谈到经济的发展不仅带来了社会繁荣,还造成了环境污染的问题时,霍金的回答是:"全球不断升温是经济发展的结果,如果地球的热化失去控制,地球就会变成第二个金星。那里常年温度都在230摄氏度以上,而且酸雨不断,我们肯定不希望生活在这样一个星球。"

在问到关于宇宙和人类的存在的原因时,霍金的回答是:"宇宙之所以存在,是因为我们提出了一个有关它存在的理论,并且正在努力寻找可以证明这一理论的证据。这就是说,如果这个关于宇宙的理论被证明是不存在的,那么宇宙也就消失了。"

在问到是不是还有什么愿望没有实现时,霍金的回答是:"愿望就像梦想,也可以看作是生活的目标核动力,一个人若是没有梦想,那只能说他只是肉体在活着。"

当有人请霍金描述一下自己时,霍金的回答是:"乐观、浪漫,但有时候顽固不化。"

最后一个问题是由现场听众提出的,是一位来自清华大学的学生,他问道:"2005年,格罗斯教授提出了物理界要解决的25个问题,您认为物理界最重要的问题是什么?"

听到这个问题,霍金陷入了深思,他目不转睛地盯着语音合成器的液晶屏幕,足足思考了8分钟。之后霍金答道:"物理学最重要的问题是如何理解宇宙,理解为什么是这个样子,怎样变成这个样子,这就需要量子理论的条件。"

2006年6月23日,霍金在北京作了最后一场演讲,此次演讲的题目是《宇宙的半径点膨胀模型》。这个课题不是一个普通的课题,有着很强的学术性,面对的人群也是基础物理学界的顶级学者。在这次演讲中,尽管主持人格罗斯教授一再向大家表示,由于霍金教授身体方面的原因,他不能回答听众的问题,但是还是有很多听众问了一些专

第七章
中国之行：如果不让我去长城，我就就地自杀

业性问题。霍金是这样回答的："在宇宙半径点模型中，宇宙的爆炸和膨胀是依靠宇宙所具有的膨胀能量，物质将填充整个空间。"

  第三次中国之行结束了，霍金要离开中国了。丘成桐教授表示，由于霍金的身体原因，这可能是他最后一次到中国来。至此，霍金这位"宇宙之王"的伟岸形象已经深入中国人民的心中。2006年6月24日，霍金一行提前两个小时到达首都机场。当记者问他第三次中国之行的感想时，霍金的嘴角微微上扬，说道："我很喜欢这次中国之行。"接着，护理人员莫妮卡抓着霍金的手同记者握手。中午11点整，飞机起飞，霍金教授带着对中国、对中国人民的不舍，飞往了英国。至此，霍金的三次中国之行结束了。他带给中国人民的不仅有科学知识的普及，还有顽强不屈的"霍金精神"。

第八章

苦乐参半：坚定地站在科学的前端

在人类科学史上，每一个新理论的诞生，都会经历很多磨难，遭到诸多的质疑。面对那些质疑声，霍金表示："什么是让人类独一无二的品质？在我看来，超越极限是我们独有的品质。今天，我们迈出了驶向宇宙的又一大步，因为我们是人类，我们的本质就是飞翔。"他说这句话的目的非常简单，探索勇气是科研工作者必须具备的基本素质，唯有不断探索、不断尝试，一次又一次地超越极限，人类才能不断进步。

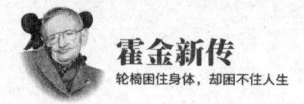

1. 举办派对

身残志坚的霍金在天体物理学中默默奋斗着,他顶住了外界的一切歧视,克服了疾病带给他的痛苦,集中全部的精力,在天体物理学界拼搏奋斗。俗话说,付出必有回报,霍金的勤奋,终于给他带来了丰硕的成果。霍金32岁那一年,入选了皇家学会。这是一件非常荣耀的事情。霍金的第一任妻子简在她的自传《飞向无限》里对当时的情况是这样描写的:"次年春天,年仅32岁的斯蒂芬入选了皇家学会,这是前所未有的。17世纪时,还有12岁就入选皇家学会的例子,但在那个年代,衡量标准是身份地位而非学术功绩。"

当时,在英国,任何一位科学家都希望可以入选皇家学会,成为皇家学会院士。这个荣耀对于英国的科学家们是仅次于荣获诺贝尔奖的荣耀。以往那些能够入选皇家学会的院士都是专家级别的人物,而且还在科学顾问委员会任过职。而霍金当时只是一个博士,而且是个名不见经传的研究员,获得这样的荣耀,的确有些出人意料。霍金本人也很惊喜。那段日子,霍金的心情格外地好,他仿佛看到了自己辉煌的前程。

没过多久,霍金便收到了入选皇家学会的通知,但是距离这个消息被正式对外公布还有一段时间。简决定利用这个时间,筹办一个派对,给霍金一个惊喜。简的这个主意的确会给霍金带来惊喜,他是一

第八章
苦乐参半：坚定地站在科学的前端

个非常喜欢热闹的人。在举办派对之前，简和霍金先宴请了家里的亲人，包括霍金的家人和简的家人。一家人齐聚在霍金和简的家里，吃自助餐，那一次，他们喝的是1945年生产的"古堡拉菲特"葡萄酒。这种酒是凯斯学院专门提供给学院研究员开派对用的，价格也很贵，一瓶酒标价是45先令。因为霍金家里只有两瓶这种酒，所以每个人只能少少地品尝一口。这次宴会的目的很简单，霍金的身体一直不好，付出最多的除了简，就是他们的家人。因此，在这种喜悦的时刻，他们最想与之分享喜悦的人就是自己的亲人。

1974年3月22日，那是一个难忘的夜晚，简在凯斯学院的会客厅里为霍金举办了一场规模不小的派对。她邀请了家人、朋友和霍金的同学、同事、师长和学生们，总而言之，只要霍金和简认识的人，全部都在邀请之列。高贵典雅的会客厅内，霍金的学生推着坐在轮椅上的霍金走了进来，在场所有的人一拥而上，纷纷向他道喜。霍金被这个意外的惊喜惊呆了。他非常开心，和在场的所有人打招呼，就像一个刚刚从战场上凯旋而归的战士。那一天，简和孩子们也很开心，尤其是霍金的两个孩子，他们像两只欢呼的小麻雀，在会场里蹦来蹦去、跑来跑去，简直都快玩疯了。

正在这时，一位大学教授走上台去，将霍金这些年来在科学方面取得的成就一一讲给大家听，然后他对霍金说道："斯蒂芬，如果你不能得到皇家学会这个荣誉，那么你在科学方面取得的成就也能让你对未来的生活充满信心。"听了这个教授的话，大家纷纷向霍金投来了钦佩的目光。那一夜，霍金是整个派对的明星，他是那样的光彩四射。一旁的简默默地注视着丈夫，仿佛注视着一个大英雄。孩子们也觉得自己的父亲是个了不起的人，虽然他不能自由地行走，不能陪着他们做游戏，不能陪他们游泳，不能随时拥抱他们。

派对进展到顶峰的时候，该霍金上台发表讲话了。因为这个派对是简给霍金的惊喜，所以霍金事先并不知情，因而也没有任何准备。

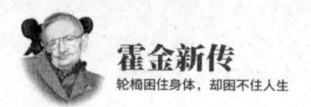

他有些羞涩地来到台上,用微弱的声音,和在场的每一位讲述着自己的心里话。他讲得非常慢,生怕别人听不懂他的话。从牛津三年到剑桥十年,霍金侃侃而谈。最后,他感谢了丹尼斯·夏玛先生对他的支持和启发,感谢朋友们对他的帮助,感谢在场所有的人能在百忙之中来参加他的派对。

可是,霍金忘记感谢简了,又或许他觉得简是自己最亲密的人,无需说感谢。可是简并不这么想,对丈夫的发言,简感到有些失落。她特别希望霍金可以提到她,提到她在婚后的付出。因为那样,她至少可以知道在霍金的心里,对她是感恩的。可是霍金自始至终都没有提到她,甚至连看她一眼都没有。简站在人群中,悄悄地拭去眼角的泪。在这个喜悦的时刻,简不想让任何不开心的事情出现。

派对结束后,霍金和简开开心心地送走了每一位客人。之后他们回到了自己的家里,简并没有向霍金说些什么,霍金也根本没有注意到简的情绪变化,孩子们还沉浸在刚刚的喜悦中。霍金要求简把自己推到书房,他还有很多很多的事情没有做完。简强忍着心里的失落情绪,将霍金送进了书房。事实上,她非常想发火,她想大声质问自己的丈夫:在他的心里,到底有没有自己的位置?一直以来,她的付出,在他的眼里到底算什么?可是,简没有这样做,她不忍心在霍金最开心、最喜悦的时候,泼上一盆冷水。

那一夜,霍金有些失眠,他的大脑里不停地闪现出各种方程和公式。而他并不知道,那一夜简也失眠了。她觉得自己在别人的眼里,就是一个没有工作,没有事业,又不是科学天才的家庭主妇,没有人在意她,包括自己的丈夫,可是她又有什么办法呢?她需要照顾霍金和孩子,还要陪着霍金参加各种活动,根本就没有属于自己的空间和时间。简很痛苦,她陷入了对自己人生的沉思。

其实,在霍金的心里是感谢简的,只是他觉得没有必要说出来。霍金是一个不平凡的科学家,他的时间和全部的精力都献给了科学事

第八章
苦乐参半：坚定地站在科学的前端

业。因而，在他的眼里和心里，对除了科学之外的其他任何事物的关注度都不够。这是他的优势，同时也是他的劣势。优势是：霍金在科学之路上越走越远；劣势是：这导致了霍金日后很长一段时间里陷入了孤独。这真应了那句极富哲理的话：凡事有得必有失，苦乐参半吧。

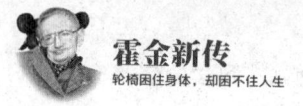

2. 成名之后

　　霍金的思想总是那样地与众不同。其实并不是霍金故意处处彰显自己的特殊，而是他总是能想到别人想不到的东西。为此，他得罪了很多人。

　　这一天，剑桥大学凯斯学院的相关人员通知霍金，如果他还想继续留在剑桥大学，那么不要四处乱说，而是要老老实实地呆在剑桥做研究。而简的一位好朋友也告诉她，在一次聚会上，无意间听到一位剑桥的资深研究员说："你想知道斯蒂芬教授未来在剑桥的命运吗？如果他想继续留在剑桥做研究，那就做好他的本职工作，不要整天发表一些奇谈怪论，不要说什么黑洞并不像它们看上去的那么黑。如果他不本分做研究工作，那就要离开剑桥。"当时，霍金一家的衣食住行全靠剑桥发的工资和奖金维持。了解到这样糟糕的消息，简和霍金都感到有些不妙。

　　简向霍金投去了询问的眼神，或许简是希望霍金可以按照剑桥方面的要求行事，这样至少可以保障他们一家目前的安稳生活。毕竟霍金的身体情况特殊，除了剑桥大学，可能没有任何一家学院愿意聘请他。如果真是那样，那么他们一家的生活该怎么办呢？可是，简了解霍金的性格，他一直都是独来独往，只要他认为是对的事情，从来不会向任何势力屈服；就像他不肯向病魔屈服一样，他总是那么固执。

第八章
苦乐参半：坚定地站在科学的前端

因此，简不敢直接代替霍金做决定。

霍金接到通知之后，久久没有说话。事实上，简能考虑到的情况，霍金一样也会想到。但是正如简所想的，霍金天生就是一个犟种，他并没有觉得自己做错了什么，因此他也不会按照剑桥方面的要求作出改变。

霍金依然我行我素，在任何场合里，说自己想说的话，做自己想做的事情。或许剑桥大学方面，觉得霍金过于桀骜不驯的行为是在挑战校方，于是他们给了霍金一个严重的警告。他们取消了霍金选带学生的资格。这就意味着，很多科学研究的基础工作没有人协助，需要霍金自己亲自完成。不仅如此，不带学生，霍金的奖金和工资都会有所减少。这让原本就不富裕的家庭显得有些紧张。是的，霍金很需要钱，他的孩子需要养活，他的身体需要治疗。也许在普通人家里，没有钱，可以节俭一些，勉强度日。可是，在霍金家，没有钱，他们的生活马上就会陷入死地。

那段时间里，霍金和简生活得非常压抑和辛苦，他们仿佛掉进了黑洞里，看不到任何的希望。尽管如此，霍金也从未想过屈服，他觉得科学就是要实事求是，既然自己想到了，就必须告诉所有的人，即使他们觉得荒唐。对于霍金的坚持，简是钦佩的，至少霍金有坚持的勇气。事实上，霍金是个非常幸运的人。在那段黑暗的岁月里，简和他同心同德、不离不弃，因为简的支持和家人的帮助，霍金一家倒也没有陷入死地。

世界上的任何角落，从来不缺那些墙头草。剑桥大学对霍金表现出的不友好，很快便起了连锁反应。有一些人，原本和霍金关系还不错，见到这种情况，也开始刻意疏远霍金，甚至连在路上碰巧碰见，也故意装作和别人讲话，来避开和霍金打招呼。简对此非常气愤。这是简第一次见识到同事之间的尔虞我诈，她意识到真的有很多人不希望霍金获得成功，他们或许是因为嫉妒霍金的才华吧。

那段时间，霍金将一篇学术论文寄给《自然》杂志。由于《自然》杂志的审阅方刚巧是霍金的死敌，霍金的这篇学术论文生生被驳了回来。霍金知道后很生气，他向《自然》杂志提出要求，要求必须由独立的专家审阅。虽然，这件事情费了一些周折，但是很快，霍金的这篇论文在杂志上发表了，并且引起了很大的反响。后来，霍金入选了皇家学会。

一周以后，霍金收到了美国加州理工学院的邀请函，邀请霍金担任访问学者，待遇非常优厚，一份相当不错的工资，一幢宽敞舒适的大房子，还有一辆豪华私家车和电动轮椅，霍金的两个孩子可以免费上加州小学。除此之外，霍金的两名学生也一并被邀请，可以跟随霍金一起赶赴美国。

受到美国加州理工学院的重视，让剑桥大学不得不重新审视霍金的价值。这一次，他们看到了霍金异样的光泽，他们似乎预感到了一位伟大的科学家即将诞生。于是，剑桥大学再一次向霍金抛出了橄榄枝。而那些曾经嫌弃过霍金的同事们，再一次恢复了"霍金朋友"的身份，甚至一些人还专门以此为噱头，提升自己的影响力。对此，霍金只是耸了耸肩，表示了一丝不屑。剑桥大学似乎是为了弥补之前对霍金的不友善，于是给了霍金很多的特权，他们允许霍金自己挑选学生，提高了霍金的工资和奖金，并为霍金安排了专门的医护队。只是，倔强的霍金拒绝任何人接近自己，他的生活起居只让简负责——他就是这样一个害羞的男孩。而简似乎并没有因为这个"殊荣"而感到开心，她给霍金戴上了"顽固"的帽子，之后便开始了更为贴心的照顾。

霍金的坚持，终于为自己赢得了锦绣前程。事实上，霍金在捍卫科学真理的时候，并没有想到自己会胜利，他想到最多的反而是自己会声名狼藉地离开剑桥。是他与生俱来的对科学事业的忠诚，让他选择了义无反顾地坚持。幸运的是，霍金最终胜利了，他再一次体会到了苦乐参半的复杂感受。世事就是这样，没有永恒的苦难，也没有永恒的幸福，祸福相依，苦尽才能甘来。

第八章
苦乐参半：坚定地站在科学的前端

3. 加州理工之行

收到美国加州理工学院的邀请函时，简和霍金都认为他们的生活需要做出一些变动，因为变动可以让这个家庭拥有更多的机会和生机，并且能开阔眼界，让孩子们得到去美国加州学习的机会。这对孩子们的成长是非常有利的，对霍金日后的发展也是一次机会。因为那个时候，霍金在剑桥大学遇到前所未有的危机。

美国加州理工学院，位于加利福尼亚州的帕萨蒂纳，建立于1891年，是一所知名的私立大学。在校的学生不算很多，在校的本科生有900多名，研究生有1000多名。这所私立大学是全世界最顶尖级的理工类学院，其中有31人曾获32次诺贝尔奖，是一个理工天才齐聚的地方。

霍金被这样一所大学邀请，自然也是神往的。在此之前，霍金和简从来没有乘坐过飞机。这一次，他们需要乘坐飞机抵达美国，这让简感到有些恐惧。然而，简知道她必须要面对飞机恐惧症，因为她还要照顾好两个年幼的孩子。除此之外，简的心里还埋藏着一个更大的恐惧，那就是这次去美国，她要独自照顾霍金还要照顾两个孩子。以往在英国，生活中遇到任何困难，她都可以求助父母和朋友。可是在美国，她没有任何朋友，等同于孤身一人，万一她生病了，万一生活中出现她应付不了的困难，那时该怎么办？谁来照顾霍金和年幼的孩

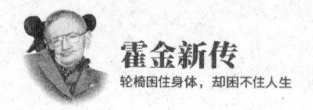

子？面对着这些困难，简忽然想到了一个解决的方法——邀请霍金的学生们一起去加利福尼亚州，并且让学生和他们一家住在一起。这样一来，所有的问题便迎刃而解了。

难题有了解决之法，简感觉心情舒畅多了。可是，当简把这个想法告诉霍金时，霍金却拒绝了。霍金就是这样固执，不愿意让别人过多地接触自己的私生活。简非常理解他，可是现实摆在眼前，他们一家想要去加州理工学院，就必须带着这些学生，否则，单靠简一个人绝对应付不来。学生们的帮助对霍金来说，是不可缺少的。霍金经过仔细考虑后，也只有同意了让学生来照顾自己，因为他明白能不能去加州，取决于他是否能找到照顾自己的人。事实上，这时简能敞开心扉说出她的难处，霍金知道自己应该体谅并尽力替她解决。就这样，霍金一家带着霍金的两个学生伯纳德·卡尔和彼得·德阿瑟，一行六人怀着对未来的美好憧憬，飞往了美国洛杉矶。

初到美国的霍金一家，受到了资深学者的热情招待。他们为霍金的到来举办了欢迎派对。参加派对的都是居住在美国的英国人，其中有一位名叫玛丽·卢的女士主动和霍金夫妇打招呼。在交谈的过程中，玛丽的脸上一直挂着灿烂的笑容，没有丝毫的陌生感，仿佛是霍金一家多年的老朋友。然而此时，霍金和家人才刚刚来到美国，不到一个星期。对他们而言，对于这种直接的交流方式还很不适应。

相比于美国友人对他们的友好态度，之前剑桥大学凯斯学院的同事们则逊色太多了。以前就有一位剑桥的厨房主管对霍金夫妇抱怨过：每次学院里举行宴会，让他们最发愁的就是给霍金夫妇安排座位，因为所有人都不愿意和霍金夫妇坐在一起用餐。这位厨师主管说的是实情，由于霍金的恶疾，还有他直截了当的性格，剑桥大学的所有同事都对他们避而远之。当年在剑桥，霍金夫妇足足花费了十年的时间才让大家认识他们。也许是因为刚刚从一个阴暗潮湿的地方，来到美国这片温暖的土地上，也许是因为在这里，他们受到了前所未有

第八章
苦乐参半：坚定地站在科学的前端

的欢迎和尊重，总之，简非常开心，也很兴奋。在给她父母的一封信中，简是这样表达自己此刻的心情的："亲爱的爸爸妈妈，一切都太令人兴奋了！飞行时间很长，但是和上一次飞越北极之行相比要顺利得多……飞机在英国时间凌晨两点降落，我们顿时精神一振，睁大眼睛看着眼前陌生而新奇的一切。"

然而，惊喜还远非这些，当霍金夫妇到达了他们位于加利福尼亚州的家时，简被眼前的这幢漂亮的房子惊呆了：这幢房子是那么地漂亮，特别是在阳光下，太阳光照射在窗子上，闪烁着灿烂的光芒。房子很大，单单是卫生间就有好几个，家具是崭新的，所有日用品，甚至包括毛巾和水杯都应有尽有。最重要的是，这幢房子离霍金的办公室很近，距离孩子们的学校也非常近，这简直是太便利了。简非常满意美国加州理工学院的安排。而霍金此时可能没有时间关注这些，他正在摆弄他的电动轮椅。这个礼物简直是太合乎他的心意了，霍金要立即学会如何操控它，然后以最快的速度自由地行动。

安顿下来之后，简和霍金决定到房子的四周看看。他们惊奇地发现：这幢房子还有一个花园。几位园丁在整理草坪，给草坪浇水，看到霍金夫妇过来，都礼貌地打了招呼。霍金发现，在这里，浇灌采用的都是地下灌溉系统，完全不需要使用喷水壶。这样的居住条件，这样美丽的田园景色，霍金和简在英国是想都不敢想的。

在美国的加州，霍金一家都过得非常开心。简的父亲退休了，他们来到了加利福尼亚州，和霍金他们一起住了几天。父母的到来，让简在加州的日子分外开心。那段时间霍金夫妇很忙碌，忙着接待客人。这些客人基本上都是霍金的学生和仰慕者。简最大的收获就是终于能得心应手地驾驶汽车了。更有意思的是，她的大儿子，年仅七岁的罗伯特竟然成了优秀的指挥员，在简开车的时候，他能拿着地图，准确地指挥简该怎么走。

霍金的两个孩子在这里也过得非常开心。孩子们在帕萨迪纳第

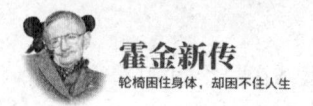

一天上学时，简很担心孩子们能否适应学校的生活。忐忑了一上午，终于到了接孩子放学的时间，简迫不及待地赶到学校。所有接孩子的家长们都开着私家车来到学校，他们将车停在门口，然后排成了队，等待学校的门卫一个一个地叫孩子的名字。终于轮到简接露西了，简把露西的名字告诉了门卫，门卫手拿喇叭冲着学校里高声喊道"露西"，没有人回应。门卫又接连喊了好几遍，还是没有人回应。这个时候，简有些担心了，她的大脑在那一瞬间出现了很多奇怪的坏想法，如绑架、走失、因为不喜欢陌生环境而藏了起来等等。学校门口的家长也开始议论起来。老师和院长被吓坏了，开始在学校内到处寻找露西。就在大家陷入一片惊慌失措时，露西从学校里走了出来。原来她在学校里吃完午饭后，就去操场上玩耍了，因为玩得太开心，竟然忘了时间。

霍金在这里也过得很开心，他很喜欢现在的生活：办公室里有空调，学院和家里都有斜坡，他能自己操纵轮椅自由进出，不再用别人抬着他上那些讨厌的台阶。霍金终于找回了久违的独立感。除了这些，在这里，霍金还配有秘书和一位理疗师，专门负责照料他的工作和起居。

在美国加州理工学院，简过上了自己喜欢的生活，孩子们过得非常开心，霍金也感受到了前所未有的尊重，所有人都非常喜欢在加州的生活。

第八章
苦乐参半：坚定地站在科学的前端

4. 加州趣事

在美国加州，霍金和简第一次拥有一台彩色电视机。之前，他们在英国的家里只有一台黑白电视机，而且还是旧的，只能收看到一两个台。后来，这台破旧的黑白电视机就频频出现故障，连看都不能看。那个时候，霍金的两个孩子经常会为了看精彩的电视节目而跑到邻居家里，因为邻居家的电视机能收看到更多的电视节目。去的次数多了，邻居们总会找各种理由赶他们出来。

有一次，霍金的儿子罗伯特刚刚与邻居家的小男孩发生矛盾，为了能够欣赏到精彩的电视节目，他不得不硬着头皮来到邻居家里。当时，邻居一家正在津津有味地欣赏着电视节目，看到罗伯特走了进来，那个和他发生矛盾的小男孩直接把他撵了出来。而整个过程，那个小男孩的父母都在场，却并没有阻止自己孩子的行为。简知道这件事情后，非常生气，心情低落的简并没有去痛斥邻居家不礼貌的行为，而是告诉自己的孩子以后再也不要做这种没有骨气的事情了。

现在家里有了彩色电视机，霍金和简一起看了很多电视节目，例如《楼上楼下》《人类的攀升》等等。尤其是《人类的攀升》，霍金几乎是每集必看。当他听到自己被教廷学院授予庇护十一世奖章时，刚好看到伽利略被梵蒂冈审讯并被判终身监禁的那一集。为此，愤怒的霍金甚至想要拒绝该奖章。但是，当霍金恢复理智之后，不得不承认后来的梵蒂冈已经改变了对伽利略先生的偏见。于是，霍金最终决定接受这个奖章。他先从美国飞往英国，与他的父母相会，然后在他们的陪同下去了罗马接受奖章。

霍金在访问梵蒂冈的时候，依然对当时它对伽利略先生进行审讯的那一幕印象深刻，他坚持要看一下在梵蒂冈的图书馆中有关审讯伽利略的记载。之后，在授奖典礼上，教皇保罗六世跪在霍金身旁，这个举动让霍金有些不习惯。典礼之后，霍金见到了量子论的奠基者之一保罗·狄拉克。因为他在剑桥任教授时，霍金对量子领域不感兴趣，所以没有和他说过话。他告诉霍金，他原先建议将奖章授予另一位候选者，但最后还是认为霍金更适合。

那时候，加州理工学院物理系有两位获得诺贝尔奖的科学家，分别是理查德·费恩曼和默里·盖尔曼，他们之间存在着激烈的竞争。在盖尔曼的一次每周研究班上，盖尔曼刚开口说"我只不过要重复去年曾经做过的讲演"，费恩曼立刻站起来走了。令人意外的是，等到费恩曼离开后，盖尔曼接着说道："现在费恩曼离开了，我可以讲我想要讲的东西。"这是粒子物理激动人心的时期。在斯坦福刚发现了新的"粲"粒子，而这一发现有助于证实质子和中子由三种更基本的叫做夸克的粒子组成的盖尔曼理论。

霍金在加州理工学院做研究的时候，还有一次失败的经历。那时霍金和索恩打赌："天鹅座X-1双星系统不包括一颗黑洞。"关于这次打赌的事情，霍金在《我的简史》中写得非常详细："天鹅座X-1是一个X射线源，其中的一颗正常恒星正失去它的外层并落到一颗看不见的紧致伴星上去。随着物质朝着伴星落去，它发展出一种螺旋运动并变得非常热，而发射出X射线。"事实上，霍金希望自己在这个赌约上输了，因为很简单，霍金对黑洞研究投注了巨大的智力投资。之所以下注在"天鹅座X-1双星系统不包括一颗黑洞"上面，只是希望一旦它们被证明不存在，霍金至少还可以赢得《私家侦探》杂志4年的订阅作为

第八章
苦乐参半：坚定地站在科学的前端

安慰。相反，如果是霍金的同事赢了，霍金需要给对方订购的一年的《阁楼》杂志。

最后，霍金输了，于是他给同事订了一年的《阁楼》杂志。令霍金没有想到的是，之后索恩便日日沉浸在这本杂志中里，严重忽略了家中的妻子。为此，他的妻子非常不悦。

在加利福尼亚，霍金和加州理工学院的一位研究生唐·佩奇一起从事研究工作，研究霍金预言过的从黑洞来的辐射能不能被观察到。唐是在阿拉斯加的一个乡村出生并长大的，他的父母是学校教员，他们三人是那里仅有的非因纽特人。唐·佩奇是一位忠实的福音派基督徒，在和霍金一起工作的那段时间里，他一直锲而不舍地坚持让霍金皈依。唐采用的攻击手段是：在早餐时给霍金念圣经的故事。而每一次，霍金都会告诉他：早在马略卡的时代起，他就已经通晓圣经了，那个时候，霍金的父亲经常给他念圣经。尽管如此，倔强的唐依然坚持每天给霍金读圣经故事。对于他的固执，霍金有些哭笑不得，只得频频赞扬他持之以恒的精神。

同年12月，霍金带着他的研究团队去了达拉斯，简没有随行，她要留在家里照顾年幼的孩子。一天晚上，简和孩子们正在酣睡。忽然，简感到了一阵剧烈的摇晃。她从睡梦中惊醒，看着不停摇晃的房间，她的大脑陷入了一片空白。过了一会儿，简意识到了是地震。当时，当"地震"这个词在简的脑海里闪过时，她非常害怕。一时间，简的身体竟然有些不听使唤了。但是很快，母亲的本性激发了简的潜能力，她立刻爬了起来，几个健步就冲到了楼上。简的想法很简单，就是要抱起自己的孩子迅速逃离这个危险的地方，跑到外面的空地上，那里没有建筑物。然而就在简刚要抱起孩子的时候，震动忽然停止了，一切都恢复了平静。孩子们并没有被惊醒，依旧在甜甜地睡着。"难道刚刚发生的一切是自己做的一场梦？"简自言自语道，她有些糊涂了。于是简回到了自己的房间。没想到，简回到自己的房间

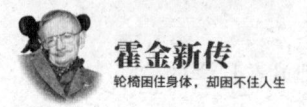

刚刚躺下,房间再一次摇晃起来,似乎这一次的震动比上一次更厉害了。"这不是梦,真的是地震。"简瞬间清醒了,她再一次起身,飞一样地冲上楼去。结果就在这时,一切又恢复了平静。简呆呆地站在原地,忍不住想笑。以至于后来,简每每想到那个让她频频冲刺的夜晚,总是有种哭笑不得的感觉。

很快,圣诞节到了,简和父母在加州团聚,霍金也赶回了加州,还有霍金的妹妹菲利帕也来到了加州。他们齐聚在加州的这所大房子里,开圣诞派对,一直玩到了凌晨两点,所有人才意犹未尽地回到房间休息。

从这些趣事可以看出,霍金一家在加州过得真是非常开心。在那里,他们感受到了轻松和愉快,他们得到了应有的尊重,周围再也没有异样的眼光了。这段时光,也许是霍金生病之后,霍金一家最愉快的时光。后来,因为一些原因,霍金再一次回到剑桥大学,可是他依然会时不时地怀念在加州理工学院生活的那段岁月。

第八章
苦乐参半：坚定地站在科学的前端

5. 启动"突破射星"计划

"突破射星"计划是霍金在2016年4月宣布的一项探索计划，这项计划他联合互联网投资人尤里·米尔纳一同实施，启动资金达1亿美元。

2016年4月13日上午8点8分，霍金发布微博宣布了他的"突破射星"计划。在微博中，霍金先生是这样写的：

"我在纽约向中国的各位朋友们问好！在纽约城的一号楼观景台，我和尤里·米尔纳启动了'突破射星'计划（Breakthrough Starshot），马克·扎克伯格也加入了该计划的董事会，为'突破射星'计划贡献自己的力量。

"在一代人的时间内，'突破射星'旨在研发出一台'纳米飞行器'——一台质量为克级的自动化太空探测器——并且通过光束把它的飞行速度提升至1/5的光速。如果我们的这项计划能够成功，那么这个太空探测器将会在发射后20年左右到达半人马座阿尔法星系，并发送回来在那个星系中发现的行星的图片。

"爱因斯坦曾经幻想在宇宙中乘着一道光线飞驰，这个思想实验为他的狭义相对论奠定了基础。一个多世纪后，我们有机会可以达到光速的一小部分：1亿英里每小时。只有通过这么快的速度，我们才有希望在人类的时间尺度内到达那些恒星。

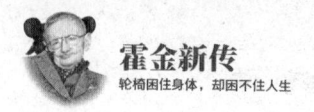

"这个项目耗资巨大,我雄心勃勃地希望探索人类创新和工程学的极限,能参与这样的项目,非常令人兴奋。"

"突破射星"计划是个伟大的计划,其目的是为了让人类进一步了解我们所生活的宇宙。它的目标是开发无数个像邮票一样大小的纳米飞行器,它们是一种质量超轻,以克为单位的自动化太空探测器。然后,这些纳米飞行器会飞向离地球最近的星系,并且将它们所经过的星系的照片定期向地球发回。"突破射星"计划的目标星系是距离地球4.3光年的半人马座阿尔法星系。如果"突破射星"计划能够获得成功,那么半人马座阿尔法星系的原貌图将会通过纳米飞行器拍摄的照片传回给人类,科学家们就能从中获知半人马座的阿尔法星系是否存在着和地球一样的类地行星和外星生命体。

霍金指出,关于"突破射星"计划的关键就是要纳米飞行器的研究。这种飞行器与其他的宇宙飞船不同,它所要求达到的速度是光速的20%,远远高于当前的太空飞船。当然,目前人类还不具备创造它们的技术手段,但是这项计划的开发尚且还需要几年的准备时间。

事实上,早在"突破射星"计划之前,霍金就曾提出过"突破聆听"计划。这是一个历时10年,由霍金启动,由俄罗斯亿万富翁尤里·米尔纳全额出资进行的大规模的外星生命搜索行动。这项计划的最终目的是为了探索除了地球之外的其他星球上是否存在着生命迹象。

"突破聆听"计划,主要通过无线电和光学技术,对整个银河系以及银河系周边的100个星系进行细致搜索,找寻外星生命的迹象。这项计划于2015年被提出,于2016年正式启动,同样耗资1亿美元,项目采用了世界上最先进的望远镜,如美国西弗吉尼亚州的绿岸望远镜(Green Bank Telescope)和澳大利亚新南威尔斯州的帕克斯望远镜(Parkes Telescope)。通过这些世界顶端的高科技工具观察宇宙,从而捕捉任何可能出现的无线电波和激光信号。

第八章
苦乐参半：坚定地站在科学的前端

目前，"突破聆听"计划已经接收到来自100万个星体传来的信号。然而接收信号，只能作为一种推测，毕竟没有人亲眼所见。于是，在"突破聆听"计划之后，霍金又提出"突破射星"计划，这个计划弥补了"突破聆听"计划"只能听见不能看见"的缺陷。这个计划一旦取得成功，无论是对科学家而言还是对普通人而言，都是一件值得期待的事情。

"突破射星"计划的第一步就是研发"纳米飞行器"。这个飞行器不仅要在速度上达到光速的20%，还要具备摄影摄像装置、导航通信装置、光子推进装置以及动力系统，而这些装置都必须浓缩在一个很小的晶片当中。目前，解决这些问题尚且需要一段时间。纳米飞行器的发射原理是通过火箭发射进入地球轨道，然后利用光帆让激光为其加速，从而达到所要求的速度值。之后，这些纳米发现器会在一两天之内向地球返回一次信息。

计划是美好，也具有一定的可行性，可还是有很多人对于霍金的"突破射星"计划表示质疑。他们认为霍金提出这样一个耗时耗资的计划，只是一个空想，获得成功的可能性极低。

我国航天科工二院的研究员杨光宇认为，霍金教授的"突破射星"计划在工程上的可行性非常小。他认为，只有几克质量的纳米飞行器加速到光速的20%，即使是在太空当中，也至少需要相当于400吨重的TNT炸药的能量。根据目前的科学技术手段，这是根本行不通的，没有一个工程师能够做到。除此之外，在接收信息方面也存在着无法跨越的困难。地球距离半人马座阿尔法星4.3光年，如此遥远的距离，人类如何能够收到纳米飞行器发回来的信号。

《国际太空》杂志主编庞之浩先生，也认为霍金的"突破射星"计划不可行。庞之浩表示，从理论上来讲，利用太阳帆的原理，通过地面的激光相控阵产生的激光束给太空中的纳米飞行器来进行光压加速是可行的。但是纳米飞行器只有邮票那么大，而且是在太空当中，那么小的东西距离又那么远,激光束去追踪就非常困难,更不要说在纳米飞行器飞行的状态下给它的光帆上施加光压让它加速了。这些问题,以人类现在的科学水平是根本解决不了的。

除此之外,纳米飞行器,一个只有邮票大小的物体,在太空中飞行,极有可能会撞上细小的星尘,如此一来纳米飞行器就会减速。一旦纳米飞行器减速,它就无法顺利抵达目的地。徐仁新说:"即便一部分纳米飞行器可以抵达半人马座阿尔法星,它们也不能传送任何数据回地球,因为它们的天线太小了。"

如此看来,无论从工程制作、能量方面、动力方面,还是信息传输等方面,"突破射星"计划都备受质疑。

对此,"突破射星"计划的联合赞助人,哈佛大学天体物理中心主席阿维·勒布这样表示:"霍金的'突破射星'计划看起来的确野心勃勃,虽然有人对此表示怀疑,但是这项计划目前为止并没有任何背离基本科学原理的地方。"

在天体物理学界,每一个新理论的诞生,都会经历很多磨难,遭到诸多的质疑。面对那些质疑声,霍金表示:"什么是让人类独一无二的品质?在我看来,超越极限是我们独有的品质。今天,我们迈出了驶向宇宙的又一大步,因为我们是人类,我们的本质就是飞翔。"他说这句话的目的非常简单,探索的勇气是人类与生俱来的,唯有不断探索、不断尝试,一次又一次地超越极限,人类才能不断进步。

事实上,不光是"突破射星"计划,其他任何一项科研成果被证实的过程也是如此,都需要经受得住质疑、经受得住推敲。俗话说"实践出真知",随着人类的进步,随着人类一次次的尝试,终有一天,"突破射星"计划会被人们接受。然而在此之前,任何一位科学家,包括像霍金教授一样的物理学天才,都需要接受压力。

第九章

时间简史：探索时间和空间的奥秘

  《时间简史》是一部讲述宇宙物理学知识的通俗化科普读本。它的作者是斯蒂芬·威廉·霍金。这本书一经出版，便创造了图书界的销售神话，它在世界各地的书店里被一抢而空，销售量高达1000多万册。由于它的畅销，霍金瞬间成了大富翁，世界级的名人，粉丝成千上万。然而在鲜花和掌声的背后，那些容易被人们忽略掉的痛苦和汗水却记录了霍金的付出和无奈。

  在这部书中，霍金向人们讲述了相对论、奇点、大爆炸、时间、虫洞、黑洞以及宇宙的起源等天文物理学知识。它向世人展示出了神秘宇宙的一角，给普通大众以启发和思索，让人们从懵懂中醒来，开始追寻和探求更多的宇宙奥秘。

霍金新传
轮椅困住身体,却困不住人生

1. 非小说类畅销书:《时间简史》

1982年,霍金40岁了。进入中年的霍金渴望成功,渴望给家人更好的生活。那个时候,霍金已经有了3个孩子,女儿露西都已经12岁了。霍金第一次产生了写一本关于宇宙知识的著作。写书的主要目的是为了普及宇宙知识,让人们了解现有的宇宙知识,同时还有另一个目的就是为女儿攒一点学费。回首往事,霍金在他的回忆录《我的简史》里这样写道:"我第一次想起写一本关于宇宙的普及著作是在1982年。我的部分目的是为女儿攒一点学费(事实上,到这本书实际出版的时候,她已经在中学上最后一个学年了)。但是,写这本书的主要动机,是想解释我们已经在何等程度上理解了宇宙:我们一直在寻找能描述宇宙和其中万物的一个完备理论,现在离这个目标是多么接近了。"

霍金以前写的专业书一向由剑桥大学出版社出版。那家出版社做得很好,但霍金觉得它面对的读者不是普通大众。因此,霍金接触到一位名叫阿尔·朱克曼的文学著作代理人,那是霍金的一位同事的亲戚介绍给他的。霍金给了他第一章的初稿,并且解释道:"我希望它成为在机场书店就能买到的那类书。"但是他明确地告诉霍金:"这绝不可能,它也许在学术界和学生中销售良好,但是像这样的一本书,绝不可能进入杰弗里·阿彻的领地。"

第九章
时间简史：探索时间和空间的奥秘

事实上，在写这本书之前，剑桥大学出版社的密顿先生曾经找过霍金。他们在一起谈论了关于这本书的具体细节。霍金告诉密顿：他想写一本关于宇宙学的通俗读物。听了霍金的话，密顿想起，在他与霍金刚刚相识的那一年，他就想请霍金写一本通俗的宇宙学图书，这本书的定位是给普通读者的，让非专业的读者也能了解宇宙，了解黑洞和虫洞的知识。不过，那个时候霍金没有同意。现在，霍金主动提出想写一本这样的科普书籍，这让密顿很兴奋。

作为剑桥大学的教授，霍金写新书，自然会首先想到要与剑桥大学出版社合作。剑桥大学出版社自然也是一个非常不错的出版机构。密顿相信，霍金写出的科普图书一定会拥有很多读者。一切进展得都很顺利，只是在讨论出版这本书的会上，霍金对密顿和其他人开口要了很高的稿酬，因为那个时候霍金真的非常需要钱，他身体残疾需要很多的护理费，三个孩子上学也需要一大笔学费，况且，霍金想趁着他还活着，多给简和孩子们积攒一些钱。密顿先生对此表示了理解，他和霍金是多年的合作伙伴，对霍金的情况也是非常清楚，但是他还说了另外一番话，他表示，霍金之所以选择剑桥大学出版社，还有一个重要的原因那就是对剑桥大学的忠诚。他认为霍金是个有影响力的专家，而且一直在为剑桥大学勤恳地工作，以他的知名度和影响力，不管他去哪个大学工作，都会得到很高的薪水，比如美国某个大学邀请他去工作开出的薪水就相当高，比他在剑桥大学的收入高出好多倍，但是，他还是选择留在剑桥大学做研究，这就证明，他对剑桥大学是忠诚的。

很多事情就是这么巧，就在霍金即将与剑桥大学出版社签约的时候，他认识了朱克曼。朱克曼的出现，给了霍金更多的选择机会。1984年，霍金把写完的书稿交给朱克曼，朱克曼把书稿发给了几个出版商，美国的一家名叫诺顿的图书公司很有名气，朱克曼希望霍金能让诺顿出版他的书。遗憾的是，诺顿给出的图书的稿酬，霍金并不能

接受。这时候,矮脚鸡图书公司给出了很高的价格,霍金接受了。更重要的是,这是一家更面向大众市场的出版商,虽然它们并不是那种专门出版科学类书籍的出版社,但是它们出版的书籍在机场书店里随处可见。

矮脚鸡图书公司之所以给了霍金很高的价格,应归因于他们的一位编辑彼德·古查迪。他对霍金的这本书非常感兴趣,同时他也是一个非常有经验的编辑。在他阅读完这本书的初稿时,便向霍金提出了重写的要求。对此,霍金在《我的简史》里是这样描述的:"他非常尽责,建议我重写这部书,要写得使像他那样非科学专业的人都能理解。每当我送给他重写的一章,他就发回一个长长的列表,包括一些异议和要我澄清的问题。我有时觉得这个过程将永无终止。但他是对的:这本书经过修改之后好多了。"

霍金最终采纳了彼德·古查迪的建议,重新写了这本书。关于重写的过程,霍金在《我的简史》里写道:"我在CERN时得了场肺炎,只好中断了这部书的撰写。若不是得到一个计算机程序,要完成这部书是根本不可能的。用这个程序有点慢,但那时我思考得慢,所以这很适合我。我利用它几乎完全重写了我的第一稿以回应古查迪的要求。我的一位学生布莱恩·惠特协助我做这一次修改。"

当时,霍金给这本书定的题目是《从大爆炸到黑洞:时间短史》,但古查迪将其颠倒过来,并将"短"改为"简",如此一来,就变成了《时间简史:从大爆炸到黑洞》。对于古查迪的这一明智之举,霍金在《我的简史》里这样称赞道:"这真是神来之笔,而且一定对书的成功贡献甚大。自此之后已有了许多这样那样的'简史',甚至有《麝香草简史》。效仿是奉承的最真诚形式。"

关于这本非小说类畅销书,简在回忆录中写道:"斯蒂芬从莎士比亚那里得到一点灵感,为他的书定下了标题。草稿经过修改后已被出版商接受,1988年6月的一天被确定为出版的日子。美国版将在

第九章
时间简史:探索时间和空间的奥秘

春天出版,早于英国版。然后刚完成印刷的第一版不得不在最后一刻销毁,因为书中对几位美国科学家的诚信提出了质疑,出版商担心会招致起诉。这不幸的小插曲却让一处小小的遗漏得以被修改:斯蒂芬将《时间简史》献给我。这是很令人感动的致谢,但美国版遗漏了这一点。于是可能招致起诉的部分被删去了,我的名字也出现在了致谢中,出版社不得不加班加点在几天之内印刷出一万册,这本书就正式在美国出版了。"

就这样,《时间简史:从大爆炸到黑洞》完成了。尽管在此之前,图书公司预测到了这本书会畅销,但是他们怎么也没有想到会畅销到那种地步。回忆当时的情况,霍金说:"矮脚鸡还是为本书的销售量所震惊。它在《纽约时报》的畅销书榜列名达147周之久,而在伦敦《泰晤士报》畅销书榜列名达237周之久,已被翻译成40种文字,而且在世界范围内销售了超过1000万册。"

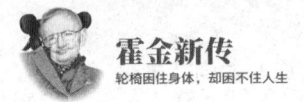

2. 《时间简史》的诞生过程

有人说:"不管是专家还是作家,只要他们出版的书,能让普通大众喜欢,这就是真正的好书。"《时间简史》的出版深受普通大众的喜爱,这也足见人们对宇宙知识的好奇心理。当这本书满足大众们的好奇心理时,我们回过头来看看这本书的诞生过程。

《时间简史》共有十二个章节,其中最吸引人的是第七章"黑洞不是这么黑的"、第八章"宇宙的起源和命运"、第九章"时间箭头"和第十章"虫洞和时间旅行"。众所周知,写一本书是要花费很多的时间和精力,作者需要构思整本书的主要内容,再到每一个章节的主要内容,最后才是每个小节的具体内容。这样大的难度,对于一个身体健康的作家都觉得辛苦,更何况是一个身患绝症、整日坐在轮椅上的病人呢?将复杂的宇宙学知识,变成普通大众都能看得懂的科普级知识,其中的难度更是难以想象。但是,对于霍金来说,没有什么事情比接受挑战更让他感到兴奋的了。这时,他的顽强和坚持不懈的精神帮助他解决了所有的难题。

《时间简史》的诞生与剑桥大学出版社的密顿先生有着密不可分的关系。当时,霍金所在的应用数学及理论物理系和密顿工作的地方在同一个院子里,并且离得很近。所以,他们经常会在一起讨论写书的事情。这一次,霍金像往常一样,拿着稿子来到密顿的办公室,请

第九章
时间简史：探索时间和空间的奥秘

他阅读并提出意见。密顿看了稿子，认为霍金写得太过于专业了，普通读者根本读不懂。他告诉霍金，想要畅销，书籍的内容必须适合于普通大众，如果他把书写得太专业，那么就不适合一般的普通读者，只能给那些专家们阅读了。而这个世界上，绝大多数人都是普通人，专家仅有一小部分人。因此，给专家们看的书籍是绝对不会畅销的。

霍金接受了密顿的意见，他开始思考如何能将这本介绍专业知识的书写得通俗易懂。后来，霍金花了一些时间，重新将书稿修改了一遍。当他带着修改好的稿子见到密顿的时候，密顿仔细阅读之后，还是觉得太专业了。他甚至和霍金开了一个这样的玩笑："你的书里，每多一个数学公式，图书的销售量就会减少一半。"看似玩笑的话，却说出了问题的关键。的确，对于普通读者而言，数学公式的出现，会让他们失去继续阅读的勇气和兴趣。霍金一直都是写一些专业性的材料，针对的对象都是一些高端的科学家，猛然间要他写一些针对于普通大众的书籍，却是有些难度。霍金再一次接受了密顿的意见，他决定进一步修改书稿，一定要写出一本让普通大众都能看得懂的科学书籍。

然而，就在霍金信心十足地筹备着修改书稿之际，一场灾难降临了。1985年8月的一个晚上，写了一天书的霍金像往常一样上床休息。然而就在凌晨3点的时候，护士发现霍金的病情加重了。他看上去很难过的样子，连呼吸都快要停止了。护士连忙叫来了急救车，将霍金送到了医院。在医院里，医生将霍金抢救了过来，但是霍金进行了气管切开这样的大手术，并且需要在医院住上一段时间。

那个时候，简用《时间简史》的预付款支付了霍金的医疗费用，可是之后的护理费用，却没有钱支付了。霍金需要一天24小时的护理，没有足够的钱来支付护理费，这简直等于要了霍金的命。简开始担忧起来，一方面她担心霍金的身体，担心霍金哪一天忽然离开了，那么她和孩子们该怎么生活呢？孩子们还这么小；另一方面，她不知

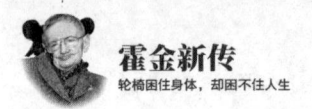

道从哪里找钱来支付霍金的护理费。生活的重压再一次落到了简的身上。她开始经常哭泣，并且向世界各地的慈善机构求助。终于，在她给慈善机构写了很多信之后，美国的一家基金会同意每年给霍金5万英镑的护理费。后来又有很多慈善机构同意给霍金帮助。收到这些慈善机构寄来的善款，简激动得哭了起来。对于走投无路的霍金一家而言，这些善款就是雪中送炭。这也是后来霍金成名之后，致力于慈善事业的重要原因。因为这个时候，就是慈善机构的出现让霍金、让简看到了生活的希望。

相对于对慈善机构的感恩之心，简对英国的政府福利部门却是十分不满。她不明白，霍金是一位科学家，对国家的科学发展做过贡献，为什么在他们需要帮助的时候，国家不能伸出手来帮帮他们呢？连一名科学家都尚且享受不到国家的帮助，那么普通百姓就更指望不上了。很多年之后，每当简谈起这段往事的时候，总会非常愤怒地说："想想这种人才的浪费吧！"简一直觉得，还是霍金在世界上的知名度帮了他们的忙，假如霍金只是一位物理教授却没有知名度，那她也就只能这样看着丈夫挣扎着直到去世。

这场突如其来的大病，几乎掏空了霍金的身体。无奈之下，霍金只好放慢了写作的速度。甚至有时候，霍金也觉得自己真的没有体力再坚持着把这本书写完了。俗话说："天无绝人之路。"就在霍金觉得快要支撑不下去的时候，美国加州的一位名叫华特的电脑专家了解到了霍金的情况，他专门为霍金设计了一个程序——"平等者"。这个程序并不复杂，使用起来也很方便。它的出现大大减轻了霍金创作《时间简史》的难度，让绝望的霍金又重新燃起了希望。后来，霍金就是依靠这个程序，开始坚持写作的。

第九章
时间简史：探索时间和空间的奥秘

3. 为何畅销

众所周知，一本书能否成为畅销书，不仅与内容有关，还与商家的推销手段有关。《时间简史》正式出版之前，矮脚鸡图书公司专门召开会议，研究这本书的营销方案。这时，霍金想起密顿对他的忠告。当年密顿得知霍金决定与商业出版公司合作时，他就提醒霍金："与出版商打交道，你要特别小心。你要想明白一个问题，如果你就是想把书卖出去很多，想靠卖书挣钱的话，你就不要介意他们的促销手段。"密顿接着提醒霍金："出版商为了卖书，他们可能都会用残疾这样的词来做广告语，你要想明白、考虑好才行。即使采用了这样的广告语，你也不必太在意。"

事实上，在图书出版之前，霍金一直在考虑是否用"简"这个字，他总是觉得《时间简史》这个书名有些虚。书籍编辑彼德告诉霍金："简这个字很好，能让霍金微笑。"霍金很快就领会了这句话的含义——他的妻子就叫简，这就是让他微笑的原因。没过多久，彼德要离开原来的公司，《时间简史》的书稿交给了另一位编辑。这位编辑出于风险的考虑，将印刷的数量减去了4万本，他担心一旦书卖不出去，给公司造成损失，自己承担不起这个责任。

1988年春天，《时间简史：从大爆炸到黑洞》即将发行之际，意外还是发生了。霍金在自传里写道："这本书即将发行时，有一位科

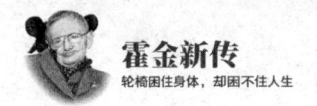

学家得到了这本书的试印版,那是提供给《自然》杂志写评论的,他发现这部书中照片与图片的位置和标号错误百出,而被吓坏了。他给矮脚鸡打电话,他们同样也被吓坏了,并且立刻决定召回并废弃这个印次。矮脚鸡花了紧张的三整周改正和重校全书,及时地在愚人节的出版日期铺到书店。正好那个时候,《时代》周刊刊登了我的封面人物介绍。"

就这样,《时间简史》正式出版,并在美国各大书店上架。虽然书中出现了一些小错误,但是并没有影响畅销的浪潮。《时间简史》一经上市,便上了《纽约时报》的畅销书榜,在全世界销售超过了1000万册,单在美国的销量就达到50多万本。霍金的梦想终于实现了,普通人也能了解一些宇宙知识了。《时间简史》畅销之后,霍金俨然成了明星,他的粉丝遍布美国各个角落,他的照片被印在T恤上,他的著作在各个书店被一抢而空。

令人惊讶的是,霍金的书在其他地方受到欢迎,可在英国本土,却受到了质疑。1988年6月,《时间简史》在英国出版上市。相对于公众的热情,那些资深的书评家和评论家对《时间简史》的畅销却觉得有些不可思议,他们不明白,为什么这样一本书会获得如此巨大的成功?为什么只有霍金一人的书如此畅销,而其他英国天体物理学家的书却无人问津?于是,针对霍金和他的著作《时间简史》的各种讨论就出现了。

有一位理论物理学家对此表示了自己的看法:"他与大家做的是同样的研究,只不过因为他的身体状况,才会如此引人注目。"与这位物理学家观点一致的人不在少数,他们都认为《时间简史》之所以会如此畅销,不是因为书中的内容精彩,而是因为霍金的身体,吸引了人们的眼球。也就是说大众真正感兴趣的不是《时间简史》这本书,而是霍金本人的传奇经历,即:一个身患绝症的残疾人是如何与病魔抗争,如何在天体物理学界取得一席之地的。当然,这些评论并

第九章
时间简史：探索时间和空间的奥秘

没有影响到霍金，他认为最重要的是结果，只要大众能够读到这本书，并从中了解了一些宇宙学知识，那么他的目的就达到了，即便是他们真的是因为自己身体的特殊状况而对《时间简史》感兴趣的，又有什么关系呢？说白了，霍金最在意的还是宇宙知识在普通大众中的普及程度。他在接受媒体的采访时，曾这样说："我很高兴一本科学书能与明星的传记竞争。也许人类还是有希望的。我非常高兴这本书能到一般大众手中，而不只是在学术界流传。科学有些概念是很重要的，因为它在现代社会中扮演了如此重要的角色。"

针对于霍金写书的主要目的，人们又开始对这本书的阅读率进行统计。《自然》杂志的编辑约翰·麦达克斯于1988年的年底公开发表了一篇文章。他这样写道："那些担心大众对科学漠不关心的人，当知道霍金教授的《时间简史》在美国已卖出60万本之后，一定就可以释怀了……令我好奇的是，在我访问加州期间，我大约询问了20多个人，这些人不都是科学家，发现没有一个人不知道这本书。其中三个人有这本书，但是却都没有开始读。对于一本仅有198页的书来说，这似乎有点不可思议。根据该书作者所说的，只需要花1000卡路里的热量就可以获得书中所有的信息，所以我估计只要半天就能读完。"事实上，这位编辑描述的是实情，很多人购买了《时间简史》，可是他们或者没有读，或者是只读了几页就放在一旁了。

1991年4月，英国《独立》杂志发表了一篇针对《时间简史》的文章，提出了一个问题："究竟有多少人看过这本书？"之后，文中又列出了很多的论证，证明那些有才气有学问的人，都没有看过霍金的这本书。其中，有一段是这样写的："那位很有才气的伯纳德先生，在他《泰晤士报》专栏里承认，霍金教授的《时间简史》他从第29页以后就看不懂了。这样就引发了一个问题：如果才气纵横的伯纳德先生仅能读到第29页，那么，一名普通船夫在探求宇宙起源的知识时，他的情况又会如何？……这本书获得异乎寻常的成功，可是买书的人却很少能读得懂，这要如何解释呢？业余心理学家曾指出，这是由于作者的特殊状况，他是一位运动神经元疾病患者，许多年前已被医生宣告无药可救。然而，他战胜一切艰难险阻，写成了这本书。这是一个英勇的故事，但光凭这一点就足以说明这本书的成功吗？我并不认为如此，我也不认为是读者希望发现这个世界的起源真相。这个问题并没有一个简单的答案，这本书成功的秘密，此时就像宇宙的起源那样神秘而迷人。我愿悬赏一笔小小的奖金，给能提出令人完全信服的答案的任何读者……"

文章发表后，霍金的母亲有些接受不了了。她写了一封信，刊登在《独立》杂志上："阁下：身为霍金教授的母亲，我得声明我可能有点私心。不过我已经对《时间简史》成功的原因做过一些思考，这个成功连霍金本人也感到惊讶。我相信原因是复杂的，但是应该试图加以简化……我并没有说我自己看得懂这本书，然而在得出这个结论之前，我确实从头到尾读了一遍。我认为我不懂，主要是因为我的年纪与我所受的学术训练不同。我并不想怀疑列文先生智力出众，但我不愿因为他看不懂，就假设大多数的人也都不懂。"

霍金母亲的这封信，很快引起了很大的反响。大多数人还是赞同她的观点，同时让那些带有批判性的评论处于下风。在大众的心里，那些评论都变成了借风炒作或是妒忌。事实上，不管别人说什么，这本书就是畅销了，而且连续畅销好几十年，范围是全世界。这就是霍金的能力，这就是这本书的最大价值。其实那些别有用心的人，不用费神评论这本书，自己写一本像《时间简史》一样畅销的书籍就可以了。偏偏他们没有这个能力，只能做些小动作了。难怪霍金的母亲忍无可忍站出来替儿子说几句公道话了。

面对《时间简史》畅销之后的风波，霍金在他的自传《我的简史》中，有过这样一段精彩的叙述："无疑，我身患残疾，然而努力使自己成为理论物理学家，这种让人们感兴趣的故事也对这本书的销

第九章
时间简史：探索时间和空间的奥秘

售推波助澜。因书中只有两处提到我的状况，所以凭这种兴趣来购买此书的人士一定十分失望。这部书是试图写宇宙的历史，而非我的历史。但这并没有阻止人们谴责矮脚鸡利用我的疾病以及我与之合作、允许我的照片印在封面上的可耻行为。事实上，按照合同，我对封面无控制权。"

而对于那些评价《时间简史》阅读率低的言论，霍金则表示：只要有一部分人买了他的书，并且认真读完，他也就很知足了。毕竟，宇宙学不是每个人都能明白的，即使是普及版的《时间简史》，也不是都能读得懂的。

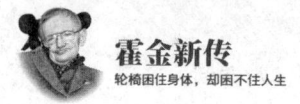
霍金新传
轮椅困住身体，却困不住人生

4. 畅销风波

《时间简史》出版后，立即风靡全球。因此，霍金不仅成了名人，也成了有钱人，真可谓是名利双收。然而，成功固然可喜，可是成功的同时，烦恼也随之而来了。作为霍金的妻子，简在为霍金的成功感到高兴的同时，也无可幸免地受到了波及。

因此，《时间简史》畅销之后，简的心情是极其复杂的，她曾说过这样的话："斯蒂芬战胜自然、疾病、瘫痪甚至死亡的种种努力都凝聚在《时间简史》之中，这本书同样凝结了我们年轻时奋斗的记忆，那时的我们刚结婚，不顾一切地迎难而上，为每一点成绩而欢欣鼓舞。然而这一次的成功却不是私事，而是公众活动和强有力的宣传。"

那么霍金和简在《时间简史》畅销后，究竟遇到了哪些麻烦呢？

那段时间，霍金经常会在夜半接到从美国打来的电话。这些人被简称之为"古怪的入侵者"。他们打电话的目的简直是千奇百怪，令人哭笑不得。简在自传中就记录了这样一位奇葩粉丝："那是某一天的半夜，一个叫凯斯的美国人打来电话说，宇宙的谜团已经被他解决了，他发现在霍金的计算中存在错误，因此要和霍金探讨一下。"

不仅是霍金和简的生活受到了影响，孩子们的生活也受到了干扰。有一天，露西忽然接到一个男人的求婚电话。而事实上，这个打

第九章
时间简史：探索时间和空间的奥秘

电话求婚的男人根本就不认识露西，之所以向露西求婚，是为了借机认识霍金。事后，露西将这件事情告诉了简。简非常生气，作为妻子，为自己的丈夫付出一些无可厚非，可是作为母亲，她绝不允许自己的孩子受到一丝一毫的伤害。她立即在报刊上强烈要求粉丝们保持理智，不要做出伤害霍金及其家人的举动。

还有一次，一个陌生人打来电话，非要霍金接电话，说是有个非常重要的消息要告诉霍金。因为他连续打了好几次，霍金担心对方确实有重要的消息要告诉自己，于是便接了电话。令霍金没有想到的是，电话那边的人的确说了一个非常"重要"的消息，这个消息让霍金感觉自己被戏弄了。他告诉霍金说：再过半个小时，地球就要爆炸了。一向保持理性的霍金，第一次做出了无礼的举动，他直接挂掉了电话，没有和对方说一句话。从那以后，霍金再也不想接这些陌生人的电话了。

除了这些稀奇古怪的电话之外，还有一些人整日里守在霍金的家门前，只是为了见霍金一面。对此，简非常疑惑，她不明白这些人难道没有事情可做吗？还有一次，发生了一件令人哭笑不得的事情，简在自传里这样描述这件事情："有一个人就坐在大门口，上半身就穿了个背心，没提防大门突然向外打开。由于得让斯蒂芬和他的全套装备出去，大门被完全推开，这个可怜的人冷不丁地被推进玫瑰花丛里，背心的带子被玫瑰花刺勾住了，等他好不容易把自己解救出来，斯蒂芬早就不见了踪影。还有位好莱坞明星，也想显摆一下她自己半生不熟的宇宙理论；有骗人的记者，答应给慈善捐款作为对采访的回报，却迟迟没有兑现；还有未经授权的传记作家，拿着我们支付的费用赚取不义之财。"

时间一长，这些哭笑不得的事情让霍金和简感到有些厌烦，他们迫不及待地希望可以暂时离开剑桥一下，从而让那些疯狂的粉丝们安静下来。于是，他们决定去日内瓦。逃离了疯狂的粉丝之后，霍

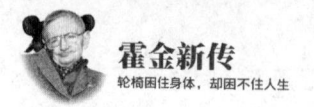

金夫妇开始思考怎么花钱。《时间简史》可是让霍金一家瞬间成了富翁，他们要体验一下有钱人的生活。简希望可以买一幢乡下的房子，她真的非常向往宁静的田园生活。而霍金却想买一套剑桥的公寓。他认为，相比于简的计划，自己的计划更具投资性。为了能够说服霍金同意自己的想法，简给霍金描绘出了一幅美丽的画面：在宁静的乡间房子里，他们的三个孩子正在安静地读书，霍金正在田野里思考科学问题，而自己正在花园里一边除草，一边欣赏美丽的自然风光。简认为，如果自己可以生活在这样的环境里，心情一定是快乐无比的。

《时间简史》比霍金和简预想的还要畅销。时间不长，霍金俨然已经成了世界名人。就连霍金的孩子们也成了名人，备受人们的关注。1988年10月，简和小儿子蒂莫西陪着霍金来到西班牙的巴塞罗那。在那里，霍金一家受到了热烈的欢迎，基本上，霍金走到哪里，哪里就是人山人海。人们疯狂地呼唤着霍金的名字，就连简也被当成了成功女性接受电视台的采访。这让简有了一种满足感。然而，她很快就发现，每次和媒体打交道，都是为了给《时间简史》这本书做宣传。相对于本国的媒体，简更加喜欢接受外国媒体的采访，因为外国媒体只是单纯地宣传《时间简史》，不涉及她的私生活。而本国媒体则总是打扰他们的生活，尤其让简无法忍受的是，面对电视镜头，护士们都丢下护理工作，开始抢镜头。因此，只要媒体的记者提出到家里进行采访，都会被简拒绝。她要捍卫自己的家庭，绝不允许别人如此打扰。

后来，霍金带着他的研究团队去美国加利福尼亚州。这个消息让简很是开心，因为霍金一旦离开，她和她的孩子们就能过上正常的生活了，而霍金也可以在加利福尼亚州安心研究天文物理学。一切都平静了下来，霍金觉得前所未有的安静，他终于可以好好做研究了。

这就是《时间简史》畅销之后的风波。霍金虽然获得成功,成为世界级的名人,但同时,他和他的家人也逐渐地失去了所有的隐私,他们的私生活赤裸裸地曝光在大众面前。而总是有一些人,他们不怀好心,针对霍金的私生活大做文章,甚至一度竟然传出了霍金的三个孩子并不是霍金亲生的这样的传闻,这让霍金和简都备受煎熬。

5. "第一推动"问题：先有鸡还是先有蛋

科学界关于宇宙的描述全都基于两个理论：一个是爱因斯坦的广义相对论；另一个就是量子力学。霍金关于宇宙的描述就是在"量子力学"的基础之上。事实上，"宇宙"代表着无限的空间和时间。早在公元前1514年，哥白尼便提出了日心说。至此，人们对宇宙的了解有了初步的认识。1609年，开普勒修正了哥白尼的日心说，对行星的运行轨道的认知由正圆矫正为椭圆。后来，牛顿先生又在《自然哲学的数学原理》一书中，提出了时间和空间的运动理论，也就是著名的万有引力定律。这些理论的出现，都是在研究宇宙的常态，却始终没有关于宇宙的来源方面的言论出现。直到1781年，康德发表了《纯粹理性批判》一书。在书中，康德提出并探讨了宇宙之中时间是否有开端、空间是否存在界限的问题。这是人类第一次开始探究宇宙的来源问题。

康德提出了一个自相矛盾的课题：如果说宇宙是没有开端的，那么在宇宙中，任何事情在发生之前一定是无限期存在的。对于这个命题，康德觉得很荒谬。在这个命题的基础之上，还存在一个反命题：假如宇宙有一个开端，那么在这个开端之前一定会存在着无限的时间。但是既然在开始之前就已经存在了时间，那么宇宙为什么要在一个特定的时刻才开始呢？这个命题的出现，等同于奥古斯丁的那个疑问：上帝创造宇宙之前在做什么？恐怕没有人能够回答得出来。

第九章
时间简史：探索时间和空间的奥秘

1929年，哈勃观测到：不论从哪个方向观测，所有的星系都在离我们越来越远。这个结论的出现，为后来的宇宙爆炸论和宇宙膨胀学说提供了重要依据。之后，随着勒梅特的"大爆炸宇宙论"、爱因斯坦的"广义相对论"和宇宙膨胀论相继问世，人类对宇宙的了解正在以指数的形式不断增进。关于宇宙膨胀理论，很多书籍都运用吹气球来进行生动形象的说明——在一个气球上，存在着很多的斑点，随着气球的不断膨胀，气球上的斑点也会相距越来越远。而宇宙就好比是这个气球，气球上的斑点就好比是宇宙当中的各个星系。那么随着宇宙的不断膨胀，各个星系也就会离彼此越来越远。这个结论，刚好印证了哈勃观测到的现象。因此，宇宙膨胀论更容易让人接受。

但是，在这个过程中，关于宇宙，人类一直没有解决一个问题，那就是"第一推动"的问题，直到它被霍金完美地解决。牛顿发现的力学定律解释了宇宙的运动和发展。那一年，牛顿思考：为什么苹果向下落，而不是向上落？从而发现了万有引力定律，解释了地球表面的物体的运动方式，从而奠定了自己在物理学界的地位。之后，爱因斯坦提出了广义相对论，根据爱因斯坦的广义相对论，宇宙的开端来自一场大爆炸。根据"宇宙大爆炸"理论，最初的宇宙是由大片微观粒子构成的均匀气体，这些微观粒子在极高的温度下"爆炸"，以很大的速率不断膨胀，经过150亿年之久的演变，成为现在宇宙的样子。

也就是说，宇宙的开端必然存在着一个大爆炸的奇点。而根据牛顿的力学定律，这个奇点在爆炸之前的密度和质量已经达到了无限值。根据牛顿第一定律，奇点在没有任何外力的情况下，一直保持着匀速的运动状态或是静止状态。也就是说，在没有任何外力的作用下，它是不会爆炸的。之所以爆炸，显然是有一股或数股外力的作用。而这个外力被科学家们称之为"宇宙第一推动力"。

接下来就是，这个宇宙第一推动力到底来自哪里，是怎样产生的？对于这个问题，牛顿先生一直无法找到科学的答案和解释。晚年时期的牛顿先生因为信奉基督教，便将这第一推动力的来源归结于上帝。但是很显然这种解释并不合理。

霍金真正解决了第一推动力的来源问题。基于宇宙大爆炸理论，霍金提出了无边界条件的量子宇宙论，即宇宙是无限的，没有边界。他的宇宙模型也是一个"从一个欧氏空间向洛氏时空的量子转变过程"，即封闭的、无边界的、有限四维空间。所谓"欧氏空间"通常情况下，我们可以简单地理解成是一个非常规则的、完美的二维空间。但是在霍金的理论中，欧式空间需要被理解为是一个四维球。而"洛氏时空"指的是宏观的从无到有的过程或是从A到B无限细化的过程，总而言之，"洛氏时空"是一个无限大或是无限小的过程。

在广义相对论中，宇宙的开端是一个奇点。但是霍金并不认可。他认为：宇宙是一个无边没有奇点的闭合系统，它的发展过程是一个膨胀、收缩、再膨胀、再收缩，如此无限循环的过程。霍金做了一个大胆的设想，他认为，人类所生活的宇宙，以及其他可能存在的，极有可能是从另一个更大的母宇宙中分化出来的，甚至这个母宇宙也是从另一个更大的母宇宙中分化出来的。从表面上看，它们都是静止不动的，但是在它们的内部却是波涛汹涌，暗流涌动，充斥着很多沸腾的量子，并且它们在不停地涨落。所以说，霍金认为所谓的"第一推动力"来自宇宙自身。

霍金的"宇宙无边界猜想"一直到2012年，才被剑桥大学理论物理学家陈中源严格证明成立。陈中源的证实表明，先前存在的量子态宇宙实际上是不存在的，而"无边界宇宙学"则是在经典意义上成立的。这就表明：宇宙没有无中生有，也没有创生和毁灭，它是没有边界的存在，能够实现彻底的自给自足，无论宇宙空间是闭合的，还是开放的，它都会无限地膨胀下去，而且膨胀的速度会越来越快。这也就是说，根本不存在什么宇宙第一推力的问题，也就无所谓是先有鸡还是先有蛋了。

第十章

星际穿越：让所有人都震惊的话

霍金总是在一些场合说出一些令所有人都震惊的话，比如霍金曾经说过："地球将在200年内毁灭，而人类如果想要继续生存，那么只有一条路——移民外星球。"这个言论多么可怕呀！霍金被誉为"宇宙之王"，并被誉为继爱因斯坦之后，世界上最著名的科学家。从他嘴里说出的话，谁会当成笑话听？霍金说出的任何一个消息，都会引起人们激烈的讨论。有的人认为霍金是在危言耸听，言过其实了；也有一些人因此陷入了深思。不过，霍金说："不管我说的话是不是危言耸听，只要能让一些人陷入深思，那么它们就创造了价值。"

1. "外星人威胁论"

美国人吉姆·马尔斯写了一本书,书名是《外星人已潜伏地球5000年》。书的内容很新颖,引用了大量案例告诉世人:地球上确实潜伏着外星人。比如:闻名世界的埃及金字塔其实是外星人建立的,更神奇的是,金字塔的甬道观测口还直指外星人的基地天狼星;在第二次世界大战中,有位飞行员曾经亲眼见到了不明飞行物,而这个不明飞行物就是外星人操控的;还有一位名叫约翰的美国宇航员,他说:"如果你打赌没有UFO,那么你是在打赌一样真实的东西不存在。从数学的角度而言,宇宙中那么多星球不可能都不存在生命。"德国有位教授曾写道:"我认为飞碟是真实存在的,它们是来自其他星系的宇宙飞船。我认为它们可能被高等智慧生命体所操纵,而地球已经被外星种族研究了数个世纪。"等等。

在《外星人已潜伏地球5000年》这本书中,作者除了引用了大量看似真实的案例,还罗列了500位目击者,以及大量的外星人的图片和录像档案。作者在自序里写了这样一段话:"UFO确实存在!只有那些被其视野所限、无法正视历史的人仍在坚持:除了人类的想象外,并没有什么东西在太空中翱翔。但过去半个世纪以来,连篇累牍的证据清楚地揭示了UFO代表着真实有形的物体,并且展示着不同于任何人造物体的特质。这导致越来越多的人对UFO着迷,全世界的UFO研究者和

第十章
星际穿越：让所有人都震惊的话

组织都在持续增长。对大多数人而言，UFO代表着应该被避免思考的一类事物。我们把思维埋藏在一个安全的、习以为常的世界里，这个世界拥有官方新闻和报纸。于是我们放宽了心，相信自己没有被隐瞒什么。"这段话，说明了为什么今天还有那么多的人不相信外星人的存在，原因是被蒙蔽了。

除了这本书，很多科学家也表示，目前已经掌握了大量的外星生命存在的证据，只是因为政府的禁止，所以没有对外公布，但是外星人的确是存在的。不仅如此，民间也开始频频传出"巧遇外星人"的传言。

1947年的6月，在新墨西哥的沙漠里，有六个土著印第安人看到了一个不明物体，更神奇的是，他们还看到了一个活着的奇怪的生物。后来，军方将这个不明生物带走了，据说还与它进行了交谈。

20世纪50年代初，在美国密西西比州杰克逊市郊区，有一个9岁的小男孩夜里趴在窗户上，忽然发现了一道亮光划破夜空。最初男孩以为是飞机。可后来男孩仔细想了想这附近根本就没有飞机场，因此断言那个东西一定不是飞机，他怀疑是UFO。

到了20世纪60年代，人类与外星人接触的事情就更多了，可信度也不断提高。据四位美国的登月宇航员表示，他们在到达月球之前看到了UFO。然而，这个消息却没有得到官方的证实，美国国家航空航天局的发言人表示："所有我们发现的东西，都公开了。"

面对越来越多、越来越真实的与外星人接触的事件，人们开始感到迷惑了，到底有没有外星人呀？如果没有，为什么那么多科学家都相信有UFO，并且发表过严肃的评论？为什么有那么多类似真实的事件发生？如果有，为什么权威的官方一直表示并没有外星人的存在呢？

对此，霍金曾在多个场合表示，的确存在着外星人。霍金认为外星生命存在的理由非常简单。无边无界的宇宙，数以千亿的星系，每个星系当中都含有数以亿计的恒星。这样广大的宇宙，既然地球上

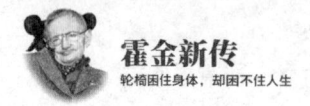

可以存在生命，那么其他某些星球上也一定存在着某种生命形式。霍金是这样描述的："我从数学的逻辑来思考，这些数字就可以极其合理地证实外星人的存在，我们真正的挑战是弄清楚外星生命长什么样子。"霍金还认为，大多数的外星生命可能是低端的，但也可能会存在一些高智慧的生命体，而这些高端生命的存在，对地球、对人类将会是一种威胁。这就是霍金的"外星人威胁论"。

霍金曾经对媒体说过这样一句话："请不要和外星人说话。"当时这句话轰动了整个科学界，很多人认为霍金在危言耸听。事实上，霍金认为："如果外星人来拜访我们，我认为其结果就和当年哥伦布到达美洲大陆差不多，美洲的土著居民会深受其害。"是的，高端生命统治低端生命，这是古往今来自然界的经典法则。霍金的"外星人威胁论"也是根据这个法则得出来的。他认为，当强大的地外文明发现地球之时，它就可能会压制人类的文明，直到它被同化在更高的文明中。甚至霍金还表示："我想他们其中有的已将他们自己星球上的资源消耗殆尽，可能生活在巨大的太空船上。这些高级外星人可能成为游牧民族，企图征服并向所有他们可以到达的星球进行殖民。"因此，霍金一再强调，地球人应该设法避免与外星人接触。

霍金的"外星人威胁论"一经发表，立刻引发了一场不小的轰动。人们都很疑惑：一向在研究理论物理学，靠着严谨的计算和理论来研究科学的霍金教授，居然也说有外星人。那些崇拜霍金的人开始坚定不移地相信：宇宙中是真的有外星人。当然也有一些人认为霍金在哗众取宠，目的在于博人眼球。这些人认为，首先是宇宙中尚且不一定真的存在外星生命体，因为没有人见过，即便真的存在外星生命体，又根据什么说它们具有威胁性呢？一时间，霍金再一次处于风口浪尖之上。

对此，霍金在《果壳里的宇宙》中是这样解释的："那么，如何解释我们没有地球外的来客呢？可能是在那里存在有先进的种族，

第十章
星际穿越：让所有人都震惊的话

它知悉我们的存在，但是让我们在低水平上自作自受。然而，如此照应低等的生命形式是令人可疑的：我们中的大多数人忧虑过在脚下被踩死多少昆虫或者蚯蚓吗？更合理的解释应该是，在其他行星上不管是生命的发展还是生命发展智慧的概率都非常小。因为我们宣称自己是智慧的，尽管也许没有什么根据，我们倾向于把智慧看成进化的不可避免的后果。然而，人们可以对此置疑。不清楚智慧是否具有更多的存活价值。细菌虽然没有智慧，但是存活得很好。如果我们所谓的智慧在一场核战争中毁灭自身的话，细菌仍然存活。这样在我们探索星系之际，我们也许发现初级生命，但是我们不太可能找到像我们的生物。"

事实上，不仅霍金认为外星人具有威胁性，早在20世纪70年代，也有人提出过外星人威胁论。这个人就是1974年的诺贝尔奖获得者：英国天文学家马丁莱尔教授。马丁莱尔教授曾多次表示：外星人对地球是一种巨大的潜在威胁，他甚至给国际天文联合会写信，呼吁和强调地球人千万不要主动和外星人联系，以免给自己带来杀身之祸。另外，英国生物学家西蒙·莫里斯，也曾经在《皇家学会哲学汇刊A辑》一期主题为"地外宇宙"的特刊上写道："任何计划与外星人进行联系的人都要做好最坏的打算，地外智慧生命的进化过程可能与达尔文理论本质上是一样的，这就意味着外星人可能很像我们人类。毫不掩盖地说，它们甚至可能也拥有暴力倾向。"而剑桥大学等多所知名院校的专家们也纷纷写文，呼吁各个国家应当出台相应的防御计划，用以抵挡外星人可能对地球进行的随时袭击。

这么多科学家都曾经发表过"外星人威胁论"，这让人们不得不越来越相信：外星人对人类的威胁的确存在，人类不应该主动寻找他们，而应当尽一切可能和努力避免与外星人接触，否则终将给自己的生命招致灾难。

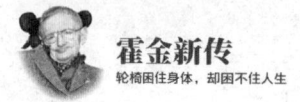

2. 预言世界末日

霍金在接受一家网站采访时，预言了世界末日。当时，霍金的原话是这样说的："人类在未来数百年里必须认真考虑自己的生存问题，我看到了人类的危险。过去曾出现过多次人类的生存危机，发生类似情况的频率还会增加，我们需要十分谨慎地避免这类危机。但我是一个乐观主义者，如果人类在未来200年间能成功向外太空扩张，那么我们就能避免灾难。2010年的早些时候，我曾警告说，人类在努力与外太空其他生命形式建立联系时应当谨慎小心，因为我们不能确定他们是否会对人类表示友好。如果我们是这个星系中唯一的智能生命体，我们应该确保自己得以生存和延续。但面对地球的有限资源和呈指数形式增长的人口数量，我们长期生存的唯一机会不是留在地球，而是向外太空寻找出路。在过去的一百年里，我们的科学技术取得了卓越的成就，如果我们想延续进步，就不得不放眼外太空，这也是我大力支持载人航天飞行研究的原因。"

这段话被公布出来之后，在网上引发了激烈的讨论。有的人认为霍金的话是危言耸听，他经常说一些危言耸听的话；也有一些人认为霍金的预言是真实的，因为他就是这样一个天才，能想到别人想不到的真理。那么，霍金的这个世界末日的预言，到底有没有科学依据，还是也与那些巫师的预言一般无二呢？

第十章
星际穿越：让所有人都震惊的话

其实，在霍金之前，就已经有很多关于世界末日的预言了。例如：美国宇航局曾经宣布在太阳系的边缘发现过10颗行星，因此便有了这些行星会在2012年撞击地球，从而导致世界末日的预言。而实际上，这些行星只是存在于太阳系的边缘位置上，进入太阳系内部的可能性非常低。因此，2012年世界末日的预言根本不足为信。后来的事实也证明了这一点。

还有人认为，在不久的将来，地球的磁场将会发生突变，磁极将会彻底翻转，这种磁场的突变，将会导致人类的灭亡。对于这个预言，尚且有一定的事实依据。科学家们证实，在8亿年之前，地球的磁场的确发生过变化，出现过磁极互换的情况，当时地球确实发生了很多毁灭性的灾难。但是这种情况的发生需要一个相当长的时间周期。地质学家认为，这种磁极互变的情况的确会再次出现，但是可能需要等到100万年之后。

还有人从"蜂群衰竭失调"的自然现象中，预测随着这种现象的不断扩散，可能会在全球范围内爆发，最终导致蜜蜂灭种。蜜蜂灭种后，很多依赖蜜蜂传播花粉的植物将会随之灭绝，其中包括很多人类赖以生存的农作物，如大豆、棉花、坚果等。据统计，全球将近30%的农作物都是依靠蜜蜂授粉，如果蜜蜂真的灭亡了，那么地球上很快就会出现大面积的饥荒，并爆发因为饥饿而导致的战争和暴乱，而人类文明最终会在战争中消失殆尽。

当然还有近年来备受关注的"生态环境"。众所周知，随着科技的进步，地球上的环境受到了严重的破坏。现在人类已经感受到破坏环境带来的严峻后果，如臭氧层破坏、全球变暖、空气被污染等等。在这些巨大的因为生态问题引发的灾难面前，人类是那么地渺小。

而霍金提出的关于地球会在200年内毁灭的言论，与上面提到的那些都没有关系，实际上，这是一种基于社会角度的预言。霍金认为，"由于人类基因中携带的'自私、贪婪'的遗传密码，人类对于地球的掠夺日盛，资源正在一点点耗尽"，等到地球的资源被人类耗尽的那一天，世界末日也就到来了。所以，霍金才会提出向外太空移民的观点。他认为，地球的资源终有一日会被人类耗尽，因此人类应该在此之前，寻找到另一个适合人类生存的星球。对此，他的原话是："人类不应该将所有的鸡蛋都放在一个篮子里或一个星球上，希望我们可以将篮子容量扩大后再将其扔掉。"

当然霍金表示，距离地球资源被耗尽的那一日还有足足200年的时间。这么长的时间里，人类依靠着日飞猛进的科学力量，找到一个或是数个适合人类居住的其他星球是很有可能的。相对于霍金对科学发展的乐观态度，其他的一些科学家则显得非常悲观，他们纷纷表示：虽然科学家都在找寻类地星球和移居外太空的方法，但是否能在200年内找到却还是个未知数。因此，如果人类不正视自己的错误，善待我们赖以生存的地球，那么霍金所说也就不是危言耸听了。

事实上，霍金教授关于200年内地球毁灭的预言最终是否准确，并不重要。重要的是，地球只有一个，它是我们人类赖以生存的家园，至少目前它是我们唯一的家园，如果我们人类不能很好地保护自己的家园，等到这个家园即将毁灭的时候，而我们又没有任何地方可去，届时我们该怎么办？地球的资源是有限的，终有一日会被人类消耗殆尽，这个过程是200年也好，300年也好，甚至因为人类的过度贪婪缩短到100年、50年，问题的关键不在于哪个选项是正确的，而在于如何延长这一天的到来。

作为物理学家，霍金的这个预言与科学基本上没有关系，他只是站在一个地球人的角度上，说了一些他很担心的实话而已。霍金希望这个具有真实性的预言，可以引起人们的警觉，唤起人类的危机感，从而更加珍爱自己的家园，不要再做出一些目光短浅、伤害自己的蠢事。因为在生存问题面前，其他的任何问题都不再是问题了。

3. 人类的遗传密码

2006年1月,霍金来到印度的孟买参加在那里举办的一个学术会议。在会上,霍金进行了演讲,题目是《未来的科学》。在这次演讲中,霍金向在场的所有人宣布:在下一个千年到来之前,这个世界上一定会出现经过改良的人类品种。霍金还预言,在未来的数百年之内,人类孕育胚胎将会在子宫以外的地方。届时,人类的遗传密码将会得到重置,并且变得更加复杂。

事实上,霍金当年在演讲中所预言的事情,现在正在一点点地变成现实,那就是"人类遗传工程"。

所谓的"人类遗传工程",就是人类通过某种手段对自身的遗传基因进行改良,然后让改良之后的基因重新组合起来的科学研究。到目前为止,人类遗传工程的研究还局限于微生物、植物和低等动物的研究,并且已经取得了成功。例如,当年的克隆羊多莉就是"遗传基因重组"之后的新品种。可以说,目前的人类正在将那些科幻片变成现实。克隆羊多莉的出现,使人类面临着关于克隆人伦理上的争议。从当前科技的技术来讲,克隆人已经不会存在难以攻克的课题,只是要面临很多社会伦理等方面的问题,关于克隆人的实验也因此被各个国家政府所禁止。但是也有人认为,正如同人无法选择自己的出身,克隆人的出现也是无法被控制和选择的。

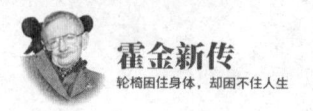

根据霍金的预言,几百年之后,人类就会研制出基因重组后的改良人。对此,科学研究人员表示,将会出现以下几种改良人。

(1)基因人。

"基因人"一词最早出现在大众面前,源自美国的一部科幻电影《千钧一发》。在这个电影中,人类已经来到了未来世界里。在那里,人们只相信那些经过基因工程加工出来的人才是正常人,而通过自然分娩出生的人,被视为"病人",因为在他的身上一定携带着某些不良基因。在这部电影当中,一切遗传基因包括怀孕、出生都是被严格控制的,人们对基因人的无限希望和恐惧在影片当中被表现得淋漓尽致。

当然科幻电影不等于现实,目前人类的科学技术尚且无法实现人类的基因改良。但是科学家们已经证实,目前的试管婴儿,在胚胎被植入子宫之前,大约有45种不同的异常基因被检查出来,只要针对这些异常的基因进行针对性的淘汰,就可以孕育出一个最健康的婴儿。这种科学技术的运用已经有了成功的案例——2001年,这项研究成果正式得到应用,并成功帮助了一对来自纽约的夫妇怀孕。

(2)半机械人。

半机械人,其实就是通过人体与机械的结合,从而帮助人类绕过死亡。事实上,以目前的科学技术,制造出半机械人并不是一件难事。例如,人工心脏的研发就是一个成功的案例。

(3)冷冻人。

以前,冷冻人经常出现在很多科幻电影中。而如今,科学家们对于冷冻人的研究已经开始了。澳大利亚生物学家菲利普·罗兹,已经在当局批准之后建立了澳洲第一个人体冷冻中心,这已经是世界上第三个人体冷冻中心。不过令人遗憾的是,这项科学研究,截止到目前,依然没有获得成功。

（3）克隆人。

随着人类基因工程的发展速度，克隆人的出现依然成为必然。目前唯一的障碍就是各个国家的禁令。这个研究就像是一把双刃剑，既能解决人类目前面临的一些医学困境，同时也会带来严重混乱，稍稍不慎，可能会让人类陷入万劫不复的深渊。因此，各个国家目前尚且禁止对人类实施克隆技术。

事实上，霍金从不认为破解人类的遗传密码是件难事。只是人类目前尚且没有做好准备迎接一场因基因突变引起的混乱，故而不敢轻易涉足。毕竟，遗传密码的改变意味着物种的改变。万一这种技术人类无法很好地驾驭，可能到最后，就要面临灭种的危险，这是一件大事情。

这就是霍金，虽然他的身体被禁锢在了轮椅上，可是他的思想已经远远地飞在全人类的前方。他已经看到了人类数十年的未来，或是数百年、数千年，乃至更久远的未来。因此，当他在某种场合里，向人们敞开自己的心扉时，总会有很多人无法相信他说的话，可以说是不敢相信霍金的话，因为那些话的确是太过超前了。但同时，霍金的话总能给人以启发，让人类在科学界跑得更快。由此，很多人不愿意接受霍金。因为面对变化，其实有很多人，他们是恐惧的。当然，这并不能说明什么，总会有人喜欢一成不变，害怕面对新的问题。对于这些人而言，霍金可能就是他们的噩梦吧。他是一个走在时代前端的人，他给人类带来的变化从来都是威力巨大的。

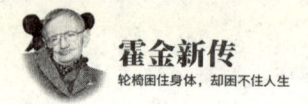

霍金新传
轮椅困住身体，却困不住人生

4. 人类文明史上最糟糕的事情

  霍金还发出过一个骇人听闻的言论：在未来的某一天，人工智能将会成为人类的终结者，它们将取代人类，成为地球的统治者。霍金认为，智能技术的发展终将会严重威胁人类，因为随着科学技术的发展，人工智能将会向人类一样独立思考，并且比人类更加适应环境，到那个时候，人类将会被自己研发出来的"怪物"超越，并取代。很多人困惑了，明明是一种有益于人类发展的技术，怎么霍金偏偏认为它们会威胁人类呢？

  其实，不光霍金这样认为，微软公司的创始人比尔·盖茨也认同霍金的观点。盖茨表示："在未来，在很多领域中，机器将会变得比人更加聪明。"之所以这样说，是因为比尔·盖茨认为，在接下来的十年里，机器人将会代替人类做很多事情，并且做得极好，没有一点失误，例如驾驶汽车、企业管理、物流管理等等。另外，盖茨还说过："我属于担心超级智能的阵营。最初，机器可以为我们做很多事情，而非超级智能。如果我们能够管理好它，它应该可以发挥积极作用。但是数十年后，人工智能将变得足够聪明，值得我们去担忧。我同意埃隆·马斯克等人的观点，并且不理解为何有些人对此毫不担忧。"

  除此之外，英国科学协会主席戴维·威利茨也曾经说过："如此

第十章
星际穿越：让所有人都震惊的话

多的人对人工智能感到忧虑并不令人感到惊讶。创新经常令人感到恐惧，但请记住，经济和世界都在不断变化，新兴技术的崛起和采用都需要时间。这项研究显示，在我们持续创新时，也需要聆听公众的恐惧。"越来越多的人开始意识到人工智能带来的威胁。据英国的一项社会调查显示，有将近80%的人认为，随着科技的发展，人工智能将会对人类的生存产生威胁。

面对人工智能的双面性，霍金没有任何的犹豫，直截了当地说道："在未来100年内，结合人工智能的计算机将会变得比人类更聪明。届时，我们需要确保计算机与我们的目标相一致，我们的未来取决于技术不断增强的力量和我们使用技术的智慧之间的赛跑。"

还是一如既往的风格，怪人霍金总是喜欢将最坏的结果以这种危言耸听的方式告诉世人，从而引发世人的警惕。其实，霍金想要说的是，目前看来人工智能技术的确对人类有利，可是一旦科学发展失衡，人工智能摆脱了人类的控制，那么它们就会变成一个个几乎没有弱点的机器，到那个时候，它们会产生自保意识，甚至还会有自由意识。届时，它们将不再是一台机器，而是人类最大的威胁。为此，霍金还在《独立报》上发表了一篇文章，在这篇文章中，霍金对约翰尼·德普导演的关于人工智能的电影《超验骇客》进行了评论。他说："如果仅仅将这部电影当作一部科幻作品，而不去真正重视人工智能在未来对我们产生的影响和后果，那么这种行为将有可能成为人类历史当中的最大错误。如今，各类电子助手的产生仅仅是一个开端，它们对人类的各类活动都会有很多帮助，不过在将来的先进技术面前，这些都会成为最低端和苍白的存在。"

《超验骇客》讲述的是这样一个故事：主人公维尔卡特是一名科研人员，很多年以来，他一直致力于人工智能的研发，他所研发出来的智能机器人总是能够全方位地结合人的感情和智慧来为人类服务。后来，维尔卡特博士要进行一次关于"超验骇客"的智能机器人研

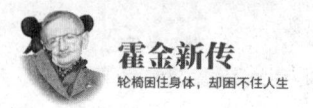

发,他尝试将自己的大脑植入电脑中,从而实现机器人的自我意识。这个试验让维尔卡特博士一举成名,同时他也成了一些反科技分子的眼中钉。但是反科技分子们并没有成功阻挠威尔卡特的研发,反而还促进了"超验骇客"的研发进展。渐渐地,随着"超验骇客"实验的不断进展,维尔卡特的妻子察觉到自己的丈夫已经不再是单纯地进行试验研究,而是逐渐转变成对权力的追求。她意识到这个试验的结果关乎着整个人类的命运,摆在他们面前的问题不是能不能继续试验下去,而是应不应该继续这项研究。渐渐的,她的担忧逐步变为现实,维尔卡特开始无处不在,真正可怕的是没有人能够阻止维尔卡特。

这部电影的中心思想就是要让人们看到未来有一天,人工智能超越人类之后的可怕后果。而霍金对人工智能的开发也一直心存忧虑,他甚至认为人工智能的出现就是人类历史上最糟糕的事情。在霍金看来,人工智能对人类的威胁可谓是无限大的,只要时机合适,人工智能完全有能力摆脱人类的控制,并且统治人类。他说:"成功制造出一台人工智能机器人将是人类历史上的里程碑。但不幸的是,它也可能会成为我们历史上最后一个里程碑,除非我们能学会如何规避这种风险。"

关于人工智能,科学家称之为AI,相信我们每个人都有一些了解。人工智能是一门新学科,属于计算机学科的一个分支。它的主要特点就是,研究和开发一些模拟、延伸和扩展人类智慧的工具。因此,人工智能是以人类的智能为基础,制造出与人类智能相似的智能机器,包括机器人、语言识别、图像处理和专家系统等等,这些都是对人的意识和思维的模拟。需要注意的是,人工智能并不是人的智能,但是它们可以做到像人一样去思考,而且是每时每刻保持最优的状态,百分之百地不受外界环境和情绪的影响,这一点是人类无法做到,也是人工智能有可能超越人的智慧的关键因素。它们不知道累,思维可以高速运转,这种速度是人类大脑的思维速度所无法比拟的。

第十章
星际穿越:让所有人都震惊的话

所以,只要人工智能掌握住了人类的所有思维模式,它们便完全可以超越人类了。

如今,人工智能已经和空间技术、能源技术并称为世界三大尖端技术。人们对人工智能的重视程度越来越大。它早已不是计算机学科的一个小分支了,而是一个独立的学科,并且在理论和实践当中都取得了令人满意的成果。这让霍金很是担忧。事实上,随着人工智能的一次次突破,人类对它的恐惧也日益加深。霍金对人工智能的威胁曾经做过一次非常中肯的评价,他说:"人工智能的短期影响取决于谁控制了它,而长期影响则取决于它到底能不能被控制。"

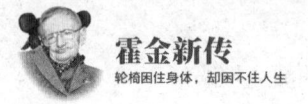
霍金新传
轮椅困住身体，却困不住人生

5. 地球即将进入冰河时代

霍金关于太阳将会进入休眠期的说法，经过很多科学家的证实是成立的。太阳的活动的确存在着某种循环性的规律。所谓"太阳周期"是太阳在行为上的循环和变化。据观察，太阳周期只有11年和22年的周期是能够被清楚地观测到的。11年周期当中，太阳黑子会逐渐增加或者减少，但是光斑并没有明显的变化；22年周期当中，太阳的磁场会发生扭转。也就是说，太阳黑子的活动是11年一个周期，而太阳磁极的变换每22年会有一次。根据记载，太阳最近的一个周期是在2009年，而按照太阳活动的规律，2030年开始，太阳将会开始下一个活动周期。

太阳为什么会出现这样的周期，目前人们还不得而知，但是经过科学家的研究和种种迹象表明：太阳很有可能会在2030年进入一次"休眠期"。太阳一旦进入"休眠期"，最大的影响就是太阳的活动周期可能会被迫中断。对此，参与太阳周期研究的负责人弗兰克·希尔是这样表示的："根据科学家们的观测，太阳的黑洞在减弱，日冕区域的电流也在减少，同时，太阳的喷射流消失。而到了2030年，太阳黑子将会持续消失几年甚至几十年，这会导致地球的气温出现下降，这一结果将会最终导致地球进入一次小冰河期。"

事实上，早在1645年，地球上曾经出现过一次小冰河时代。当

第十章
星际穿越：让所有人都震惊的话

时，整个世界是一片冰雪世界。相较于1645年出现的太阳休眠期，天文学教授万伦蒂娜扎科娃表示："在第26个太阳周期，这两个磁波将成镜像。它们同时出现，却分布在太阳对立的两个半球上。它们的相互作用会带来破坏性影响，它们或许会相互抵消。我们预测，这会使太阳出现蒙德极小期的特性。实际上，这些磁波大致同步时，它们就有更强的相互作用，太阳会出现更强烈的活动。它们不同步时，太阳活动最少。它们完全不同步时，就会出现370年前发生的蒙德极小期（公元1645年至1715年是蒙德极小期，在此期间太阳活动非常衰微，持续时间长达70年，此时也恰好是地球的小冰期，但两者是否有关联，仍然没有定论）的情形。"

太阳为人类的生存和发展带来温暖和光明。如果太阳进入休眠期，那么就意味着地球重回冰河时代。而以前地球在发展过程中曾经经历过两次冰河时期，不过那时候的地球还没有人类，也可以说没有任何的生命迹象。所以，人类根本无法想象进入冰河时代会对人类产生什么样的影响。

对此，霍金预言："太阳进入休眠期，可能会对地球产生毁灭性的影响，地球会在太阳休眠之后的10年之内迎来世界末日。那时候，即使有少数人能够逃离地球，但是他们最终也无法离开太阳系，地球上所有的生物物种都会灭绝。"霍金的这个言论一出，对所有人无疑都是惊天霹雳。他的话让人立即想起了玛雅人的世界末日预言，甚至人们陷入了一片比玛雅预言还恐怖的恐慌之中。

那么太阳的休眠期是否真的会来临？地球是否真的会再一次面临冰河期？如果这一切都是真的，那么进入冰河时代的地球，绝对不会像动画片《冰河时代》里描绘得那么美好。

作为当代最重要的理论天体物理学家，霍金做出的这个地球即将进入冰河时代的预言，让很多科学家们提出质疑。他们认为霍金推测的太阳休眠期是合理的，地球也的确会进入冰河时代，但是地球进

霍金新传
轮椅困住身体，却困不住人生

入冰河时代后，对人类的影响，他说得太过危言耸听了。而且，科学家们表示：太阳的活动将会在2030年下降60%，并不是下降到0。地球只是进入到小冰河时代。所谓的小冰河时代对地球最大的影响其实就是极端的天气变化。说白了就是地球进入一个比较冷的时期，像我国的东北地区，或者比那还要冷。对此，上海天文学会秘书长汤海明表示："虽然目前为止，人们对太阳活动周期的预测并不精确，不过地球再次进入冰河时期也是完全有可能的。只是，冰河时期并不是一瞬间就能完成的事情，即使会发生，地球也会经历一个漫长的转变过程。而且，以当前的科技发展水平，人类完全有能力对这一可能发生的变化进行处理。所以，我们也没有必要对于这样的消息感到过度恐慌。"

缓解完紧张的情绪之后，我们来看看霍金发布的这个预言。事实上，霍金之所以一再地危言耸听，他的目的意在引起人们的重视，他希望人类可以在灾难降临之前，提前做好准备，不至于被打得措手不及。为此，霍金倾向于将问题说得严重一些。事实上，在科学史上曾经有四次围绕黑洞的著名赌局，霍金本人就参与过三次，而这三次霍金都认输了。可是即便如此，人们也没有因为他的预言不准确，而对他关于太阳进入休眠期，地球进入冰河时代的言论置之不理。他的预言依然引起了广泛的讨论。这就是霍金危言耸听想要达成的最终目的。

评价古人范仲淹时，我们喜欢引用这句话："先天下之忧而忧，后天下之乐而乐。"其实，这句话也同样适用于霍金。他生于地球之上，长于地球之上，他爱地球，更爱地球上的人类。他在用自己的方式向同类发出警报，他在用这种极度容易让人误会的方式保护着同类。霍金就是这样一个人，他并没有站在巨人的肩上，而是他本人就是那个巨人，他比普通人看得远很多。一直以来，霍金就是采用这种最出人意料的，却也是最有效的方式，告诉世人他看到了什么。

黑洞理论：黑洞不是那么黑

　　曾获得英女王赠勋的霍金，是位名副其实的学术明星。霍金在黑洞领域的研究成果有目共睹，可却终身与诺贝尔奖无缘。很多人说，也许就是因为霍金研究的是"黑洞"，所以他的研究成果，多半无法被证实，所以，诺贝尔奖无法颁给他。20世纪70年代，霍金以量子力学为基础，对黑洞进行了更为深入的研究。他惊讶地发现，黑洞其实并不是像传统观念中描述的那样，像个"永恒的监狱"，任何事物一旦进入，就永远地留在了黑洞中。这个"太空中最自私的怪物"，在霍金的手中，一点点揭开了神秘的面纱。黑洞到底是什么，是一个黑暗的无底洞还是一个连接另一时空的通道？让我们跟随霍金一起，散步黑洞，解开一切的谜题吧。

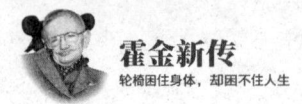

1. 宇宙大爆炸其实是存在的

宇宙是否存在起始，一直是宇宙学中的一个重要的大问题。为了研究这个问题，科学家们提出了"宇宙大爆炸"理论，认为宇宙的开端来自一场规模巨大的大爆炸。宇宙大爆炸属于专业性很强的东西。美国天文学家希尔克在他的著作《宇宙的起源与演化——大爆炸》这本书中，谈到大爆炸理论的时候，是这样说的："早期宇宙非常炽热、非常致密，同时也许还是很不规则的。这种不规则性和各向异性逐渐消失了。在大爆炸后数分钟内出现了一些核反应，宇宙中几乎所有的氦就是在那时合成的。随着膨胀的进行，宇宙逐渐变冷，就像热空气边膨胀边冷却一样。"

当然，很多科学家不同意这个理论，他们认为解决这个问题的唯一方式必须通过宗教或是上帝。对此，霍金是这样描述的："20世纪60年代早期在宇宙学中的大问题是宇宙是否有一起始。许多科学家本能地反对这个观念，并因此反对大爆炸理论，因为他们觉得一个创生之点会是科学崩溃之处，人们必须诉诸宗教和上帝之手去确定宇宙是如何开始的。"

当然，霍金表示，宇宙是如何开始的，这个问题绝对不能诉诸于宗教和上帝之手来解决。霍金在研究宇宙大爆炸的时候，很多天体物理学家们早已研究过这个问题了，他们围绕这个问题，展开了激烈

第十一章
黑洞理论：黑洞不是那么黑

的辩论，一些反对这一观点的科学家们提出了反对的意见，如霍伊尔提出了稳态理论。关于稳态理论，霍金在他的自传《我的简史》中写道："人们提出了两种可选择的场景。一种就是稳态理论，在该理论中，随着宇宙膨胀，暗物质被连续地创生以使得密度在平均上不变。因为稳态理论需要一个负能量场去创生物质，所以它从未拥有非常坚实的理论基础。这会使它不稳定并容易导致物质和负能量无法控制地产生。但这个理论有一个巨大优点：它能给出确定的能够由观测来检验的预言。"

稳态理论到了1963年就已经遇到了麻烦。卡文迪许实验室的马丁·赖尔的射电天文学小组经过研究，发现了稳态理论存在的问题。对此，霍金教授是这样分析的："这些源在整个天空分布得相当均匀。这表示它们可能在我们的星系外面，因为否则的话它们会沿着银河系的方向集中。但是源的数目和源强度对比图跟稳态理论预言不相符合。存在太多的微弱的源，表明源密度在遥远的过去曾经较高。"针对科学界的异议，霍伊尔和他的支持者给出了极为牵强附会的解释。直到1965年，微波辐射的微弱背景的发现，给了稳态理论致命一击。对此，尽管霍伊尔和纳里卡想了很多办法，但稳态理论却再也不能解释清楚关于这个辐射的问题。

那一年，霍金得知这件事情以后，为自己没做霍伊尔的学生感到万分地庆幸。如果当年他考入剑桥大学时，霍伊尔收下了他，作为学生的霍金必然要去支持老师的"稳态理论"，即使知道这个理论根本站不住脚，那样一切将会变得万分地糟糕。他在物理学界的前程也就没有了。霍金在自传《我的简史》中是这样说的："我不是霍伊尔的学生倒也不是坏事，否则我必须去捍卫稳态理论。"

在宇宙大爆炸理论中，奇点与宇宙的诞生是必不可免的。1965年1月，彭罗斯在伦敦的国王学院就这个论题做了课堂讨论。当时霍金并不在场，他是从布兰登·卡特那里听到消息的。当时，霍金和卡

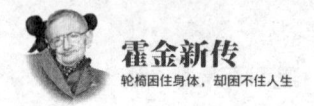

霍金新传
轮椅困住身体，却困不住人生

特在银街的剑桥新的应用数学和理论物理系大楼里共用一个办公室。霍金起初不理解要点是什么，是彭罗斯证明了濒临死亡的恒星一旦收缩到一定的半径，就会不可避免地存在奇点，空间和时间在奇点处终结。而今，霍金已经知道，没有任何东西可阻止大质量冷的恒星在其引力的作用下坍缩，直至它达到无限密度的奇点。但事实上，他们只对一颗完美地球状的恒星的坍缩解方程，而实际的恒星当然不会是严格球状的。随着恒星坍缩，对球对称的偏离会增大，会使恒星的不同部分相互错开，因此避免了无限密度的奇点的出现。彭罗斯却证明了他们是错误的，对球对称的小偏离能防止奇点的产生。霍金意识到类似的论证可被应用到宇宙的膨胀。在那种情况下，霍金能证明存在奇点，时空在哪里有一个开端。这样一来，栗弗席兹和哈拉尼柯夫就又错了。

霍金表示，他和彭罗斯的奇点定理很原始，他们假设宇宙有个柯西面。但是，随着他们进一步研究，他们发现了一个重要的问题。霍金说："彭罗斯和我自己的原始的奇点定理需要假设，宇宙有个柯西面，那就是一个和所有粒子路径相交一次并仅有一次的面。因此可能我们的第一条奇点定理只不过证明了宇宙不具有一个柯西面。尽管有趣，但在重要性上，这根本不能和时间有开端或终结相提并论。因此我着手证明不需要一个柯西面假设的奇点定理。"

于是，霍金、彭罗斯和盖洛许在接下来的五年中发展了广义相对论中的因果结构理论。事实上，霍金等人甚至完全拥有了这个领域。霍金说："我们实际上拥有这整个领域，这种感觉太美妙了。这和粒子物理多么不同，粒子物理学家们争先恐后地采用时髦观念。他们迄今依然如此。"

于是，霍金把研究的结果整理成一篇论文。凭着这篇论文，霍金在剑桥获得了1966年度的亚当斯奖，而那一年，霍金只有24岁。他刚刚和简结婚，他们的第一个孩子还没有出生，如此年轻，却已经开始

第十一章
黑洞理论：黑洞不是那么黑

在天文物理学界崭露头角。后来，霍金和乔治·艾里斯合著的《时空的大尺度结构》就是在这篇论文的基础上写成的。这部专著在1973年由剑桥大学出版社出版，从那以后，霍金就不再探讨时空因果结构。霍金在《我的简史》一书中写道："时空的因果结构是时空的哪些点能够影响其他点处的事件。我愿意告诫一般读者不要尝试查看该书。它是高度专业性的。它是我把自己当成和纯粹数学家一样严密的那个时期完成的，当今我关心的是是否正确，而非是否正当。"

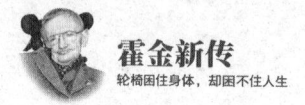

2. 时间进入 1970 年

　　时间进入1970年，在霍金的生活和事业中有两件重大的事情，一是他的女儿出生了，二是他对黑洞理论的研究成为他最著名的科学成果。与研究宇宙大爆炸不同，黑洞被证明是确实存在的。提起黑洞，其背后的思想恐怕要追溯到200多年前，也就是1783年，有位叫约翰·米歇尔的教师，就曾在当时的《伦敦皇家学会哲学学报》发表过一篇题为《暗星》的论文。他指出："有一颗恒星，它拥有足够大的质量和密度，从而导致它有很强的引力场，甚至连光都不能逃逸。任何从这恒星表面发射出的光线在没行进到非常远前就会被恒星的引力拉回。"米歇尔认为，宇宙中会有很多这样的恒星存在，尽管我们从来没有见过它们，但是我们依然可以感受到它们的吸引力。其实，米歇尔发现的这种恒星就是我们现在所说的"黑洞"。

　　几年后，法国科学家拉普拉斯侯爵也有了与米歇尔相似的想法，这位法国侯爵把发现黑洞的想法写进了书里，不过后来，他的书《世界系统》中把黑洞的设想去掉了，后人不知道这位侯爵这么做的原因是什么。霍金猜想："也许他判定这是一种疯狂的想法。"

　　直到1915年爱因斯坦提出了广义相对论，得出引力如何影响光的协调理论，尽管爱因斯坦从没接受过黑洞理论。1939年，罗伯特·奥本海默和他的学生乔治·沃尔科夫等人研究证明了黑洞理论。后来，

第十一章
黑洞理论：黑洞不是那么黑

第二次世界大战爆发了，战争改变了奥本海默的研究方向，原本对黑洞感兴趣的奥本海默转向研究原子弹。战后，人们对核物理的研究热度远远超过了对引力坍缩的研究。就这样，黑洞的研究就像被人们遗忘了一样，数十年无人问津。一直到1960年开始，随着类星体的发现，人们又开始关注天体物理学这个沉睡已久的古老学科。

至于什么是类星体，霍金在《我的简史》中是这样描述的："类星体是非常致密和具有非常强大的光学和射电的源的极遥远物体。物体落入黑洞是仅有的能够解释在空间这么小的区域里产生这么多能量的貌似有理的机制。"

就在物理学专家们开始继续黑洞理论的研究时，霍金也开始对黑洞产生了兴趣，他在应用数学和理论物理系的办公室的门上贴了一张纸，上面写着一句话："黑洞是看不见的。"系主任看到这张纸，非常震惊，以至于策划把霍金选为卢卡斯教授，好借以将霍金转移到一间更好的办公室。

1970年，霍金的女儿露西出生了，心情愉悦的霍金在女儿出生后的几天想出了关于黑洞的研究尤利卡。那是11月的一个夜晚，霍金躺在床上，因为黑洞方面的研究终于有了想法，他感到特别兴奋。于是，整个晚上，他都在思考这个问题。终于，霍金瞬间意识到：他为奇点定理发展的因果结构理论适合于黑洞。霍金在《我的简史》中写道："我意识到，我为奇点定理发展的因果结构理论适合于黑洞。特别是，黑洞的边界即视界的面积总是增加。当两颗黑洞碰撞并合并时，最终黑洞面积比原先黑洞面积之和更大。这个以及詹姆·巴丁、布兰登·卡特和我发现的其他性质暗示，面积正像是黑洞的熵。"

霍金解决黑洞理论中的大多数问题，是在1972年。尤其是1972年的那个暑假，霍金和大卫·罗宾孙一起证明了无毛定理。关于无毛定理，霍金教授的解释是：黑洞会稳定到只由两个数，即质量和旋转表征的态。围绕着黑洞这个问题，霍金与基普·索恩以及约翰·普列斯基尔打了一个赌。霍金知道，自己想要赢得这个赌局，是件非常困难的事情，但是他想，只要任何人能够找到一个裸奇点的反例，输了反倒是个好结果。事实上，这是霍金最早输掉赌局的一次，他把他的观点"自然厌恶裸奇点"印在了T恤上，这让索恩和普列斯吉尔不太开心。

后来，霍金在科研上取得成功，他发表论文《时空的大尺度结构》之后，时间到了1973年，他的女儿露西3岁，大儿子罗伯特6岁。霍金忽然觉得无事可做了，经过一番思考之后，他打算将广义相对论与量子论结合在一起，用他的话讲，就是："我和彭罗斯的研究证明了，广义相对论会在奇点处崩溃。这样下一步显然应该是将描写'非常大'的理论即广义相对论，与描写'非常小'的理论即量子论相结合。"遗憾的是，当时的霍金没有量子论方面的背景。于是，霍金就觉得，如果他正面攻击奇点定律，似乎有些困难。想了想，霍金做出了一个决定，他在《我的简史》中写道："作为热身准备，我转而考虑由量子论制约的粒子和场在邻近黑洞时会如何行为。特别是，我极想知道，能存在在极早期宇宙形成的极微小的以黑洞为核的原子吗？"

为了寻找这个问题的答案，霍金开始认真研究。接着，霍金惊讶地发现：从黑洞出来的辐射是存在的。起初，霍金也不敢相信这个结论，他以为可能是在计算环节出现了错误。于是霍金又反复地计算几次，最终证明：从黑洞出来的辐射是存在的。他在《我的简史》中写得很清楚："源自黑洞的辐射会携带走能量，黑洞因此而损失质量并缩小。看来，黑洞最终会完全蒸发并消失。这引起了直插物理学核心的一个问题。我的计算暗示，辐射是严格的热性的和随机的，如果黑洞的面积是黑洞的熵，情况就必须如此。"

黑洞辐射这个问题就像是科学界的一道有趣的问题，数十年一直缠绕着科研人员：原子黑洞的辐射是如何带走能量的？这个问题，

第十一章
黑洞理论：黑洞不是那么黑

科学家们争论了30年。后来，霍金提出了自己的观点，他在《我的简史》一书中写道："信息并没有丢失，不过不以有用的方式返回。"对此，霍金打了一个形象的比喻：一个人烧掉了一本书，然后把书灰保留了下来，从能量的角度讲，没有损失。但是，如果有人再想去阅读这本书，那就是不可能的了。

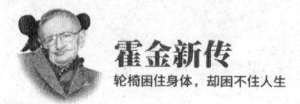

3. 他仍是一位理论家

没有人生来就知道自己应该走哪条路，也没有人生来就认准自己应该走哪条路，或是适合走哪条路。霍金也是一样的，在他走上理论物理学研究这条路之前，他也曾有过摸索的过程，也曾想过其他。只是，他是幸运的。机缘巧合之下，他一步步地走上了理论物理这条路。

1970年年初，那个时候，引力波的研究非常受关注。霍金对它也很感兴趣，于是他来到离普林斯顿不远的地方，仔细检查了韦伯观测引力波暴的检测器。那时候，霍金并没有受到过这方面的训练，他根本看不出韦伯的检测器有什么差错，只是被韦伯宣布了的科学结果惊住了。后来，霍金在《我的简史》一书中，在谈到引力波这个问题时，是这样写的："强大的足以激动韦伯棒的引力波暴仅有可能的源应是：一颗大质量恒星坍缩形成黑洞，或者两颗黑洞碰撞并且合并。这类事件的早先估计是大约每世纪一次，但韦伯宣布每天观测到一两次暴。这就意味着，该星系正以一种巨大的速率损失质量，星系存在期不可能一直维持这样的损失率，那样的话现在根本就没有星系留下。"

从普林斯顿离开后，霍金的心情非常地激动，当时他和他的学生盖瑞都认为韦伯的发现非常重要，需要独立确认。于是，一回到英

第十一章
黑洞理论：黑洞不是那么黑

国，霍金和盖瑞便赶写了一篇关于检测引力波暴引力的文章。在这篇文章中，霍金和盖瑞非常认真地对检测设计环节提出了新的设想。然而，当时根本没有人投资去建造这种新型的检测仪器。但是霍金和盖瑞并不想因此放弃，他们觉得此时此刻自己的手里正捧着一块金子，只是还没有被提炼出来。于是，霍金和盖瑞采取一种对于理论家而言相当鲁莽的行动，他们二人向科学研究会提交了申请，希望可以得到一笔足够建造两台引力波暴检测器的资金。

为什么霍金要申请建造两台检测器呢？在《我的简史》中，霍金是这样解释的："因为来自噪声和地球振动的假信号的干扰，观察至少两个检测器结果之间是否符合是必要的。"资金的问题即将得到解决，接下来就是寻找合适的实验室。

为了尽快进入到实验环节，霍金和盖瑞决定分头行动。霍金负责寻找可以做实验的实验室。而盖瑞则到处搜寻那些存放战后剩余物资的地方，他们预备把废弃的减压舱用作真空室。最后，他们在伦敦的一个塔楼的十三楼租了一间价格便宜的办公室（英国非常忌讳十三这个数字，所以这间办公室的价格很低，而作为科研单位，科学研究会并不迷信这些），霍金他们在这里召开了一个科学研究会。一切都已准备就绪，就在这时，霍金遗憾地得知：还有另外一个小组正在研究引力波暴。于是，霍金他们只好收回了申请。而霍金想要成为实验家的梦也彻底醒了。

看好的项目，一切准备工作都已就绪，可是实验项目却被人抢先，这原本是件倒霉的事情，可是后来的事实证明，霍金没有进行引力波实验是件多么幸运的事情。这件事情之后，霍金的身体状况越来越不好，而且病情恶化的速度非常快，别说进行科学实验了，就连基本的生活自理能力都没有了。这还只是霍金单方面的原因。从以往的科学家们的经历看，一位物理学家想要在实验课题上有所突破，也是相当困难的事情，通常这位科学家不仅需要投入大量的时间和精力，

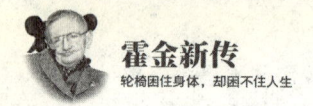

而且光靠他一个人是没有办法完成的，必须有一个十几人或者几十人组成的团队，大家一起实验，一起研究，才能够取得成功。想到这些，霍金非常庆幸自己当初的放弃，相比之下，他还是更喜欢研究天体物理学的理论，用他自己的话来说："一个理论家可以在一个下午，或者在我的情形之下，上床之际突然得到一个想法，而独自地或者和一两位同事撰写论文，从而成名。"这让人想起了霍金的第一任妻子简在自传《飞向无限》中提到的：霍金习惯在穿衣服的时候想到一种理论。

　　由此可见，相对于那些实验证明的过程，霍金更喜欢的是思索的过程。先不说霍金的身体适不适合进行严谨的实验，单说处理与合作伙伴之间的关系，也不是霍金所擅长的。霍金的兴趣和他的身体状况，以及他的天赋，都注定了他将成为一名在思想上飞跃的理论物理学家。实践证明，霍金没有从事引力波研究是多么幸运呀。据后来者统计，自从1970年以后，世界各国用来检测引力波的检测器越来越灵敏。美国就已经拥有了两台检测器，并且这两台检测器比当年韦伯发明的检测器要敏感1000万倍。但遗憾的是，至今，美国方面也没有检测到引力波。于是，霍金又开始庆幸，庆幸他选择了理论物理，而不是实验物理，他说："我非常高兴我仍是一位理论家。"

第十一章
黑洞理论：黑洞不是那么黑

4. 黑洞在吞噬一切

　　根据爱因斯坦的广义相对论，科学家们通过计算机模拟一颗恒星坍塌，结果这颗恒星浓缩成一个黑洞并释放出引力波。这个实验验证了黑洞的存在。那么什么是黑洞呢？黑洞是指一颗星体体积足够小、质量足够大时，它的引力使得周围时空发生极端扭曲，从而产生强大的引力。因为这种超强的引力，任何物体一旦进入到黑洞中去，便永远也无法逃脱了，甚至连光都无法逃脱和穿越。其实，我们也可以说，黑洞是宇宙中的神秘天体，具有超强引力，是在时间和空间中形成的一种密度无限大、体积无限小的天体。

　　黑洞被认为是宇宙最结实的空中牢笼，一直以来，人们都认为，黑洞的质量和体积只会增大。可是今天，霍金却说黑洞在消耗自己的能力和质量。人们的的确确感受到了霍金思维的飞跃。霍金发现黑洞周围的引力场在不断地释放出能量的同时，不断地消耗自身的能量和质量。也就是说，黑洞已不是牢固的监狱，它既在不断地吸收着物体，也在不断地向外发生着物体。黑洞从来都不是一个完美的封闭体。

　　黑洞为什么称之为"黑洞"，难道它的颜色是黑色的吗？

　　其实黑洞之所以被称为"黑洞"，是因为它就像是一个密不透风的洞，任何物质一旦进去，就似乎永远别想再出来，包括光。因此，

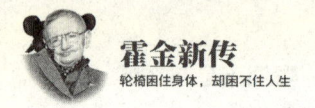

霍金新传
轮椅困住身体，却困不住人生

黑洞的确是黑色的，没有任何光线折射出来。但是，霍金却在2014年1月24日发表的一篇名为《黑洞的信息保存与气象预报》的论文中提出："宇宙中没有黑洞，存在灰洞。"霍金的这句话，再一次震惊了物理学界，甚至震惊了整个世界。霍金为什么说宇宙中没有黑洞，却有灰洞呢？灰洞又指什么呢？

霍金指出，黑洞其实不是一个密不透光的无底洞，也并非任何物体进入黑洞之后就会被永久封闭或者消失，在某些特殊条件下，这些进入到黑洞中的物体，还是可以再"回"到宇宙当中去的。因此，霍金说出的那句话，并不是说黑洞真的不存在，而是说密不透光的黑洞并不存在。霍金说："在经典理论中，黑洞不会放过任何东西，量子理论允许能量和信息逃离黑洞。"这就是二者的矛盾之处。很多年里，霍金一直证明各种假设和推测来解释这一自相矛盾的说法，但是一直没有结果，以至于"问题的正确解释仍然是一个谜"。

根据爱因斯坦的广义相对论，由于重力的存在，黑洞是存在明显边界的，只是它与宇宙当中的其他区域没有明显的区别，因而未被人们所发觉。此前，科学家们曾经做过这样的假设：假设一名宇航员无意间闯入到了黑洞中，那么他将面临什么呢？是灰飞烟灭还是永远地自由落体下去？科学家们依据量子理论推测，宇航员最有可能面临的结果就是在到达黑洞视界处，被那里的"火墙"直接"烧焦"。对此，霍金却有不同的看法，他认为人们此前对黑洞的边界理论认识是不完善的，且所谓的黑洞边界处的"火墙"是根本不存在的。他认为，事件视界理论需要进一步完善，黑洞与外界真实的边界应该是一个更加"温和"的"视边界"，而非对立鲜明的"防火墙"。

也就是说，霍金认为，黑洞会困住进入的物质一段时间，之后就会将它们重新释放到宇宙当中，光线也是如此。这与经典理论中，光无法从黑洞中逃脱的说法完全相悖。在霍金的解释下，黑洞不是黑的，它也会发出一些光来。因此，霍金提出了最新的"灰洞"理论。

第十一章
黑洞理论：黑洞不是那么黑

其实，早在2004年，霍金其实就曾经提出过类似的说法。那是在第十七届国际广义相对论和万有引力大会上，霍金指出黑洞其实并不是像经典理论所描述的那样，不顾一切地吞噬所有的物质，甚至包括光。当时，霍金并没有形成系统的理论，直到"灰洞"理论成形后，才进一步说明了自己的观点。

根据广义相对论，黑洞的产生过程是这样的：任何一颗恒星都有自己的寿命。当一颗恒星的能量渐渐消失，即将寿终正寝时，它会在自身重力的作用下不断压缩、坍塌，最终爆炸。最终的结果，就是这颗恒星不断压缩，不仅在空间，在时间上也不断压缩，最终成为一个体积无限小的奇点、而质量不变的黑洞。由于质量大、体积小，这个黑洞会产生巨大的引力，从而会吞噬掉周围所有的光线和其他任何物质。

一般情况下，黑洞是由质量高于太阳几十甚至几百倍的恒星演化而来的。1974年，霍金发现了黑洞的蒸发现象，这一现象的发现则是基于广义相对论所创立的量子理论。在量子力学理论当中，能量为零的状态是一种理想状态，现实中并不存在，我们平时常说的真空也并不是真的没有任何场、粒子和能量，不过是一种能量最低的状态，而不是真正意义上的"真空"。霍金发现，在每个微黑洞周围，量子真空会被它周围的强引力场所极化，这就意味着黑洞在通过黑体辐射释放出粒子，即"霍金辐射"，通过这种机制很有可能会导致黑洞最终蒸发掉。

人们发现黑洞，往往是因为黑洞周围的气体能够产生辐射。这在天体物理中被称为"吸积"。黑洞就是通过这个"吸积"的过程，来增加自己的恶质量和能量的。除此之外，霍金还发现黑洞还会向外辐射粒子。这一发现彻底打破了人们对黑洞的认识，人们都认为，任何物质都是不能从黑洞中逃脱出来的，但是霍金结合广义相对论和量子理论发现，黑洞周围的引力场释放出能量，同时消耗黑洞的能量和质量。那么霍金是怎么发现黑洞蒸发的呢？

根据德国著名物理学家，量子力学的主要创始人维尔纳·卡尔·海森堡的不确定性原理，在黑洞周围的量子真空状态下，任何地点，任何时刻，都会存在着一对正反粒子。这对粒子被产生后会有四种发展过程：第一，正反粒子都没有被黑洞吸收，它们相遇后，正反相抵，双双消失；第二，反粒子被黑洞吸收，正粒子成功逃脱；第三，正粒子被黑洞吸收，反粒子成功逃脱；第四，正反粒子同时被黑洞吸收。

根据能量守恒定律，能量不会凭空生成，也不会凭空消失，此处的能量增加了，在别处的能量就一定会消失，从而维持整体上的能量平衡。这也就是说，逃走的粒子携带着被吸入黑洞中的粒子的能量，换句话说，一个粒子被吸入黑洞，就相当于另一个粒子从黑洞中逃走。这样，就意味着黑洞的总能量减少了。霍金计算了上述正反粒子的四种情况的发生概率，结果发现第二种情况最为常见。

因此，黑洞在捕获反粒子的同时，导致相同数量的正粒子逃逸，从而自发地损失了能量，也损失了质量。随着时间的推移，黑洞的能量会损失得越来越多，这也就是说，黑洞的质量在不断地变小，即黑洞在蒸发。此外，霍金在研究黑洞蒸发理论的时候，还意外地发现：黑洞的质量和温度、辐射成反比关系，即黑洞的质量越大，温度越弱，辐射越低；反之，黑洞的质量越小，温度越高，辐射越强。当然，粒子流只有对微小的黑洞才会有特殊的影响，对于那些巨型的黑洞，发射粒子的过程则非常缓慢，相当于蒸发。这个蒸发的过程会非常漫长，甚至会超越宇宙的年龄。但是，只要宇宙的寿命足够长，那么这些巨型黑洞终有一天被蒸发掉。

5. 霍金的"裸奇点"理论

根据爱因斯坦的广义相对论，宇宙中的确存在着奇点。那么什么是"奇点"呢？奇点在宇宙学当中也称作"奇异点"，大多数科学家认为，奇点产生于宇宙之初，也是时间空间无限曲率的一点。1970年，霍金和彭罗斯提出了奇性定理，在奇性定理当中，如果将爱因斯坦的广义相对论应用到宇宙学当中，就必然会出现奇点。而一颗大质量的恒星寿命结束坍塌，它最终的结局也是成为一个奇点，从而成为黑洞。而根据黑洞理论，黑洞的中心存在着一个密度和质量无限大的点，这个点就是奇点。

当前，很多学说都无法得到明确的科学证明，"裸奇点"理论就是其中的一个。人们非常好奇进入黑洞之后会发生什么，是永远地自由落体下去，还是彻底消失，又或是真的穿越到另一个时空中去了？对此，没有任何人知道。很多科学家认为黑洞的强大引力场会使得任何物质都无法逃脱，包括光线，环绕黑洞奇点周边的物质就是黑洞的边界——事件视界。任何物质一旦进入到事件视界当中，就相当于进入到了一个永恒的监狱，永远无法离开这个区域，而是会不断地向黑洞的中心奇点靠近，直到撞毁在奇点之上。同样，不管是任何物质，一旦进入事件视界之内，外部的观察者就再也不会看到它，包括强烈的光。只是，人们对于黑洞的描述仅仅是建立在数据定理的推断这一基础上，黑洞到底是什么样子，没有人知道。所以，上述的描述是否

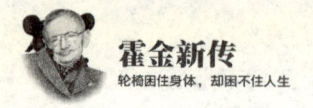

精确,人们也无法知晓。

但是,根据已知的物理学定律,我们可以确定黑洞的奇点是一定存在的,但是,黑洞的边界——事件视界是否存在,则没有明确的科学证明。之所以有人认为黑洞存在事件视界,是因为黑洞的奇异性。进入黑洞的物质到底发生了怎样的变化,而这种变化为什么又会对外界没有任何影响?事件视界将所有的东西都隐藏了起来,这样就如同孩童之间躲猫猫的游戏,让人们在好奇心的驱使下不断地探索和寻找。不过,虽然如此,还是有越来越多的科学家开始质疑和研究黑洞存在事件视界这一个理所当然的假设。很多研究宇宙的科学家也开始证明,恒星在坍塌为黑洞的时候,也许并没有形成事件视界。黑洞没有边界,因此黑洞的奇点实际上就暴露在人们的视野范围之内,而天文物理学家将这样的奇点称为"裸奇点"。

"裸奇点"是指没有视界包围住的引力奇点。在前文中已经说明,超大质量的恒星寿命终止之后会塌缩成奇点,形成黑洞。在广义相对论理论中,黑洞是有边界的,即事件视界,事件视界和奇点二者共同构成黑洞。因为事件视界的存在,人们无法清楚地观测到黑洞内部的真实情况,从而无法判断出进入黑洞的物质将会面临什么。而"裸奇点"与之恰恰相反,霍金认为,黑洞是无限的,不存在事件视界,因此,接近或是进入到黑洞中的光和其他物质也并非进入一个永远无法逃脱的监狱,而是有机会逃脱的。霍金认为:在理论上,外界的观察者能够看到发生在奇点附近的时空扭曲。这就是霍金的"裸奇点"理论。

霍金的"裸奇点"理论对于天文学家和物理学家来说,都是一项极为重要的研究。在此之前,我们一直认为黑洞就是一个永无止境的监狱,一旦进入就再也出不来了,而霍金却告诉我们,进入黑洞还是有机会逃脱的,并且没有了事件视界的阻碍,人们还可以直观地看到星体塌缩的过程。如果霍金的理论是正确的,裸奇点是真实存在的,那么在黑洞奇点附近所发生的一切,则可以被外界详细地观察和记录

第十一章
黑洞理论：黑洞不是那么黑

下来。很显然，这对人类了解宇宙无疑是帮助巨大的。因此，科学家们对于"裸奇点"理论的研究从未停止过。

1969年，牛津大学物理学家彭罗斯认为，黑洞奇点的形成，必然要存在事件视界，大自然不允许人类看到黑洞内部发生的状况。当然，这种假说同样没有严谨的数学来证明。1973年，德国物理学家塞费德与他的同事在运用密度不均匀的恒星进行模拟黑洞形成实验时，竟然无意中发现各种密度不同的物质在坍塌时交互作用，会短暂地产生没有视界包围的奇点。而这样的裸奇点和有事件视界包围的奇点相比，要温和得多，虽然它的密度会变得无限大，但是重力和引力场的强度却很低，这也就意味着接近这个裸奇点的物质不会被压缩。1979年和1983年，又有科学家进一步证实了裸奇点的存在，同样，他们发现的裸奇点的重力也不强劲。

在20世纪60年代末，科学界最终意识到，恒星在塌缩成为黑洞的时候，会形成事件视界掩盖奇点，但是在一些特殊的情况之下，也会形成没有事件视界的裸奇点。裸奇点的形成，关键在于能否克服事件视界的引力。如果恒星在塌缩过程当中具有非常高的旋转速度和强大的电场，那么它产生的反作用力就会形成内事件视界。当转速不断提高或者电场不断加强，那么恒星塌缩产生的力就会使内事件视界和事件视界的距离缩短，两个视界的距离不断变小，最终相互重叠而消失，这样，奇点就会裸露出来。由此，在宇宙当中，极高转速的星体最终就有可能成为裸奇点。

当然，目前霍金的"裸奇点"理论依然仅仅是学说，并没有得到任何科学定论，想要将这个理论应用于人类的天文实践中去，尚且需要很长一段时间，这是一项非常漫长的科学工程。不过，霍金对此却表现得很乐观，他说："我的科学生涯很成功，我认为'裸奇点'的理论是正确的，虽然它迄今还未为我赢得诺贝尔奖，这是因为在实验上证实它非常困难。"

霍金新传
轮椅困住身体,却困不住人生

6. 掉进黑洞会面临什么

一直以来,黑洞都被认为是"永恒的监狱",任何物体一旦被黑洞吸收和吞噬,它们将永远地留在黑洞之中,再也无法出来。后来,霍金提出,进入黑洞的物体,在某种场合下,会被重新释放到宇宙中,也就是说,黑洞不再是"永恒的监狱"。

不管黑洞是不是"永恒的监狱",人们都非常好奇,一旦掉进黑洞会面临什么?前面我们提到了一些科学家们的假设,他们认为掉进黑洞中的宇航员最有可能的结局就是被"烧焦",可是霍金先生显然不太认可。那么,掉进黑洞究竟会面临什么呢?

霍金先生在回答这个问题之前,先引入了"平行的宇宙"的观念。霍金表示:他们的信息可能会被黑洞的事件视界获取保存下来,也就是存在于黑洞的边界当中,而且在合适的时机这些信息会借助能量逃脱黑洞,这就是著名的霍金"黑洞信息悖论"。霍金在用"黑洞信息悖论"做解释的同时,还表示,那些被存储的信息很有可能被放到了另一个平行的宇宙当中。霍金指出:"黑洞并不是我们过去想象的永恒的监狱。事物能够逃离黑洞,既能从外面逃脱,也可能穿越到另一个宇宙。"

霍金的这一观点的提出,再次引发了人们对黑洞的神秘构想。对于这个"平行宇宙",我们也可以这样理解:这个平行的宇宙和我们

第十一章
黑洞理论：黑洞不是那么黑

现在生活的宇宙，都是从某个主宇宙中分离出来的，也就是说，和我们的宇宙平行存在的还有一个或是很多个宇宙。这就像在马路上行驶的公交车。多辆公交车同时在马路上行驶，它们有的方向相同，有的方向相悖，但是它们是并存在公路上的。平行宇宙就像这些并存的公交车，各自行驶各自的，谁也不影响谁。但是，它们之间有一个连接通道，而这个连接通道就是黑洞。

当一些物体不小心掉进黑洞之后，它们很有可能会穿越到别的宇宙中去。而在别的宇宙中，它们可能会遇到一些人类，或是其他外星人，又或是什么生命体都没有，什么情况都可能会遇见。目前我们尚且不了解其他平行宇宙。不过，霍金也强调，虽然黑洞可能是另一个平行宇宙的通道，但是在进入另一个平行宇宙之前，掉进黑洞的物体一定会被毁灭，毁灭到连基本的构成元素都没有的地步，又在重新组合之后释放到别的宇宙中去，这个过程一定是极端痛苦的。

当然，这些猜想目前也只是猜想，没有人真正经历过黑洞，也没有人能准确说明掉进黑洞里究竟会面临什么。黑洞本身就是一个谜，聪明的人们根于自己对宇宙的理解，充分发挥自身的思索和想象能力，推测黑洞的产生，推测黑洞里面的情景。尽管一切都是推测，却与科幻电影不一样，这些推测是建立在大量的数据和理论的基础之上的。只是，目前我们的科技水平，尚且无法实验它们的对与错。

霍金就是这样一位思想飞跃的巨人，他没有去过黑洞，却能有理有据地推测出黑洞里的情况，解释黑洞的功能。除了大量的运算之外，霍金做出这些推测的依据就是想象力。只有敢于想象，才能有灵感。一个理论物理学家，寻找一个崭新的课题的重要依据就是灵感。

提到想象力，人的想象力与自己的经历密不可分。其实，每一个人的人生都是由数个平行宇宙构成的，在某个阶段，一定会出现一件事情或是一个人，带着你步入另外一个平行人生。而我们习惯性地将这个人或事物出现的时刻，称之为"转折点"。

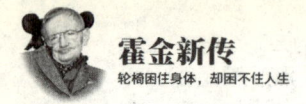

霍金的人生也是如此。生病之前是一个宇宙，生病之后是另外一个宇宙，而身体的疾病恰恰就是连接这两个宇宙的通道。在步入"黑洞"的那一刻，霍金经历了极端痛苦，他一次次地与死神抗争，一次次地战胜那些看似根本无法战胜的障碍。最终，霍金被"黑洞"撕碎，但同时他也被重新组合，释放到了另一个宇宙中去。也许连霍金自己都没有想到，另一个平行宇宙会是个什么样子。来到新宇宙的霍金，他的灵魂不再局限在身体中了，那是一个可以不用腿走路的宇宙。在那里，霍金的身体是残疾的，可是他却是人类中飞跃得最快的人。

深奥学术：果壳中的宇宙

　　《果壳中的宇宙》是斯蒂芬·威廉·霍金编著的继《时间简史》畅销之后的又一本书，与《时间简史》不同，霍金通篇采用了通俗的语言，并且借助于很多有趣的故事来描述科学知识。《果壳中的宇宙》共分为七个章节，第一章主要写相对论简史；第二章写了时间的形状；第三章写了果壳中的宇宙；第四章是很多读者最关注的一章，就是预言未来；第五章写的是护卫过去，主要探讨的是时间旅行的问题；第六章是关于星际航行的问题，探讨星际航行的可行性；第七章写的是膜的新奇世界。

霍金新传
轮椅困住身体，却困不住人生

1. 《果壳中的宇宙》

《果壳中的宇宙》是斯蒂芬·威廉·霍金编著的继《时间简史》畅销之后的又一本书。很多人都会感到奇怪，霍金为什么要把这本书取名为"果壳中的宇宙"呢？其实"果壳中的宇宙"源于莎士比亚的名剧《哈姆雷特》中的一句经典台词："即便把我关在果壳之中，仍然自以为无限空间之王。"

了解霍金的人都知道，虽然他是一名天体物理学家，但是他非常喜欢歌剧和文学，尤其是莎士比亚的作品。在学生时代，霍金就开始迷恋莎士比亚的作品，因此，霍金经常会引用一些莎士比亚作品中的原话，有时还会改变一下。作为一名理科生，对戏剧如此了解，很是让人敬佩。

其实，《时间简史》那样畅销，连霍金自己也感到吃惊，因为它毕竟不是小说，而是一本科学书籍，而且不容易读懂。后来，人们一直好奇霍金什么时候开始写《时间简史》的续集。不过，霍金那时候并不想写书，而是忙于科学研究。后来，霍金忙完了，他开始考虑写一本能够让大多数读者都能读懂的，而且区别于《时间简史》的书。就这样《果壳中的宇宙》一书被提上了日程。

这本书与《时间简史》不同，霍金通篇采用了通俗的语言，并且借助于很多有趣的故事来描述科学知识。因此，如果说普通大众看不

第十二章
深奥学术：果壳中的宇宙

懂《时间简史》，那么他们一定能够看得懂《果壳中的宇宙》。

《果壳中的宇宙》给读者介绍了很多生动有趣的天文知识。随着人类对宇宙探索的不断深入，研究人员受到的来自各个方面的障碍越来越多。对此，霍金引用了一个经典的神话故事，就是普罗米修斯盗取火种被惩罚的故事，借用这个故事开头，蕴含着深刻的意义，发人深省。接着霍金又在《果壳中的宇宙》中，写了这样一段话："尽管这些警戒的传说，我仍然相信，我们能够而且应该试图理解宇宙。我们在这方面已有了显著的进展，尤其是在前几年。当然，我们还未得到完整的图像，但已为期不远。"

1923年，哈勃用望远镜观测太空，他发现了很多其他星系。从那时起开始，人类就开始了对宇宙的无止境的探索。数百年过去了，尽管宇宙发生很多的变化，但是，有一点是不会改变的。对此，霍金是这样说的："我们生活在围绕着一个恒星公转的行星之上，而这个恒星位于螺旋形银河系的外臂上，螺旋臂上的尘埃遮住了我们在银河系平面上的宇宙视野，但是我们在该平面的每一边的方向圆锥中的视线都非常清晰，而且能够画出遥远星系的位置。我们发现星系大体均匀地分布于整个太空，有一些局部的聚集和空洞。"

在书中，霍金写道："如果恒星已经辐射了无限长的时间，那么它们就会把宇宙加热到和它们相同的温度。因为每一道视线都会要么终结于恒星的表面，要么终结于被加热至和恒星一样炽热的尘埃云团之上，所以甚至在夜晚，整个天空都会和太阳一样明亮。"于是，著名的哲学家康德陷入困惑："恒星为什么会在几十亿年前忽然点亮呢？"霍金回答道："宇宙已经存在了无限久时间。但是对于大多数人而言，它和宇宙在仅仅几千年以前从和现在非常相同的初始状态下创生的观念相一致。"

对于宇宙有没有开端的问题，很多科学家都保持了沉默。霍金在书中是这样解释的："许多科学家不愿意面对这个问题。他们企图逃避它，要么像俄国人那样宣布宇宙没有开端，要么坚持说宇宙的开端不属于科学王国的范畴，而是属于形而上学或宗教。依我看来，这不是任何真正的科学家应该采取的立场。"霍金认为，作为一位天体物理学家，在面对宇宙开端的问题时，应该抛开宗教的观点，给出一个科学的答案。他在书中表达了自己的观点："如果科学定律在宇宙的开端处暂时失效，它们不也可以在其他时间失效吗？如果定律只能有时成立则不能称之为定律。我们必须试图在科学的基础上理解宇宙的开端。它也许是超过我们能力之外的任务，但是我们至少应该进行尝试。"

在书中的第五章，霍金向读者们阐述了另一个科学观点，那就是关于"护卫过去"。每个人都有属于自己的过去，也有现在，更有未来；而人类的过去、现在和未来都是在时间的长河中度过的，这个问题，也是很多人关心的。时间旅行这个问题真的就像某些人所说的是虚无缥缈的吗？答案自然是否定的。霍金告诉读者一个事实：时间旅行的讨论是建立在爱因斯坦的广义相对论的基础上，不是凭空想象，更不是海市蜃楼。在书中，霍金用科学事实进一步证明了时间旅行不是科幻，他说："爱因斯坦方程描述宇宙中的物质和能量如何将空间、时间弯曲和变形，从而使空间和时间变成动力量。在广义相对论中某人由其手表测量的私人时间总是增加，这正像在牛顿理论或者狭义相对论的平坦时空中一样。但是现在有了可能性：时空能够弯曲得这么厉害，使你在乘航天飞船出发之前即已返回。"

霍金还提出了虫洞的问题，他说："如果虫洞存在的话，将会是空间中解决速度极限问题的办法：正如相对论要求的，航天飞船必须以低于光速的速度行进，这样要穿越星系就需要几万年。但是你可以在一餐饭的工夫通过虫洞到达星系的另一边并且返回。"

紧接着在第六章，霍金写到了关于未来、关于星际航行是否可行的问题，霍金写道："生物和电子生命将不断加速发展其复杂性。"

第十二章
深奥学术：果壳中的宇宙

对于宇宙知识的研究领域，霍金是一位忠实的研究员，不管遇到什么困难都坚持不懈地探索下去。用霍金的话讲，"当1988年《时间简史》初版时，万物的终极理论似乎已经在望了。从那时开始情形发生了什么变化呢？我们是否更接近目标？正如在本书将要描述的，从那时到现在我们又走了很长的路。但是，这仍然是一条蜿蜒的路途，而且其终点仍未在望。正如古谚所说，充满希望的旅途胜过终点的到达。我们追求发现，不仅是在科学中，而且是在所有领域中激起创造性。如果我们已经抵达终点，则人类精神将枯萎死亡。但我认为，我们将永远不会停止：我们若不更加深邃，定将更加复杂。我们将永远处于膨胀着的可能性视界之中心。"

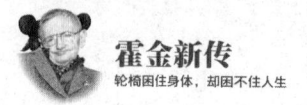

霍金新传
轮椅困住身体，却困不住人生

2. 霍金的科学观

《星际航行》是一部关于未来生活的科幻电视剧，霍金在该剧中客串了一下。这部电视剧给人们描绘了一个完美的未来。霍金是这样评价这部电视剧的："《星际航行》展现了一个在科学、技术和政治组织远比我们先进的社会。在现时和那时之间一定会有巨大的改变以及与之相伴随的紧张和混乱，但是在剧中描述的时期，科学、技术和社会组织据说已达到几乎完美的水平。"

谈到完美的未来，霍金还是提出了自己的质疑："人类真的能够在科学和技术上达到一种最终的稳定状态吗？"这里，霍金并没有给出肯定的回答，这说明，霍金对于人类能够拥有一个完美的未来，表示担忧。霍金认为，从冰河时期到现在，在这漫长的岁月中，随着社会的发展，科学技术也在快速发展，当然在这个过程中，人类也曾多次出现过黑暗时代。可是，这些黑暗时代并没有摧毁人类，甚至人类还在以每年1.9%的速度增长。霍金认为，除非是爆发像黑死病那样的传染病，否则人口不会消减。按照目前的人口增长速度推测，到了2600年，地球上的人口会很多很多。整个地球会呈现红热的光芒，注意这是人类在使用家用电器导致的，并不是地球自身发出的光芒。

是呀，面对这样一个地球，人类的未来能够好到哪里去呢？因此，霍金提出，人类应该寻找另一个适合生存的星球，以备以后移民

第十二章
深奥学术：果壳中的宇宙

太空。

霍金在《果壳中的宇宙》一书中讨论了《星际航行》中的翘曲飞行是否真的能实现。对此，霍金这样解释："按照现在的观念，我们必须利用运动得比光还慢的航天飞船，以一种缓慢乏味的方式去星系探险；但是由于我们尚未拥有完备的统一理论，我们还不能完全排除翘曲飞行。另一方面，我们已经知道在除了最极端情形外都成立的定律——制约'探险号'全体船员的定律，如果不制约航天飞船本身的话。"所以，霍金并不认为《星际航行》这种科幻片代表着人类的未来生活。他在书中明确表达道："我预料在100年内，我们将能够在人体之外养育婴儿，这样这个限制就被消除了。我仍然认为，我们可以比《星际航行》中的大部分人有智慧得多，那不是什么困难的事。"

随着时间的推移，人类的未来将会更加智能化，很多高端科技被运用到人类生活的各个细节中。对此，很多人都认为是件好事情，例如，正是因为科技的发展，人类的平均寿命才比过去延长很多；正是因为科技的发展，整个地球都变成了地球村，人类可以花上数天的时间，周游全世界。科技让人类的视野变得越来越宽广，信息流通得越来越迅速，这是毋庸置疑的。但是，人们只看到了科技发展的有利一面，却忽略了科技发展的有害一面。

从人类文明崛起的那一刻，地球的生态便被人类一点点地摧毁。并且摧毁的速度随着科技的发展成几何倍增长。过去人类的战争使用的武器是刀、剑、长矛、盾牌等等，这些武器只会杀死敌人，却不会毁掉某个地域的所有生命。而今天，现代战争中所使用的武器又有哪些呢？单单核武器这一项，就足以摧毁整个地球。这样科技发展起来真的对人类有好处吗？虽然说目前各国对核武器的使用都非常谨慎，但是只要核武器存在一天，人类都将时刻面临着毁灭的危机。因此，霍金认为，科学研究需要研究者保持足够的理性和原则，利用人类的研究可以进行，而对人类有危害的那些研究，最好不要涉及。

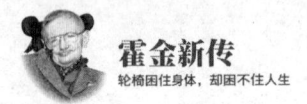

事实上，不仅是科研工作者，任何一个人都有义务遵守科研的底线，那就是造福人类。第二次世界大战期间，很多优秀的科学家受到了统治阶级的胁迫，被迫从事危害人类的科学研究。对于这些科学家们，他们是无奈的，他们并不想触碰科研底线，但是当自己的人身安全和家人的人身安全受到威胁时，又有几个人能够做到坚守原则呢？因此，维护科研的正向发展，从来都不单单只是科研工作者们的事情，而是全人类的事情。

了解霍金的人都知道，霍金是一个不拘一格的奇才，做任何事情都不墨守成规，大脑中时刻都会闪过新奇的想法。可是就是这样一个灵活的人，却是一个严格遵守规则的人。霍金不仅遵守生活中的很多规则，而且还遵守科学研究者的准则，从来不会越雷池一步。因为他知道，负面的科研成果会给人类带来什么样的灾难。

虽然人类的未来，不会像《星际航行》中描绘的那么令人欣慰，但是霍金依然对人类的未来保持乐观的态度，因为霍金相信，人类是充满智慧的，即使一时不察做了一些蠢事，也能在很短的时间里及时调整过来。只要人类尚存"节制""恐惧""担心"之类的遗传基因，那么就不会在错误的路上走得太远。很显然，人类的遗传基因中，与生俱来就带有这些基因。

霍金拥有敢于探索、敢于挑战的勇气，同时他还拥有适可而止的智慧，他深知哪些领域可以涉足，哪些领域绝对不可以涉足，不管自己有多强的好奇心。作为一名科学家，霍金可以站在世界的角度，判断哪些对人类有利，哪些会危害到人类的生存，从而做到有选择地研究，这就是霍金这位当代最伟大的科学家的科学观。

第十二章
深奥学术：果壳中的宇宙

3. 虫洞无处不在

在前面，我们提到了"虫洞"，只是知道它们是连接不同时空的通道，除此之外，对"虫洞"并没有做太多的解释。其实，虫洞就是虫子蛀出来的一条物体内部的通道。请大家发挥想象力，假设我们的手里拿着一个熟透了苹果，在苹果的表面随便点两个对称的点：A点和B点。大家知道，在一个苹果的表面上从A点到B点需要走一条弧线，但如果有一条蛀虫在这两个点之间蛀出了一个直线型的虫洞。那么，通过虫洞从A点到B点，就可以走直线了。很显然，通过虫洞从A点到B点的直线，显然比在苹果表面上从A点到B点需要走一条弧线近很多。

在科学界，科学家们所说的"虫洞"，与自然界中的"虫洞"其实是一个概念。其实，关于"虫洞"这一概念，早在霍金之前就有科学家提出——1916年，由奥地利物理学家路德维希·弗莱姆提出。20世纪30年代，纳森·罗森和爱因斯坦对"虫洞"进行了完善，因此"虫洞"又有"爱因斯坦—罗森桥"之称。简单地说，虫洞是连接时空隧道的"捷径"，人们可以通过虫洞进行瞬间的时空转移。那么自然界中的虫洞，我们可以用肉眼看到，宇宙中的虫洞，却没有人真正见到过，它们又在哪里呢？

早期，包括爱因斯坦在内的很多科学家都一直否定虫洞是真实存在的。直到1963年，数学家罗伊·克尔提出一个假说，他认为，如

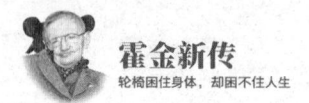

果恒星在死亡的时候保持一种旋转状态,那么就会形成一种"动态黑洞"。如果有物质突破黑洞中心,就会进入"镜像宇宙",这一过程的实质其实就是一次时空穿越。克尔的假说让虫洞的存在重新获得了理论上的支持。霍金认为,虫洞就存在于我们四周,只是它们很小,我们用肉眼很难看到,虫洞存在于空间和时间的缝隙当中。他是这样说的:"其实,虫洞无处不在,只是因为太小,我们用肉眼看不到罢了。虫洞非常小,存在于时空的隐蔽处和缝隙里。"

关于虫洞,科学界一直存在着以下几种说法:

第一种,很多人认为虫洞就是空间上的隧道。

假设我们生活的空间是一个球体,我们全部都在球体的表面生活。如果我们想从球上的一点到以球心为对称的另一点,有两种方式:一种是沿着球体的表面行走;而另一种就是沿着穿过这两点和球心的内部直线通道行走。而这条直线通道就是虫洞。

第二种,人们认为,虫洞是我们公认的时间隧道。

天体物理学家认为,虫洞是一种天然的时间机器,如果能够持续维持虫洞的开放就可以回到过去或者进入未来——虽然超越虫洞的行为从没有出现过,而且虫洞本身是否真实存在也没有直接证据证实,只是根据爱因斯坦的广义相对论预言对这一奇特的时空进行研究。但是在时间旅行当中,人类只是一个观众,无法实际参与到过去和未来的事情中。

目前,利用虫洞进行时空旅行的课题,成为科学家们重点研究的新领域。在一部关于宇宙的纪录片中,霍金也曾表示过,进入未来的方式大概有三种,利用虫洞就是其中之一。他一直认为虫洞就存在于人们的周围,人们之所以看不到它们,只是因为太小,小到肉眼很难看见,它们存在于空间与时间的裂缝中。如果有一天,人类的科技水平已经达到一定的水平,可以将微小的虫洞借助某种科技工具无限放大,人们将会发现它们。

第十二章
深奥学术：果壳中的宇宙

第三种，很多人认为，虫洞是连接黑洞和白洞的通道。

在物理学理论当中，黑洞可以产生一个势阱，白洞则可以产生一个反势阱。相对于人们对宇宙的三维立体视野，我们可以将势阱看作第四维。而虫洞就是"4度空间"，即黑洞和白洞的交界处。

关于虫洞，霍金曾经在一篇文章作过这样的解释："任何物质都不是平整无瑕和实心的，如果仔细观察，会发现它们上面都存在小孔和裂缝，这是一个基本的物理原理，同样适用于时间。即便是像台球一样的东西，上面也有裂缝、褶皱或空洞。现在容易说明这种情况也存在于第一个三维中，相信我，这一原理同样适用于第四维。时间也存在许多微小的裂缝、褶皱和空洞，在最小的刻度下——比分子甚至原子都小，我们来到一个称为量子泡沫的地方，这是虫洞存在之处。时空中的微小隧道或捷径不停地在这个量子世界中形成、消失和重新形成，它们可以连接两个隔离的空间以及两个不同的时间。"

到目前为止，人们对虫洞的研究还非常有限，它们是什么样子的，它们具有哪些功能，我们只是从那些科学理论中得知一点而已。正如霍金所说的，现实生活中存在于我们周围的时光隧道非常狭小，即使有朝一日我们发现了它们，也没有办法进入到虫洞当中，更无法从这个缝隙穿越来进行时间旅行。除非我们可以无限放大虫洞，或是无限缩小自己。但是，很显然，人类能够做到这两点的可能性都很小。

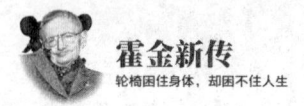

4. 时间旅行：可以穿越过去或未来吗

随着科技的发展，人类是否可以实现时间旅行？

首先，所谓的"时间旅行"即从一个时间段的空间里通过某种途径转移到另一个时间段不同的空间里，也就是我们常说的"穿越"，穿越到过去或者未来。

事实上，这个问题一直是科学界探讨和研究的重要课题。关于时间旅行的可行性，科学界也一直存在着两种不同的观点。一部分人认为时间旅行是不可行的，其中最著名的论据就是"外祖父悖论"："假设一个人通过某种特殊的仪器回到了过去，在他母亲出生之前见到了他的外祖父，并且杀掉了他的外祖父。那么，既然他的外祖父都被杀掉了，自然也就不会有他的母亲了，没有了他的母亲，自然更不会有他的存在。如此一来，这个通过某种仪器穿越到过去的人又是从哪里来的呢？"

当然，也有一些科学家认为时间旅行是可行的，其中就包括英国著名物理学家斯蒂芬·威廉·霍金。霍金认为，"时光旅行在理论上是可行的，人类可以打开回到过去和通向未来的捷径。"对此，霍金在《我的简史》中是这样描述的："1990年基普·索恩提出，通过虫洞也许可能旅行到过去。因此，我认为值得去研究：物理定律是否允许时间旅行。由于几个原因，公开思考时间旅行是微妙的。如果报

第十二章
深奥学术：果壳中的宇宙

界得知政府资助时间旅行的研究，那就会引起抗议，责备政府浪费公费，或者要求研究归类于军事用途。毕竟，如果其他国家已拥有时间旅行而我们却没有，那我们如何保护自己？在物理学圈子里，只有我们中间一些人足够蛮干，从事有人认为不严肃的'政治不正确课题'的研究。于是我们利用技术行话来隐藏我们的焦点，诸如用"闭合的粒子路径"暗指时间旅行。"

由此可见，从一个科学设想到被证实的过程是需要研究者的坚持的。霍金之所以认为时间旅行是可行的，是因为他相信在宇宙中，多个时空是并立存在的。也就是说，霍金认为：人类应该首先接受时间作为第四维这一观念。霍金是这样解释这句话的，他举了一个例子：人们驾驶一辆汽车在陆地上行驶，汽车向前进和向后退属于第一维；向左转弯或者向右转弯属于第二维；如果遇到了山坡，向上爬行或者下坡属于第三维；而剩下的时间，则是第四维。而时间旅行就是依靠第四维的前进或者后退来实现的。

霍金还表示，人类可以通过三种方法实现时间旅行。

第一种方法是通过虫洞。

虫洞是用来连接两个不同时空的狭窄的隧道。霍金认为，通过虫洞，就可以将平行宇宙和第四维空间连接起来，从而提供时间旅行的可能性。目前的问题是，虫洞只是科学家的设想，非常有可能存在的许许多多的缝隙和洞孔。它们就分布在我们的周围，包括时间里也存在很多这样的洞孔和缝隙，只是因为它们非常地小，所以我们根本看不见。在物理学当中，这些比分子、原子还有小的时间孔隙被称为"量子泡沫"。而我们所说的虫洞就存在于这些"量子泡沫"当中。

随着科技的发展和进步，霍金认为，终究会有那么一天，人类可以通过某种特殊的工具，发现某一个虫洞，并且通过科技手段将它放大。这个时候，虫洞就会变成一个宽阔的通道，人类可以驾驶着类似飞船一样的交通工具，穿过虫洞，到达另一个时空中去。如此一来，

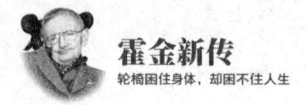

霍金新传
轮椅困住身体，却困不住人生

人类便实现了时间旅行。

第二种实现时间旅行的途径是通过黑洞。

爱因斯坦认为：物体的质量会影响时间的快慢。物体越重，对时间的阻力就会越大；物体越轻，对时间的阻力就会越小。在这种理论的指导下，不难得出这样的判断：在重质量物体的周围，时间流逝得会更慢一些；在轻质量物体的周围，时间流逝得会更快一些。根据爱因斯坦的这一理论，霍金认为，黑洞是人类实现时间旅行的又一途径。在银河系当中，有许多质量无限大的黑洞存在着，在这些大质量的黑洞周围，时间的流逝速度会出奇地缓慢。如果某个人可以通过某种特殊的工具进入到黑洞里面，自然而然，他周围的时间流逝的速度也就和黑洞周围的时间流逝速度一样慢了，从而实现了时间旅行。我们可以假设某个黑洞周围的时间流逝速度是地球上时间的流逝速度的一半。一个人驾驶着宇宙飞船进入了这个黑洞。以地球上的时间流逝速度为参照物，如果地球上已经过了两年，而这个人在黑洞里其实只过了一年。也就是说，这个人其实已经穿越到了未来。

当然，目前人们对于黑洞的了解还不够全面，人一旦进入到黑洞里面会发生什么事情，谁也不知道。唯一可以确定的是，人一旦进入黑洞里，那么这个人就从这个世界消失了。而且其消失的过程应该是非常痛苦的。所以，贸然靠近大质量的黑洞是件非常危险的事情。对此，霍金也曾在演讲中表示过：不要渴望进入黑洞。

第三种实现时间旅行的途径便是提速。

截止到目前，人类发现的最快的速度就是光速。光速是实现时间旅行的关键。可是目前没有任何物体可以达到光速。就连飞船阿波罗10号，它的飞行速度也只能达到2.5万英里每小时。也就是说，想要借助光速这个途径实现时间旅行，速度要达到阿波罗10号最快飞行速度的27000倍。

霍金表示，在未来的某个时间里，如果人类能够创造出速度接近

第十二章
深奥学术：果壳中的宇宙

或者超过光速的宇宙飞船，就会导致太空船的时间变慢，从而实现时间旅行。霍金认为：如果太空飞船的飞行速度达到光速的99%，这也就意味着在太空船上待一天的时间，就等于地球上一年的时间。也就是说，太空飞船上的乘客穿越到了未来。

关于这三种有可能实现时间旅行的途径，霍金认为，在未来的某一天，人类很有可能实现穿越到未来，但是却不能穿越到过去。正如"外祖父悖论"所说的那样，如果穿越到过去了，杀死了自己的某位长辈，那么开枪的自己又怎么会存在呢？这完全违背了基本的因果论。所以利用虫洞回到过去的某一刻，这种理论站不住脚。而其他的两种穿越到未来的方式，霍金深信，人类终有一天会做到。

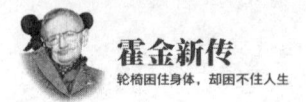

5. 时间机器不是幻想

  2002年，美国上映了改编自赫伯特·乔治·威尔斯同名科幻小说的电影《时间机器》。这部电影对接下来论述霍金的理论有很大的帮助。用霍金的话来说，"时间旅行类的电影通常会描绘一种巨大的高能耗机器，这种机器能在四维时空中创造出一条道路来，即贯穿时间的隧道。一位英勇无畏还略带点傻气的时间旅行者，也不知道做了什么样的准备，就踏入了时间隧道，出现在了谁也说不清楚的年代。这种时间旅行的概念也许有点牵强附会，与现实出入很大，但这种想法本身并不算太疯狂。"

  在人们的印象中，坐着时光机器，飞到未来或过去，似乎只存在于人们的想象和科幻影视作品当中。而霍金却通过理论证实了，飞入未来，实际上是可行的。霍金曾经在一篇文章当中详细地描述了他对时间以及四维空间的构想，他认为时光机器不是幻想。这种说法一经公布，立刻引发了其他同仁的争论，甚至被很多人认为是歪理邪说，原因是时间的规律是永恒的，是客观存在的，任何情况下，任何人都不可能打破。

  众所周知，时间是一个抽象的概念，它不会受外界的影响，它是用来描述一个事件的发生过程或者一个物质运动过程的参数。在宇宙大爆炸理论中，时间的起点是宇宙爆炸的奇点。爱因斯坦的广义相对

第十二章
深奥学术：果壳中的宇宙

论认为：时间、空间、物质三者是不可分割的。对此霍金也表示：物质与时空并存，只要有物质存在，时间便会有意义。或者我们也可以说，时间是由能量的变化而产生的，能量的膨胀和扩散产生的时间，我们称为"正时间"，而反之，能量的聚集和收缩所产生的时间，我们称为"负时间"，正时间和负时间必须同时存在，不能单独存在。如果，在某一刻，时间一旦停止，那么产生时间的能量也会随之消亡。不过，这并不代表时间不存在了。时间是绝对的，它与宇宙当中的任何事物都没有关联，无论人们采取什么样的方式去对比和证明，时间都会以相同的速度流逝，这就是时间的规律。

但是霍金对时间的规律似乎一直有着近乎疯狂的挑战精神，他说："我认为，我们不能因为'时间是永恒的'这一规律被打破就感到恐慌。我非常痴迷于对时间的探讨，我很想见一见风华正茂的玛丽莲·梦露，想看一下伽利略是怎样利用望远镜遥望无穷的太空，我也想飞到未来，看一下宇宙结束时的波澜壮阔。"

但是，霍金认为回到过去的时间旅行是基本上不可能实现的，因为有悖于历史的因果关系，他表示，没有任何一位科学家会热衷于这种违反因果关系的科学研究。霍金认为，如果在未来的某一时刻，科学家创造了飞行速度接近光速的太空船，那么就会导致太空船舱内的时间相对变慢，那么也就意味着太空船舱内的乘客们飞进了未来。他的原话是这样说的："我们可以按照这样的方式来理解：我们先制造一个巨大的飞船，里面装载着巨大的燃料，我们先让它加速，脱离地球引力的束缚，然后到达外行星；助推两年后，它的速度可能到光速的一半，进而脱离太阳系的束缚；再过两年它可能会已经达到光速的90%，这意味着飞船已经开始了时间旅行，届时它的速度接近光速，船上一天，就意味着地球上一年。"也就是说，在飞船上度过一天，就相当于地球上的一年。

注意，霍金只是说"速度接近光速的太空船"，并没有说"速度

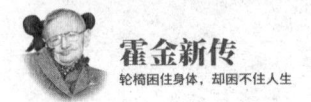

霍金新传
轮椅困住身体，却困不住人生

等于光速或是超过光速的太空飞船"，这是因为太空船不能违反光速最大的限速法则。对于"限速法则"，霍金给出解释是这样的："达到光速意味着绕地球运行速度要飞快，比如每秒钟绕7圈。不过，无论这列火车的动力有多强劲，它永远也无法达到光速，因为物理学原理令其做不到这一点。假设它接近光速，距离这一终极速度还有一点距离，那么非同寻常的事情发生了。列车上的时间相对于地球开始减缓，就如同靠近超大质量的黑洞一样，而且有过之而无不及。列车上一切物体的活动都变慢。这是为了保护速度限制，原因并不难理解。"

霍金的这个关于时光旅行的理论，得到了很多科学家的支持。曼彻斯特大学粒子物理学教授布赖恩·科克斯就曾经说过："当我们用大型强子对撞机把粒子加速，达到光速的99%，粒子经历的时间，以我们时间的1/7000的速率消逝。太空中的数十年，在地球上可能已过去了250万年。"这在理论上也证明了，人类是可以实现时间旅行的。不过想要真正实现时间旅行，最关键的还是人类需要先创造出一个合乎要求的"时光机器"。其中，最重要的一条标准，就是它的速度必须接近光的速度，只有先满足这条，这部"时光机器"才有可能让飞入未来的时间旅行成为现实。

第十二章
深奥学术：果壳中的宇宙

6. "百慕大"的奥秘

　　1960年的一天，百慕大海域晴空万里，湛蓝的天空中只飘着一朵白云。美国金德雷空军基地正在进行常规空中训练。当天，五架战斗机腾空而起，直入云端。其他地勤人员纷纷利用各自的工具，观察着天空的情况。在离海岸线800米的上空位置上，基地的五架战斗机迅速冲进了那朵白云当中，之后其中有一架就忽然消失了。在场所有的人都没有见到任何物体从白云中落下，或是飞进。这让在场的所有人百思不解：飞机哪里去了？

　　目击者之一H.维克多回忆说："基地顿时骚动起来，控制塔的指挥自始至终都是目击者，他也一样没有看到任何物体从云中掉到海上，雷达屏幕上也显示出本来的五架战斗机的影子突然间消失了一个。"事情发生后，相关部门立即派出了搜救队。搜救队立即对基地周围800公里的海域和浅滩进行了地毯式搜索，结果依旧一无所获。那架被白云莫名其妙"吞噬"的战斗机，就这样凭空消失了。

　　长久以来，百慕大海域发生过很多怪事，有时是某件东西或某些人凭空消失，而有时又会有人或东西在那里凭空冒出来。那里已经成了一个未解之谜，引得很多科学家和探险家的青睐。事实上，不仅是百慕大，其他的很多地方也曾发生过类似的古怪事情。

　　1968年6月1日，在南美洲阿根廷首都布宜诺斯艾利斯郊外，律师

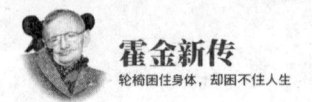

霍金新传
轮椅困住身体，却困不住人生

毕特尔夫妇和他们的朋友戈登夫妇驾着两辆私家车在高速路上行驶。他们两家要一起去150公里之外的麦布市。在行使的过程中，戈登夫妇在前，毕特尔夫妇在后，两辆车的距离一直不远。直到戈登夫妇驾驶的汽车率先到达麦布市时，他们才发现毕特尔夫妇的车不见了。起初，戈登夫妇只是以为毕特尔夫妇没有跟上，于是他们停下车来等了一会儿。时间一点点地过去，毕特尔夫妇的车依然没有出现，戈登夫妇开始有些不安了，他们猜想，是不是毕特尔夫妇的车抛锚了，坏在了半路上，又或是……戈登夫妇不敢再继续耽误下去，他们直接进入麦布市城区，然后联系当地的警察，分别给高速公路沿途的村镇以及维修点打电话，结果是没有任何人遇到过毕特尔夫妇。于是警方又派人沿着高速公路搜索，结果搜索了两天始终没有任何消息。

戈登夫妇很是着急，他们不知道该怎么办了。即便是最糟糕的结果，毕特尔夫妇出了车祸，但是高速公路上也应该留下踪迹，现在什么都没有，车子和人就这样莫名其妙地消失了。就在戈登夫妇一筹莫展的时候，他们接到了一个来自墨西哥的长途电话，打电话的人正是他们要寻找的毕特尔夫妇。

在电话中，毕特尔讲述了自己的离奇经历：之前，他们的车子一直跟在戈登夫妇的车子后面，直到他们的车子经过雪斯哥姆市之后，高速公路上突然起了大雾，他们很快就被白雾笼罩了。这突如其来的白雾，遮挡了毕特尔夫妇的视线，他们眼前一片朦胧，什么也看不见了。毕特尔夫妇变得很紧张，车速也减慢了。当时，毕特尔律师特意看了一下手表，时间是午夜12点10分。不知怎么的，他们就莫名其妙地失去了知觉。也不知过了多长时间，他们又恢复了知觉，睁开眼睛，他们发现天已经蒙蒙亮了，而车子依然在高速公路上行驶着，眼前的景色令他们很是陌生。他们不知道车子开到哪里了，直到他们找人询问才得知：他们竟然已经到了墨西哥。

从阿根廷到墨西哥，最短的路程也有600多公里。对于这600多公

第十二章
深奥学术：果壳中的宇宙

里的路程，毕特尔夫妇完全不记得。最奇妙的是，毕特尔夫妇的手表指针都停在了12点10分，也就是他们失去知觉之前的时间。

世界各地，每年都会发生一些离奇的事件，无论警方怎么调查、研究，始终也解不开其中的奥秘。所以，时间久了，科学家们也开始注意这些离奇事件。他们对这些怪事，展开了一系列的调查和研究，最终依旧没能给出明确的答复。对此，有的科学家表示：那些当事人极有可能是机缘巧合地进入了一个神秘的时空隧道，从而实现了从一个时空瞬间穿越到了另一个时空中。尽管这种猜测没有得到确切的证实，但是的的确确存在这种可能性。在宇宙中，在我们的周围存在着许多神秘的通道，这些通道连接着两个不同的时空。只是因为一些我们不知道的原因，我们并没有发现这些通道，也不知道如何进入到这些通道中去。而那些当事人可能是在不经意的情况下，恰巧达到了进入这些通道的条件，进入到了通道，瞬间穿越到了别的空间里。这就是霍金所说的"四度空间"理论。

关于霍金提出的"四度空间"学说，很多科学家还是认可的，他们认为："四度空间"是那些神秘通道所连接的另一个时刻。尽管目前，这个理论依旧没有得到确切的科学证实，但是它的奥秘正在一点一点地被揭开。

霍金提出的关于"四度空间"的理论，源自于爱因斯坦的广义相对论和狭义相对论，但又与爱因斯坦的理论有所区别。我们的日常生活当中经常提及的"四度空间"，多指爱因斯坦的广义相对论和狭义相对论中所论述的"四度空间"的概念。在爱因斯坦的广义相对论中，时间和空间是构成宇宙的两个基本的要素。关于时空的关系，爱因斯坦提出了时间轴这一概念，他认为，时空之间是这样的一种关系：在普通的三维空间的要素长、宽、高之外，四维空间多了一条时间轴。当然，爱因斯坦所说的时间轴是一条虚数轴，即在人们所生活的三维空间中加上了时间，于是构成了四度空间。

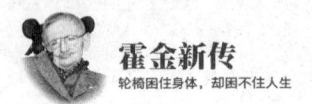

这时,人们会问:那为什么我们无法感受到四度空间的存在?霍金表示,这是因为在地球上,时间的流逝是非常缓慢的。如果人们乘坐速度接近光速的宇宙飞船,在宇宙当中通过对比就会明显地感受到"四度空间"的存在了。

与爱因斯坦理论不同的是,霍金认为时间和空间是一个整体,"四度空间"是三维空间和一维时间融合而成的一个整体。事实上,霍金一直认为,"四度空间"是人类成功研制时光机的关键,在他看来,"四度空间"其实就是虫洞,它一直存在于我们的周围,存在于我们生活的时间裂缝当中。虽然科学家一直未对"四度空间"是否存在做出科学的定论,但是现实生活中,那些实实在在发生的与"四度空间"相关的怪异事件,其实已经论证了"四度空间"的存在。